用好语文统编教材

温儒敏 著

商务印书馆
The Commercial Press

图书在版编目（CIP）数据

用好语文统编教材 / 温儒敏著. —北京：商务印书馆，2024
ISBN 978-7-100-23563-1

Ⅰ.①用… Ⅱ.①温… Ⅲ.①中学语文课—高中—教学参考资料 Ⅳ.① G634.303

中国国家版本馆 CIP 数据核字（2024）第 062311 号

权利保留，侵权必究。

用好语文统编教材

温儒敏 著

商 务 印 书 馆 出 版
（北京王府井大街36号 邮政编码100710）
商 务 印 书 馆 发 行
北京中科印刷有限公司印刷
ISBN 978 - 7 - 100 - 23563 - 1

2024 年 7 月第 1 版	开本 880×1230 1/32
2024 年 7 月北京第 1 次印刷	印张 14¼

定价：68.00 元

前　记

　　前几年新冠疫情肆虐，蛰居简出，反而多写了几种书。其中包括《鲁迅作品精选及讲析》《温儒敏讲现代文学名篇》和《为精神界之战士者安在：现代文学研究自选集》，还有《温儒敏论语文教育》（四集）与《语文课改　守正创新》两种。可能用力过猛，眼疾发作，毕竟年岁也大了，早该搁笔退休，多陪伴家人，疫情过去，就决心不再写书了。可是，近日又有出版社"动员"我把有关语文统编教材的讲座和文章，编成一本书。呆坐书房，旧习复发，我又有些心动了。

　　语文统编教材推开使用后，我为教师培训做过多次讲座，也写过多篇谈课标与教材的文章。这些材料网上大都可以找到，可是以讹传讹者挺多的。如果整理一下，汇编成书，既可以纠正错讹，又方便读者，未尝不是好主意。于是，便动手翻检材料，冀图成集。

　　所收的讲座记录稿和一些文字，大都是即时漫谈随笔，不同于严谨的讲章法的学术论文，展读之余，愧学识荒陋；究有用心，亦同鸡肋，取舍难定。不过犹疑之间，又不时联想起这些

前 记

文字生成之语境，不禁感慨当日教材编写的艰难。于是又心生一想：何不在收编有关"如何用好新教材"之文章的同时，也把教材编写过程的某些材料收集存留呢？

语文统编教材从2012年启动编写，小学到高中，编了7年，现在这事还未"消停"。我这几十年写过很多书，做过很多事，编这套教材，是最难的，简直用得上"煎熬"二字。教材编写现在提到"国家事权"的高度，要求很高。教材又是公共知识产品，尤其是语文，社会关注度极高，谁都可以批评，隔三岔五成为网上的热议，有时还莫名其妙就遭遇到网暴。从正面去理解，是群众监督，有则改之，无则加勉嘛。可是教材编写的学术性、专业性很强，需要安心和静心，浮躁的网络氛围是不利于学术探讨的，还会造成教材编写者的心理压力。编写组常感叹的一个说法就是："如履薄冰"。

中央和国务院领导对教材统编工作很重视，教育部成立了专门负责教材工作的教材局。编写组的构成和主编、总主编人选，都由教育部来定。编写组之上，还有由各方面的官员和专家组成的"高中语文统编教材编写指导组"与"国家教材委员会语文教材专家委员会"，当时正着手修订高中语文课标的"课标组"部分成员，也参与"指导组"的指导审查工作。教材编写的组织管理越来越专业和严格。拿语文教材来说，从编写大纲与体例拟定，到选文、样章、初稿、通稿的形成，几乎每一环节都要分别经过专业的、政治的、综合的审查，牵涉敏感问题的稿子或选文，还要请相关部委把关。其间还要在部分学校试教，听取改进意见。初稿出来后，再呈送国务院召集的专门会议（现在是"国家教材委员会")审查批准。

小学和初中语文编了4年多，还算比较顺利。2016年开始编高中语文，就麻烦得多。当时高中语文课程标准才酝酿修订，我们都知道要体现"语文核心素养"和"学习任务群"，可是如何体现，还不太清楚，对于教材要"以语文实践活动为主线"，也有分歧。我主张要稳一点，既要推进课程和教材的改革，又要考虑大面积使用的可行性，以前的教材教学也有很多经验积累，不能推倒重来，做颠覆式的改革。但也有不同的意见，急于采用新的教学理念，"下猛药"救治语文教学存在的弊病。因此争论就难免。光是体例和样章，就来来回回起草了七八遍。好在大家都是为了推进课程改革，实现立德树人这个目标，彼此妥协、平衡，努力寻求最大的共识，高中语文就成了现在大家看到的这个"样子"。应当说，高中语文教材改革的力度还是很大的，呈现了崭新的面貌，教师们也有可以发挥的空间，可是教学效果到底如何？还得看实践。

比较而言，小学、初中的语文教材更受欢迎，几年的使用实践后，有数据说明，绝大多数一线教师对于义务教育语文统编教材，还是充分肯定的。义教语文统编教材还受到中央领导的批示表彰："此乃铸魂工程。统编教材是基础，成功完成，功不可没。"2021年，义教语文统编教材获得了首届全国教材建设奖——"全国优秀教材特等奖"。

统编教材编写的过程艰难而复杂，若能记录下来，对于后人研究教材或者教育史，将是有价值的资料。而让一线教师多少了解一下教材是怎样"炼"成的，对于理解教材编写的宗旨、理念,用好教材,也不无裨益。因此,就决定在本书添加一个部分,即有关语文统编教材编写的"叙录"内容,包括一些讲话、信件、批语、札记之类。

之前曾建议人民教育出版社为教材的编写做"起居注",记录每天发生的有关教材的事情,收集相关的资料,留档妥存,以备日后之需。而我个人这方面的材料则未留意保存,这次钩稽搜集,只得九牛一毛。其中以讲稿、提纲之类较多,稿件的修改、讨论记录、旁批笔记之类较少。现将这些杂乱的文字收在书中,多少增加某些"历史氛围"吧。

本书分为上、中、下三辑。

上辑是"如何用好语文统编教材",收文16篇,主要是笔者有关教材使用以及课标落实的一些讲座和文章,帮助一线教师理解和用好教材,有些建议还比较具体。

中辑是"名著导读与整本书阅读方法举隅",收文7篇。整本书阅读是新的课型,主要目的是唤起读书兴趣,让语文课多读书,至于如何教学,仍然需要实践和总结。我只试图在导读中提示一些方法,供读者参考。

下辑是"语文统编教材是怎样'炼'成的"。这个"炼"字,意味着教材编写的艰难,也可从中看到教材编写理念、框架、体例,以及选文等等方面的"用心"。收文19篇,大都是教材编写过程中的讨论、争议、修改、研究、平衡等方面的文字,比较杂,但也约略呈现教材编写过程的某些原生态。有些材料考虑属于"内部参考,不宜公开"的,则没有收入。

此外,还有一个"附录",是有关人教版"普通高中课程标准实验教科书语文"（2003年）的编写资料。这个老版本语文教材，是由人教社与北京大学中文系合作编写的，袁行霈教授领衔主编，顾之川和我担任执行主编。之所以附录于此，也是考虑到有助于了解"教材是怎样'炼'成的"。新版语文统编教材并非从天而降，它是多年来课程改革的沉淀，也是以往既有教材编写经验的传承与发展。在新编教材中，总是能够看到旧版教材某些根须的连接和伸展的。

小学、初中语文统编教材是2016年批准推开使用的，有些地区才用了两三年，刚刚进入状态，尝到甜头，可是教材又要修订了——因为《义务教育语文课程标准（2022年版）》已经颁布，教材必须往课标靠拢。一线教师就怕教材变来变去，好在原来编小学、初中语文教材时，已经接触和了解新课标实施语文核心素养的趋势，教材编写基本上是体现了课标精神的，2023年到2024年这次义教语文统编教材的修订，基本结构与选文都没有大的变动，应当是小改，不是重编。

从1999年到2023年，我关注和参与基础教育与语文教学改革已经20多年。起初抱着知识分子"淑世"的想法，想走出"象牙塔"，敲敲边鼓，用自己的学识与学术资源助力于语文课程改革，为国家社会做点实事。也确实做过一些实事。后来又受聘为中小学语文统编教材总主编，虽然也有某些成就感，可更多是遗憾。这实在是我一生做过的最难的事！无论成败荣辱，已经尽力了。尽管有些报道总是正面描写和褒扬我的奋斗，但细心的读者还是会在书中读到我的某些无奈与颓丧的。但愿这种情绪不至于传染给别人。

前　记

　　书中有些篇章是不同场合的讲稿，涉及某些同类话题，部分内容难免重复。而许多文章都已经发表过，或者收在我之前出版的书中，此次复采录载，便于观览，也是要请读者谅解的。

写于2023年6月28日，8月24日改定

目 录

上辑　如何用好语文统编教材

在"部编本"语文教材一、七年级试教工作会议上的讲话 ………3
回答小学语文统编教材使用的十个问题 ………………………… 11
如何用好初中语文统编教材 ……………………………………… 24
如何用好高中语文"必修"教材 ………………………………… 44
高中语文"选择性必修"的编写意图和使用建议 ……………… 62
整本书阅读，功夫在课外 ………………………………………… 81
课外阅读教学不宜过多"规定动作" …………………………… 84
小学语文中的"诗教" …………………………………………… 89
语文课重点学的是书面语 ………………………………………… 105
遵循课标精神，尊重教学实际，用好统编教材 ………………… 107
落实语文核心素养的"以一带三" ……………………………… 122
关于鲁迅与现代文学课文教学的若干探讨
　　——以十五篇经典课文为例 ………………………………… 130
语文课本不只是美文汇编 ………………………………………… 154

新教材，新在哪里……………………………………………160
在教材编写中"守正创新"…………………………………167
义教语文统编教材修订如何"稳中求进"………………176

中辑　名著导读与整本书阅读方法举隅

《朝花夕拾》导读…………………………………………193
《西游记》导读……………………………………………213
《骆驼祥子》导读…………………………………………224
《昆虫记》导读……………………………………………235
《经典常谈》导读…………………………………………245
《乡土中国》导读…………………………………………255
《红楼梦》整本书阅读的教学要点与难点………………266

下辑　语文统编教材是怎样"炼"成的

我与人教社的三度合作编写教材…………………………277
不能以"认知方式"取代"筹划问题"…………………283
在义务教育语文统编教材编写启动会上的讲话…………289
语文教科书编写（修订）的十二个问题…………………303
编教材要实事求是，照规律办事…………………………316
编审杂录四则………………………………………………323
关于古诗文背诵篇目………………………………………330
关于单元导语、阅读提示与思考题的设计………………332

教学目标落实要有可操作性 ………………………………… 341
往课外阅读及学生的语文生活延伸 ………………………… 343
对小学、初中语文教材初稿的修改意见 …………………… 348
关于语文教材中的诗歌 ……………………………………… 359
"语用"和"方法性知识" …………………………………… 362
小学、初中语文教材的七点创新 …………………………… 367
在国务院教材工作会议上的汇报提纲 ……………………… 370
网络戾气有碍于学术讨论 …………………………………… 376
新课标与高中语文教材编写的框架体例 …………………… 380
关于落实课标要求的一些困扰与分歧 ……………………… 389
在高中语文封闭统稿会上的发言 …………………………… 400

附录　回顾旧版高中语文教材

让语文为孩子们一生的发展打好底子 ……………………… 411
"新课标高中语文"的特点与使用问题 …………………… 414
关于选修课开设的调查与思考 ……………………………… 430
民国时期的中学国文教科书 ………………………………… 439

上　辑

如何用好语文统编教材

在"部编本"语文教材一、七年级试教工作会议上的讲话

【题记】2015年11月25日,人民教育出版社召开部编本义务教育语文教材的试教工作会议,在部分省市学校布置新教材一、七年级的试教。笔者在会上介绍了这套新教材的编写宗旨、框架、体例和特色,对如何教学提出一些建议。当时对这套新教材尚未最后定稿和报批,暂时称之"部编本",后来才普遍称作"统编本"或"统编教材"。

首先感谢诸位老师参加部编教材的试教工作。

教材编制是一个大工程,除了编写制作,还要有试教、培训、发行等等。这个过程是动态的,在使用过程中不断吸收广大师生的意见,去总结、修订和完善。你们参与试教,是其中重要的一环,决定这套教材是否可以进入学校使用,也为大面积使用积累经验。这次试教,是教育部直接抓的,中央也有指示,希望2016年9月新教材能投入使用。编写组会认真研究你们试教的结

果，特别是在试教中发现的问题与取得的经验。这些问题和经验将对教材最后定稿产生影响。

这套新编的语文教材，和以往各个出版社包括人教社出版的语文教材有何不同？

这是部编教材。中央考虑三科教材，包括德育、历史和语文的意识形态属性强，社会影响大，决定由教育部直接组织编写。教材编写是国家事权，有什么样的教材，就有什么样的国民。中央对三科教材编写是非常重视的。这套语文教材编写从2012年2月启动，由教育部聘任总主编，并从全国调集60多位专家、编辑和一线教师组成编写组。三年来，编写工作始终得到学术界、教育界和社会各界的大力支持，前后经过十多轮评审，一遍一遍修改完善，最终还通过中央领导的审查，现在一、七年级四册终于可以投入试教了，争取2016年秋季铺开使用。在目前教材仍然存在多个版本的情况下，部编教材将起到示范和引领的作用，最终会成为统编教材。这里简要介绍一下这套部编语文教材的特点，并对教材使用提出一些建议。

和既有的一些版本的教材比较，部编语文教材有许多新的改进和创新。大家试教时应当对教材的编写理念有一个总的了解。试教以及使用教材时，重视这些编写的理念，重视教材的创新点，其实也就是探讨如何增加语文教学的科学性，调整和推进语文课程改革，提升语文教学效果。

从编写的指导思想看，是重视语文课立德树人的作用，紧密结合语文学科特点来体现社会主义核心价值观的。努力做好价值观的"整体渗透"，化为语文的"血肉"，而不是穿靴戴帽，不是表面文章。"整体渗透"的"整体",是指全部,让语文所包含的语言教育、情感教育、审美教育内容,和价值观教育融为一体,并自然地体现在课文选择、习题设计等诸多方面。在教学中,没有必要每次备课都专门标示出哪些方面体现价值观,而应当是很自然地渗透、熏陶。举例来说,文言文,诸葛亮的《诫子书》,让学生反复诵读,体味文言文韵律美,同时要求讨论诸如"静以修身,俭以养德""非淡泊无以明志,非宁静无以致远"等名句。这样,语文学习就和修身明志结合起来了。教材中整体渗透着社会主义核心价值观,在提升语文素养的同时,情感态度与价值观也很自然地得到提升。

试教时,还要注意结合这些年课改的经验,做些调整。好的经验,包括这些年提出的以人为本、自主性学习等教学理念,在语文教材中沉淀下来。比如综合性学习,以及某些习题的设计,都在做这种"沉淀"。另外,又希望能对语文教学普遍存在的弊病起纠偏作用。比如,现在语文教学普遍存在"两多一少":精读精讲多,反复操练多,学生读书少。现在备课变得很容易,都在网上搜取资料,结果就是大同小异。语文课上得很琐碎、技术化、模式化。新编语文教材注意到这个问题,采取了一些改进办法,比如,在课型上做了更明确的区分,也是为了纠正目前语文教学只注意教师的精读精讲,缺少学生主动学习的僵化状况。

现在的语文教学最大的问题,还是读书太少。课内读得少,课外读得也少,主要是应对考试,题海战术。中学毕业了,没有完整地读过几本书,即使上了大学,也没有养成读书的习惯。这样的语文课是失败的。针对这一状况,新编语文教材特别强调培养读书兴趣，让学生通过学语文喜欢上读书，养成一种良好的生活方式，为一生打下坚实的底子。教材特别注重让语文课往课外阅读延伸，往学生的语文生活延伸。

教材在课文选取、习题设计、教学活动安排等方面，努力融入当代中小学生的语文生活，适应社会转型和时代需求，体现时代性。比如，如何正确认识和使用新媒体，如何过滤信息，在教材中都有体现。此外，课文有较多的更新，注重经典性和适合语文教学。和原来人教版比，新的课文约占40%，此外编写语言、习题的题型变化、插图和装帧设计，都力图有所创新。到底这些改进的效果如何？都必须在试教中得到检验。

以上说的是部编语文教材的总的编写思路和特点。因为现在提供给各个试教点的只有一年级和七年级四册教材，大家还看不到整个教材，我们先从整体上介绍一下教材的特色与思路，以帮助试教的老师去把握新教材的内容，设计好教学方案。下面，在介绍教材编写思路与特色的同时，从七个方面提出一些试教的建议，希望能结合各个学校班级实际，去落实和试验。

一、重新确定语文教学的知识体系，落实语文素养构成的知识点、能力点

自从"课改"强化人文性和实施主题单元教学之后，教学上主张语文知识的学习不追求体系，而是"随文学习"。这是为了防止过度操练，死读书。但又出现另一趋向，就是教学梯度被打乱，必要的语文知识学习和能力训练得不到落实。有时课上得

"满天飞",可就是没有把得住的"干货"。这次编写一开始就注意这个问题,按照"课标"的学段目标要求来细化知识与能力的训练,落实到各个单元。有些必要的语法修辞知识,则配合课文教学,以补白形式出现。努力做到"一课一得"。这套教材在建构适合中小学的语文素养体系,但这个体系是隐在的,不是显在的,在教材的呈现和教学中都不应当强调体系。目前学界在这个问题上仍然有争论,我们认为应当实事求是,稍有平衡,目标是加强科学性。使用过程中,应当特别关注教材中语文素养构成的知识点、能力点分布,有一部分体现在单元导语中,更多的体现在课文、习题和补白等设计中。老师们安排设计教案,虽然也可以随文学习,但还是要有整体的考虑和安排,有潜在的体系。

二、课型的区分更明晰

现在几乎所有教材都把课文分为精读和略读两类,但在教学中,普遍都处理成精读精讲,而且讲法差不多,都是那一套程式,只不过略读所用课时略少。其实应当将两类课型明确区分,各自功能是不一样的。精读课是举例子、给方法。略读课不必精讲,就是让学生使用精读课给出的方法自己去阅读。新编教材一个突出的改进,是把"精读"改为"教读",把"略读"改为"自读"。"自读"课文设置有导读或旁批,引发学生自主阅读兴趣。这样的功能区分,是有意改进过分精读精讲加刷题的僵化状况。试教时建议老师们在课型区分上多下点功夫。

三、更重视多种阅读方法的教学

以往语文教学比较偏重精读，但对其他阅读方法的指导是不够的。比如默读、浏览、跳读、猜读、比较阅读、读整本的书等等，以往教学都较少关注，结果是多数学生只会精读，只会考试，而阅读速度很慢，也不晓得根据不同的阅读材料及阅读目的，去运用不同的阅读方法。部编教材在多种阅读方法的教学上，增加了分量。希望老师们试教时注意阅读方法与阅读速度的问题。

四、特别强调多读书，把课外阅读纳入教学体制

一年级就设置了"和大人一起读"，意在和学前教育衔接，引导读书兴趣。中高年级几乎每一单元都有课外阅读的延伸。初中则设置有"名著选读"课，主要引导课外阅读，同时改变以往拘泥于"赏析体"的单一做法，注重"一书一法"，举一反三。比如浏览、快读、读整本书、读不同文体等等，都各有方法的引导。多数课后有思考题或拓展题，也都有课外阅读的提示引导。这就把语文教学从课堂延伸到课外，形成"教读—自读—课外阅读"三位一体的阅读教学体制。这应当是个创新吧。建议老师们采取"1+X"的办法，即讲一篇课文，附加若干篇课外阅读的文章。有些老师反映说由于条件限制，难以选择课外阅读的材料。人教社近期出版有《语文素养读本》，从小学到高中，每学年两

册，和教材有所呼应，大家可以参考选择。

五、识字、写字教学更加讲究科学性和教学效果

小学低年级试教时，注意"多认少写"原则的落实。新教材严格落实300字《识字、写字教学基本字表》，以及拼音教学内容的简化和推后，等等，这些都比以往教材有很大改进。新教材还改变了以往入学即学拼音的方式，安排在识字单元之后，使拼音和识字互为"拐棍"。教学中要非常重视一年级学生的心理特点，降低拼音学习的难度，增加学习的趣味性。比如，有6课安排了音节词的拼读和儿歌诵读的结合，这是为了巩固所学的音节，也使拼音教学与韵文诵读结合，激发兴趣。注意拼音单元，本单元的生字、词只需会读、会认即可，不需要书写，也不需要进行具体的字形分析；儿歌的教学意在巩固拼音和激发学习的兴趣，教学时可采用多种形式的诵读，不要求学生理解和背诵。小学低年级语文非常重要，也很难教，到底如何改进低年级语文教学，增强教学效果，并能从根本上培养孩子们读书的兴趣与习惯，编写组希望听取一线试教的经验。

六、写作课的编写力图突破既有的模式，在突出综合能力的前提下，注重基本写作方法的引导，注重读写结合

写作课很难教，写作教学内容编写也很难，这方面几易其稿，也未能达到理想状态，但和以往教材比较，现在的编法是希望更能激发学生写作的兴趣，也比较有"抓手"，比较方便教学实施。到底怎么编写作教学？特别希望能听到一线老师的意见。

七、综合性学习减少课时，增强效果

综合性学习是课改后出现的新课型，每个版本教材都有较多的安排，其实在一线教学中很难得到落实，容易流于形式。针对这种情况，新编教材每年级减少一次综合性学习，而在设计上又加强了阅读课与写作课的联系。还注意将口语教学渗透到平时的阅读教学之中，一些习题设计努力体现口语教学的内容要求。这样一些改进是否可行，会有什么效果？也希望在试教中得出结论。

各位试教的老师，教材编写是复杂的工程，这套部编教材虽然编写时间较长，投入的力量也较大，有一定的创新和突破，但也肯定存在某些不足，希望通过试教，得到检验，得到广大一线老师的批评和指导。你们的试教，实际上就是参与教材的编写，将对部编教材的定稿、出版与推广使用起到关键的作用。

编写组诚挚地感谢你们的合作！

回答小学语文统编教材使用的十个问题

【题记】本文根据笔者2017年5月24日在小学语文统编教材使用培训会上的讲稿整理。文中讨论新教材使用应当注意的十个问题。

这套新教材是中央关注和批准、教育部直接领导和组织编写的，其编写资源可以说空前雄厚。前后从全国调集五六十位专家、作家、教研员和编辑，组成编写组，人教社的中语室和小语室在其中起到中坚作用。实际参与过这套教材咨询等工作的各个学科领域专家有上百人。教材还经过三十多轮评审，几百名特级教师的审读，以及多个省市几十所学校的试教。如果不是"部编"，很难动员这么多力量。它的编写质量是有保障的，作为一种公共知识产品，也能够被多数人接受。我们不好说这是理想的教材，但显然可以超越现有各个版本同类教材的整体水平。不必把这套教材的优点说得那么多、那么绝对，它可能只是相对好一些，是站在既有的各种版本语文教材的"肩膀"上，提升了一些高度。部编本①取代原来人教版，以及其他一些版本，不要忘记前人的功劳。

很自然地，大家会比较新旧教材的异同。要关注这些"不同"与变化之中所体现的观念、意图和方法，通过新教材的使用，去推进语文教学水平的提升。

大家现在只看到小学一年级和初中一年级新教材，其他还在最后送审，二年级大概8月份才能印出来。这里有必要让大家对部编本语文教材有个大致的印象，或者说是了解总体特色，其实也就是从编者角度，希望教材在如下四点能够有所创新和突破。

一是强调"立德树人"，避免做表面文章，努力做到润物无声。

二是"接地气"，希望有新理念，又不挂空，能实用好用。

三是"守正创新"，新教材吸收了过去教材编写以及教学改革的经验，不是颠覆以往的教材教法，而是在以前各个版本教材的基础上去创新。

四是贴近当代中小学生的语文生活，体现时代性。

以上四点是否做到了，还有待一线教学去实践和检验。下面，我想结合实际，回答老师们接触这套新教材之后可能碰到的十个问题，也是教材改动较大的问题，分别做些说明，提些建议。

一、一年级为何要改为先识字，再学拼音？

过去都是一年级刚上学就学拼音，然后再用拼音去识字。这

---

① 最初称新教材为"部编本"，后来称"统编本"，或"统编教材"。

回作了些改动：把拼音学习推后个把月，先认一些汉字，再学拼音，而且边学拼音边识字。这个改变体现一种更切实的教学理念。其实，传统的语文教育都是从识字开始，是在没有注音帮助的情况下进行的。以前的蒙学的办法，就是让孩子反复诵读，慢慢就会识字了。"部编本"多少有点回归传统。入学教育以后，第一篇识字课文，就是"天、地、人、你、我、他"，六个大的楷体字扑面而来，会给刚上学的孩子留下深的印象。接下来是"金、木、水、火、土"，"云对雨，雪对风"，很传统，也很有趣。为什么这样安排？为了唤起孩子们对汉字的原初感觉。"第一印象"不是字母abc，而是汉字"天地人"，这个顺序的改变是别有意味的：把汉语、汉字摆回第一位，而拼音只是辅助学汉字的工具，不是目的。

先识字后学拼音，还有一个考虑，是幼小衔接，放缓坡度。对于一年级刚上学的孩子而言，一上来就是拼音，比较难，等于给了"下马威"，并不利于培养对语文课的兴趣。现在把拼音学习稍微推后一点，减少他们的畏难情绪。我看拼音学习再往后推一两个星期也无妨，总之，一开始就要注意培养识字读书的兴趣，让小学生觉得语文学习挺有意思，这比一上来就学拼音要自然一些，顺当一些。

二、汉语拼音对刚上学的孩子比较难，教学有什么建议？

老师们要明确，学拼音是为了识字，当然，还有普通话正音。拼音是识字的工具，别当作阅读的工具。汉语拼音只是"拐杖"，学会识字就可以不要这个"拐杖"了。所以，拼音教学要实事求是，降低难度，适当减少课时。

发音是比较难学的。学拼音当然要教发音的方法，但也不要过分要求。一年级能拼读音节就可以了，不一定要求能直呼音节。拼音字母表是要熟记的，但不强求背诵默写。声母、韵母的音节能够书写即可，是否工整不必讲究。大致说来，就是一年级拼读准确，二年级要求熟练一点儿，也就可以了，别增加额外的负担。许多学校一年级还学英语，英文字母和汉语拼音老是混淆，教师教学的压力是很大的。还有，就是南方方言区的教师，为了训练一个发音，费老劲了，效果还不好。如果认识到汉语拼音不过就是识字的"拐杖"，普通话正音无非是为了沟通，那教师的压力会小一点，辐射到学生那里，负担也会轻一点，教学效果不见得就差。

其实，《义务教育语文课程标准（2011年版）》已经降低了难度，有些学校可能不注意。说到普通话的学习，也要实事求是，方言区的学生能用普通话沟通就可以了，不一定要求说得多么标准、漂亮。如果方言区的教师能结合所在地区学习普通话的发音难点，来补充设计有针对性的教学方案，那就更好了。总之，学拼音是为了帮助识字，不能代替识字。拼音对学普通话有正音作用，但不要把读拼音当作学普通话的办法。

另外，部编本的拼音教学内容还有一个变化，就是将拼音教学与识字教学结合起来，学拼音结合识字，彼此融通。对此大家也要重视。

三、"和大人一起读"是什么栏目？要列入教学计划吗？

"和大人一起读"是新教材的亮点栏目之一。大人指父母、教师或其他家庭成员与亲友。一年级刚上学的学生自己还不会读，所以让大人和他们一起读，包括亲子阅读。这个栏目的用意是激发读书的兴趣，让孩子一上学就能喜欢语文，喜欢读书。这也是幼小衔接的学习方式。幼儿园主要是无纸化教学，听故事多，到了小学就开始使用纸质的教材等阅读材料，让孩子先和大人一起读，慢慢过渡到自己读。这个过程需要大人引导。我建议把这个栏目纳入教学计划，但不要处理成一般的课，这是课堂教学的延伸，延伸到课外，延伸到家庭。让家长少看电视、少打麻将、少上微信，多和孩子一起读书，这也等于创造了语文学习的良好氛围。可以给家长布置"作业"，让他们配合做好"和大人一起读"，当然，这个"任务"不是全靠家长去做，那样家长又会抱怨。只是考虑孩子刚上学，家长多关照是必须的。现在许多家长没有和孩子一起读书的习惯，我们可以先在教室里面让教师和学生一起读，然后，通过家长会、家长课堂等形式，示范怎么实施"一起读"。

"一起读"可以是朗读，也可以是讲读，或者对话式阅读，形式不拘，但要注意都是在读书，是书面语言的阅读。"一起读"不要给孩子太多压力，也不必布置作业，附加的任务多了，压力大了，兴趣就少了。应当让孩子在大人的陪伴下进行无压力的自由轻松的阅读。教师如果觉得教材中"一起读"的内容比较浅，完全可以换，另外找一些作品来读。

四、部编本小学语文的课文有哪些变化？

一个变化就是课文数量减少，教学类型增加了。像一年级上册，人教版原来有41课，现在减少为32课；汉语拼音的课量也减少了，识字课却增加了。一年级下册，人教版原有39课，现在也减少了，减少为29课。

课文数量的减少，不要简单地理解为"减负"（孩子们负担重，往往不是教材、教师加重的，而是社会、家长加重的），而是教学内容方式的调整，使教材所呈现的内容更加丰富，更加重视口语、读书等方面的内容，也更有利于语文素养的提升。

从一年级到六年级，几乎换了三分之二的课文。课文的选篇标准强调了四点，即经典性，文质兼美，适宜教学，同时要兼顾时代性。新教材对优秀的传统文化格外重视，这方面选文的比重大大增加，一年级就选了许多古诗。

大家会发现，有些经典的老课文又回来了，没经过沉淀的"时文"少了。

五、识字、写字教学如何做到更有科学性？

首先是实行"认写分流，多认少写"。这是部编本低年级的编写原则。这样做，是为了提高教学效果，为尽快过渡到独立阅读创造条件。认识字和学会写字，是两个不同的目标，小学要求低年级认识常用字1600左右（以前是要求1800），其中800左右会写。教学中注意不要加码，不要回到过去那种"四会"的要求，因为认、讲、用、写是很难齐头并进的，那样做效果可能欲速则不达。

新教材在识字教学的安排上是有讲究的，大家在教学中要认真体会。一般而言，只要按现教材设定的各个阶段目标推进，学生到二年级下学期大致可以实现独立阅读。要注意，一年级上册后面附了《识字表》《写字表》，要求会认300字（这300字应当是低年级识字教学的重点），其中100个字会写；一年级下册附400个会认的字，200个会写。有的教师问：这些字是怎么选定的？是为了帮助学生认读课文，才安排学这些字吗？不是的，它是依据对小学生阅读的字频调查来确定的。先认这些字，才可能尽快过渡到独立阅读。而且从字理、字结构来看，先认识这些字，也有助于学生举一反三，认更多的字。

新教材有意安排了多元识字内容，就是说，汉语拼音方法是主要的，但不完全依赖拼音识字，还要多通过字形、结构、偏旁等去识字。如果单纯依赖拼音识字，可能会拖累识字的效率，不利于尽快进入无拼音的实际阅读阶段。教学中老师们要重视范读、熟字带生字、尽量勾连口语词等等。教第二、三单元时，要巩固和复现之前认识的汉字，避免回生。一年级要尽量照顾到多种识字方法，到二年级下学期，一般就掌握多元识字方法了，那时就不光会拼音识字，还会根据形声字构字规律认字，根据上下文猜读，等等。新教材多元识字的教学思路，老师们应当多加关注，加强研究，大胆发挥。

六、如何上好古诗词的课？有无必要让孩子学"国学"？

部编本的古诗文篇目增加了。小学一年级就有古诗，小学六个年级12册共选古诗文132篇，每个年级20篇左右，占课文总数的30%左右，比原有人教版增加很多，增幅达80%左右。初中6册选用古诗文的分量也加重了。

怎样教好古诗文的课？最好的办法就是反复诵读，读得滚瓜烂熟，不用有过多阐释，也不要太多活动，宁可多读几遍、多读几篇。比如，给一年级学生讲《春晓》，讲春天到来的那些感觉、发现，让孩子大致上懂得写了什么，发挥想象，就可以了。不要让孩子去记什么"抒发了诗人热爱春天、珍惜春天的美好心情"之类主题，因为这类主题意义，不是一年级孩子能理解的。

又如，讲王维的山水诗，也不一定非得往"热爱大自然"靠，让小学生安静下来，体会一下诗中表达的那种特别的"静"之"美"，就可以了，不必硬是添加许多成年人理解的内容或者套语。

古诗词教学要注重让学生感受诗词音韵之美。也许一时说不清美在哪里，读诗的感觉会积淀下来，慢慢就能有所感悟。现在有些古诗词教学过于烦琐，分析来分析去，把那种美都给弄跑了。

小学生学古诗文，是比较难的，要求别过高，不必在所谓主题思想、意义价值、艺术手法等方面讲太多。有的教案总喜欢来个三段论——"知作者，解诗意，想画面"，未免太死板，也不得要领。

教学中注意，要有机会让孩子自己放松去读，他们喜欢怎么读就怎么读，不能全都是集体朗读。朗读不能取代自主性的阅读和吟诵。

要不要把"国学"当作课程？我在这里非常明确地表达自己的观点：没有必要。"国学"这个概念很复杂，在晚清，是为了抵御"西学"、拯救国粹而提出的，当时是"国将不国"之学，带有保守主义的意味。这些年有些人张扬"国学"，也许有一定的现实意义，但什么是"国学"？范围太大，很笼统，而且精华与糟粕纠缠，又很复杂。我看还是提"中华优秀传统文化"为好，这是中央的提法。至于"国学"不"国学"，学界都还弄不清楚，有争议，我们中小学不要去套用。

社会上有人开设了读"三百千"的班，说那是"读经"。夸张了。"三百千"是古代开蒙的读物，主要是认字用的，小学生读一读也无妨。但要注意"三百千"并不是"经"，里边也有许多不适合现代人格发展的糟粕。小学不要开设什么"读经"班。多读点优秀的古诗文，就挺好。

七、部编本为何要强调课型的区分？

课型的区分，一年级还看不太出来，到了三年级，课文就分为两种类型，或者两种课型，一是精读课，二是略读课。初中教材干脆"精读"改为"教读"，"略读"改为"自读"，加上课外阅读，就建构了"三位一体"的阅读教学体系。小学没有改称

"教读"和"自读",但和初中是贯通的,也是"三位一体"的阅读教学体系。

精读课主要是教师教,一般要求讲得比较细,比较精,就是举例子,给方法,激发读书的兴味;而略读课主要让学生自己读,教师有些引导,让学生把精读课学到的方法运用到略读课中,自己去试验、体会。很多情况下,略读课就是自主性的泛读。不要把所有课文全都安排成讲课。课型不同,功能也不同,彼此配合进行,才能更好地完成阅读教学。

那么小学怎么上好精读(教读)课?一是要安排好预习,不要布置太多作业,主要就是提一些有趣的问题做铺垫和引导,激发阅读的兴趣。精读的重点是教阅读的方法,同时也适时教一些写作方法,两者结合起来。略读(自读)课是把精读课的方法沉淀运用。教师不要多讲,就让学生自己去读。有些教师可能不放心,还要为略读课安排讨论或者作业,这是不必要的。

我特别要说说另一种课型的混淆,不管学什么文体,无论小说、散文、诗歌、童话、议论文、科技文,全都用差不多的程序和讲法。上诗词课,也要分析主题意义,上童话课,就和小说差不多,还是人物性格、艺术手法,等等。不同的文体课型应当有变化。何况课型不变化,没有节奏,老是那一套,学生能不腻味?

部编本在课型问题上有许多探索,比如对文体特点的提示,以及不同文体阅读方法的要求,等等,都是有用意的,老师们要重视。

八、为何要提倡阅读教学的"1+X"？

现在语文教学最大的弊病就是少读书，不读书。教材只能提供少量的课文，光是教课文、读课文，不拓展阅读量，怎么用力，语文素养也不可能真正提升上去。部编本语文教材比起以往教材，更加注意往课外阅读延伸了，但阅读量还是不够。所以我主张加大课外阅读，鼓励"海量阅读"，鼓励读一些"闲书"，也就是和考试，甚至和写作并不定"挂钩"的书；鼓励读一些"深"一点的书，可以"似懂非懂"地读，"连滚带爬"地读。只有这样，才能培养起读书的兴趣。当然，我们的语文课就要改一改，不能满足于精读精讲，不能要求阅读全都围绕写作，还要在精读精讲之外，教给学生各种实用的读书方法，比如快读、浏览、跳读、猜读、群读，还有非连续文本阅读、检索阅读，等等。部编本在不同文体的阅读，以及多种读书方法的教学方面，开始做一些尝试。这是新课题，希望老师们也支持。

所谓"1+X"，即讲一篇课文，附加若干篇泛读或者课外阅读的文章，让学生自己读，读不懂也没关系，慢慢就弄懂了。这就是为了增加阅读量，改变全是精读精讲、而且处处指向写作和考试的那种教学习惯。

新教材一、二年级就有延伸阅读，高年级会更多些。小学中高年级以及初中教材，几乎每一单元都有课外阅读的延伸。新教材实际上已经把"延伸阅读"部分纳入到教学体制，并尝试设置一些检测评价。一线教师在这方面可以大有作为，发挥各自的主动性，去探索、研究适合自己的可行的办法。这是一个教学的创新点。

九、怎么设计"快乐读书吧"课？

"快乐读书吧"课每学期一两次，每次安排某一种阅读类型。比如儿童故事、童话、寓言、民间传说、科普读物等等。这种设计的目的，是让学生初步接触各种不同的文体，有基本的文体知识，激发阅读各种类型读物的兴趣，并掌握一些相应的读书方法。这个栏目不要处理成一般的课文教学，教师可以举一反三，讲一点相关的读书常识，包括书的类型和阅读方法，但主要是引发兴趣，让孩子自己找书来读。

十、新教材为何要重建语文知识体系？

这些年的课改为了防止应试式的反复操练，提出语法修辞和语文知识的教学不要体系化，要随文学习。这个出发点是好的。问题是，如今的语文教学又出现另一趋向，就是语文知识的学习被弱化。很多教师不敢理直气壮地讲语文知识，不敢放手设置基本能力的训练，知识点和能力训练点模糊，不成系列，结果教学梯度被打乱，必要的语文知识学习和能力训练得不到落实。有时课上得满天飞，可就是没有把握得住的"干货"。

针对这种偏向，部编本做了一些改进。一是每个年级和各个单元的课程内容目标力图设计更清晰，教学的要点也更突出，要让一线教师备课时了解应当有哪些"干货",以及如何做到"一课一得"。

部编语文教材已经在努力重建中小学的语文核心素养的体系,这是"隐在"的体系,不是"显在"的,不刻意强调体系化,还是要防止过度的操练。教师了解这一点,教学中就要胸有成竹,知道每一年级的语文学习大致达到什么要求,通过哪些线索去逐步实现,每一单元甚至每一课的知识点、能力点在哪里,等等。教学实施中不去追求"体系化",但教材和教学还是要有体系的。

语文知识的教学必须加强,同时"随文学习"的办法也不能丢。教师对此只要心中有数,就能在教学中想办法落实。

如何用好初中语文统编教材

【题记】本文系2018年5月8日笔者在"教育部统编初中语文教材教师培训会议"（成都）上的讲稿，涉及阅读教学、古诗文教学、语文知识教学等问题；强调读书为要，读书兴趣和习惯的养成，这本身就是语文；并对"任务驱动"之下的群文教学提出某些质疑。

2017年和2016年，语文统编教材开始投入使用，我曾经有个讲话，对如何使用新教材提出一些建议。当时主要是就初中一年级而言。今后几年将大面积铺开初中二、三年级，所以我讲课的内容将照顾到整个初中语文教材的使用。关于这套新教材的编写理念框架等等，教育部的领导和其他同志也会讲，我这里就不重复了。我想讨论其他一些问题，主要是考虑到刚颁布的高中语文课程标准，[①]一些新的课程改革理念必然会影响到整个基础教育的语文课程，所以在讲新教材时，会联系到怎么理解高中新课标。

---

① 《普通高中语文课程标准（2017年版）》颁布后有较多争议，后来经过修订，又颁布了《普通高中语文课程标准（2017年版2020年修订）》。

我今天讲课的主题词是"读书为要"。这是老生常谈,但有现实针对性。基本观点是,使用新教材,应当明确"读书为要",把培养读书兴趣作为语文教学的"牛鼻子"。

这些年,老是"改革""创新",一波未平,一波又起,而且"改革"的姿态总是在颠覆,把过去那一套摧毁。这个"多动症"弄来弄去,我们一线教师都有点疲了。改革还是要改的,但必须实事求是,不搞颠覆,不都是从头做起,要尊重教育规律,尊重前人的劳动,但同时还要面对多样的问题找到主要矛盾,想出改进的办法。比如,高考、中考是基础教育必须面对的巨大现实,谁都不能只是唱高调,你的理念再先进,方法再诱人,也不能不面对考试这个巨大现实。如果脱离实际,改革要付出的"成本"过大,最终也会失败。这个巨大的现实对于中小学语文也是决定性的。我们躲不开!

教育界总有一批理想主义者,他们的教育理想和现实形成较大反差,很诱人的。他们设想让学生非常快乐地学习,没有作业,不考试,没有排名,没有竞争,过无忧无虑的童年和少年。这的确令人向往,但不切实际,只能是个"乌托邦",正所谓"理想很丰满,现实很骨感"。"现实"是什么?是社会各阶层的竞争越来越严重,短时期内很难停下来。这种社会性的竞争必然辐射到教育领域中来,什么减负呀,抑制择校热呀,清理辅导班呀,高考中考改革呀,出台很多措施,是有些抑制作用的,但也只是治标不治本。在教育问题上,唱高调是无济于事的,我们当老师的,只能实事求是,做好本身事情。需要做一些冷静思考,看在中考高考直接制约基础教育这个巨大现实面前,我们能做些什么？能否让我们的学生考得好，又不至于完全陷于应试教育的怪圈？

我多次说过，有水平的教师都有一个特点，就是懂得平衡，能从各种问题缠绕中厘清主要矛盾，找到比较能解决问题的办法。在当前，语文教学有各种不同的理念、方法、经验、模式，还有自上而下一波接一波的"改革"，头绪繁杂，目迷五色。但我认为还是要向那些懂得平衡的教师学习，化繁为简，抓主要矛盾，就抓培养读书兴趣这个"牛鼻子"。那一波一波的"改革"，还有层出不穷的新理念和新口号，都可以简化和转化到读书这个"牛鼻子"上来。

回到这次会议的主题：若问"统编本"语文教材有什么特色？可以从几个方面去论说，但最主要的，就是四个字："读书为要"。或者用一家媒体的报道标题来说，就是"新教材专治不读书"。

语文学科和其他学科不同，是综合性和实践性很强的学科，它需要长期的熏染、积累、习得，你很难指出一条短平快的速效的办法去提高语文素养。长期的熏染、积累就必须靠大量读书，没有别的办法。语言的习得，需要语感的积累，光是精读精讲加练习，或者概论式的知识获取，是难以取得语文学习好的效果的。不能以为放手做各种项目驱动，把课堂搞得很活跃，学生的交际能力提高了，语文素养也随之提升。说一千道一万，无论怎么改革，对于语文来说，还是离不开读书。万变不离其宗，这个"宗"，就是培养读书兴趣。读书非常重要，读书的过程，读书的积累，读书兴趣和习惯的养成，本身就是语文。如果说语文教育要遵循规律，其规律之一，就是激发读书兴趣，养成读书习惯。

读书兴趣和习惯的培养，以及读书方法的掌握，远比现在这种面向考试、精读精讲、反复操练的做法要高明，也更加重要。

那么新教材在加强读书方面有哪些措施？我们一线教学应当如何使用和实施呢？我建议以下九点。

一、区分"教读""自读"两种课型

现在语文教材很多都分为精读和略读两类课。新的初中语文课文干脆改"精读"为"教读"，改"略读"为"自读"。目录上标示有星号的都是"自读"课文，其他则是"教读"。

教学中应当如何来处理这两类课呢？

"教读"课主要教师教，一般要求讲得比较细，比较精，功能是举例子，给方法，举一反三，激发读书的兴味；而"自读"课是让学生自己读，把"教读"课学到的方法运用到阅读实践中，"自读"主要是略读，也可以精读，是自主性阅读。

老师们可能会有一种担心，怕"自读"课学得不精细，影响阅读能力提升，影响考试成绩。这是过虑了。语文课实践性很强，精读课举例子，给方法了，总得让学生自己去试一试，通过自身的阅读实践去取得属于自己的经验。如果把两种课型都上成精读，学生自己没有足够的实践体验，阅读的经验还是没有。"教读"和"自读"两类课型的功能不同，加以区分，是非常必要的，配合进行，才能更好地完成阅读教学。

"自读"课要不要备课？还是要的。主要是设计如何引导阅读，如何提示方法，等等。可以点拨式，点到即止，引而不发。

备课时要研究教材中相关课文的阅读提示，把其中一些要点转化为教学的内容。和"教读"课相比，"自读"课应当简单扼要，点拨提示为主，不要安排太多太细，把主要的空间留给学生。举个例子。八年级上册《美丽的颜色》，是《居里夫人传》的一节，自读的提示应当突出几点：一是传记阅读方法，类似读历史，真实性为主，感受与思考也要围绕真实。导读中有这么一段：

> 文章记述了居里夫妇在棚屋中用四年时间提取镭的过程。作者像一个摄影师，充满深情地将一个个镜头展示出来。我们仿佛置身于残破的棚屋，看到居里夫妇忙碌的身影，感受到科学发现的艰辛，也领略到科学家的坚守与乐观。

这里提示注意历史细节、感受真实场景。第二段：

> 在叙事中，文章多次引用了居里夫人自己的话，补充了历史细节，展示传主的心理感受。增强了文章的真实性；同时变换了文章的叙述节奏，使行文更加生动。多读几遍文章，感受这一特点。

这里提示"真实性"的问题。老师布置这一"自读"课，提示这两点就可以了，放手让学生自己去读。

讲到课型区分，不只是"教读""自读"的区分，还有不同文体课文教学的课型也要区分。新教材初中语文是"双线单元"

结构，在考虑语文素养提升的同时，要照顾人文主题这条线，有的单元就文体杂混。以后高中语文都是以"学习任务群"组元，文体杂混的现象会更加突出。

由于单元组合的文体杂混，可能会导致教学中文体意识淡薄，课型混淆。最近十多年，各个版本语文教材几乎都是实施人文主题单元结构，按照主题来进行单元教学，同一单元课文可能有不同的文体，但教学中顾此失彼，有所忽略。常常看到那种太过单调的备课，无论是小说、童话、散文、诗歌、新闻、议论文、说明文，几乎都采用差不多的分析性阅读，很注重背景、主题、作者意图、段落大意、词句分析、思想意义、修辞和艺术手法，等等，一应俱全。这就是更加值得注意的"文体混淆"了。

其实不同的文体，阅读方法应当有所区别，授课的重点也不一样。老师要教会学生面对不同的文体、不同的书，采用不同的阅读方法。比如，小说和童话不一样，诗歌和散文不一样，新闻和历史不一样，文学类阅读和实用类、思辨类阅读有明显差别，等等。

备课还是要重视课型，区分文体。讲课不要老是那一套程式，应当根据课的文体以及单元要求的教学目标来设计不同的教案程序，突出文体阅读的特点和重点。比如，散文、小说、诗歌与童话的课型应当各有不同，古代诗歌和现代诗歌的课型也有差别。

二、采用"1+X"方法拓展阅读

以前各种版本的语文教材，有一个共同的弊病，就是安排学生的自主阅读、自由阅读太少，每学期只有十到二十篇课文，无论怎么精细讲授、反复练习，都是远远不够的。没有一定的阅读量，不可能保证阅读能力和写作能力的提升。吕叔湘批评说语文课少慢差费，花了两千多个课时还不过关，是咄咄怪事。其实也不奇怪，就是读得太少。所以部编语文教材要专"治"不读书，首先就在阅读量这方面下功夫。小学一年级就有"和大人一起读""快乐读书吧""我爱阅读"三个栏目。初中有"名著导读""延伸阅读"，高中有"整本书阅读"。这些都完成了，阅读量会成倍增加。

但这恐怕还是不够，于是我就有一个建议：实施"1+X"的办法。即每讲一课（主要是精读课），就附加若干篇同类或者相关的作品，让学生自己去读。可以在课内安排读那些附加的作品，也可以安排在课后。不只是读单篇的作品，也要有整本的书。老师可以稍加点拨，但千万不要用精读课那老一套要求去限制学生，只要求学生能读就好。

阅读材料怎么找？有北大语文教育研究所组织编写的《语文素养读本》可以参考。

区分课型，或者采用"1+X"，都并非反对讲课的精细。课文的分析，有时必须要细，要精，要透，这是毫无疑问的。但这种"细"要有意义，意义就是指向学生读书的兴趣，并要学生学会读书的方法，而不能只是为了考试，不管其他。起码这两方面都要兼顾一点，别走极端。课上得死板，千篇一律，又几乎全都指向考试，这就是语文课的一大弊端，是扼杀读书兴趣的。

顺便提到，高考和中考也都开始注意考阅读速度与阅读量。

使用新教材，也要重视阅读量的问题。

三、授之以渔，要教读书方法

和以前教材比较，统编教材更加注意读书方法或者阅读策略。使用新教材，要特别注意方法问题。

现在的语文课也不是完全不教读书方法，只是缺少这方面的自觉意识，单打一，光教精读，轻慢了其他阅读方法。其实阅读方法是多种多样的，比如默读、浏览、快读、跳读、猜读、互文阅读、检索阅读，以及如何读一本书，如何采用不同的方法去读不同类型的书，等等，以往的教材是关注不够的，老师在教学中也缺少这方面的方法意识。结果就造成一种状况：很多学生只会精读，无论碰到什么文章，全都用主题思想、段落大意加艺术手法等一套分析办法去套；还有一些学生上了大学还不会默读和浏览，读得很慢，还不得要领。

老师们使用统编教材，一定要强化方法意识，加强这方面的教学投入。统编教材中有关读书方法的内容分布在导言、习题、特别是"名著导读"中。每册两次"名著导读"，每次都会突出一种阅读方法。老师们备课时，可以参照这些方法提示，把提示转化为教学的内容。

比如"名著导读"的《西游记》一课，就集中研讨"跳读""猜读"。想想，我们小时候读《西游记》等小说，不就是这样跳读、猜读的？本来这是无师自通的方法，如果语文课也能教一教，从方法上指导一下，那效果就不一样了。

教读书方法，要有窍门，有可操作性。光要求"抓住关键词"，要求"读得快"，学生还是不会，这就需要有具体的可以模仿学习的技巧。拿浏览来说吧，就要把默读、快读、跳读等多种阅读方法结合起来，尽量在"一瞥"之间掌握一个句子甚至一个段落，眼睛最好看文章的中轴线，不要逗留。但是有些孩子阅读时还是要不断逗留，读不快。怎么办？可以让他这样训练自己：五个手指并拢，顺着书的字行往下移动，速度要比眼睛的感觉稍快，而且越来越快。这就训练出来了。

如何阅读一本书？也有方法，可以训练。拿起一本书，教给学生先要看书名扉页、提要简介、前言等等，再翻一翻目录，或者挑选一两个与主旨联系密切的章节重点看看，跳着读，读几段，或者几页，最后要比较认真地看看书的结尾部分，往往是对全书提要性的总结，或者还可以看看后记，很快就可以大致了解一本书的内容，甚至能判断写得怎么样，决定是否值得再细读精读。这叫"检视阅读"，或者叫"检索阅读"，是迅速读一本书的办法。很多书都可以采取这种读法，然后才能选择自己要认真细读的书。

还可以教给学生如何把精读与略读结合。比如，一本书可以读三遍，第一遍粗读，大致了解其轮廓主旨，有个基本印象；第二遍细读，对各章节内容有更加深入的理解；还可以有第三遍，就是带着问题包括疑问去读，选择重点章节读。当然，不是所有书都需要读三遍。这里指的是比较重要的基本的书。

教材不可能详尽介绍读书方法，但老师们讲课应当心中有数，把散落整个初中语文教材中的各种读书方法、策略理一理，看大致有哪些，整个初中语文学习应当教给学生哪些基本读书方法，然后安排到讲课中。

读书方法的传授是语文课很重要的内容目标。当然，教无定法，根据不同的学情，可以有多种多样的教法，但无论哪种教法，都要让学生有兴趣学，又能把握方法，学会学习，学会读书。

四、"名著导读"怎么教？

统编语文教材设计了"名著导读"栏目，目的是什么？一是引导读名著，读经典，让学生初步接触人类文化的精华；同时，就是要强化整本书阅读，读书养性。以前的语文教材都是单篇选文的累积教学，并没有在整本书阅读上提出要求。结果学生读书少，完整的阅读更少。有的初中到高中六年，没有完整地读过几本书。这种状况是很严重的。问题是信息时代到来后，网络为王，阅读多是碎片化的，学生更是难得静下心来读完整的书。现在提倡"整本书阅读"，新教材专门安排"名著导读"，首先就是为了"养性"，涵养性情，让学生静下心来，感受读书之美，养成好读书的习惯。这可能是最重要的。

初中语文统编教材的"名著导读"，其实就是"整本书阅读"。每学期两次，也就是读两本，还延伸介绍两三种。整本书阅读要列入教学计划，但这是很特别的课型，特别在哪里？课内讲得少，主要是课外阅读，是学生自主性阅读。

我不太主张名著阅读（整本书阅读）课程化。当然课内可以安排一些内容，比如简要介绍书的基本情况，激发兴趣，重点放在提示读"这一类书"的基本方法。比如，怎样读长篇小说，怎样读社科著作，怎样读传记，怎样读历史，都应当在基本方法上有所交代。让学生知道不同的书是有不一样的读法的，有时还需要签订阅读"契约"——比如读小说，主要是借某个角度去打量生活，激发想象，而不能像读历史那样去"坐实"；读社科论作，要关注核心概念，以及要解决的问题，要梳理逻辑思路，就不能像读小说那样放开想象，等等。本来读书方法很多，围绕一本书的阅读重点学习某一种适合的方法，以后碰到同一类书，也就会读了。这些都是提示性的，可以用很少的课内时间去实施，但"整本书阅读"主要是课外阅读。

老师们上课应当把"名著导读"独立出来，这是专门的课型，如何做好，需要实验。但有一点我觉得要注意：若要学生喜欢上整本书阅读，就不能太多干预，应当导向自由阅读、个性化阅读。如果要求太多，学生还没有读，可能就兴趣减半了。如果处处指向写作，甚至和考试挂钩，那就更是败坏阅读兴味。我看社会上有些跟进整本书阅读的书，安排了很多规定动作，比如如何写笔记，如何做旁批，如何写读书心得之类，甚至时间都给规定好了，这就很可能限制读书的自由，减损读书的乐趣。

"名著导读"或者"整本书阅读"的教学效果好不好，就看学生是否爱上读书、自己能找更多的书来读。不要管得太死，宁可实行"目标管理"，而不是"过程跟踪"，开头有个提示和引导，结尾布置一点小结之类，那就很好了。

中高考语文试卷命题都在考虑如何检测整本书阅读，比如加强对阅读面与阅读速度的考察，这种方式可能撬动整本书阅读的教学。但那种指定读若干种书，考试就考有无读过，其效果就值得怀疑。因为有些应试的办法就是对着这种考试的，结果很多学生未见得读过这些整本的书，只是读些提要之类，也能对付考试，其实还是不会读书，也没有读书的兴趣和习惯。

五、把课外阅读纳入教学计划

通常讲阅读教学，往往就只是课堂上围绕课文的教学，对课外阅读并不重视，甚至放弃了。这种状况，可称之为"半截子"的阅读教学。

语文课程是一门综合性、实践性课程，所说"综合性""实践性"，并不限于课内教学，还应当包括课外阅读。让课堂阅读教学向课外阅读伸展，让课堂内外的阅读教学相互交叉、渗透、整合，联成一体。

课外阅读要给学生自主选择，但不是放任自流，必须有所指导。这就需要有相应的教学计划，根据各个学段的教学目标，安排适当的课外阅读，注意循序渐进，逐级增加阅读量与阅读难度，体现教学的梯度。但是，纳入计划不等同于上课，一定注意不要太多干预。要想办法激发阅读兴趣，要给学生一些自由选择的空间。

书目规定只是一个范围，让学生在这个范围中自己找书来读。规定太死不好。要容许学生读"闲书"，尊重他们的语文生活。前几天，我在济南西站候车，咖啡室的茶几上放着一本东野圭吾的《白夜行》，我翻了一下，大致知道这是日本一位推理小说家的作品,写得很有技巧,文字也清浅可读。但这类小说都是有套路的,可以批量生产的,阅读功能不是感动或者审美,主要是猎奇和娱乐。但让我惊奇的是,这本书到2017年,已经78次印刷。我在我的微博上说了这件事,很多跟帖说,现在中学生大学生都喜欢东野圭吾。这让我想到,这就是现在相当部分年轻人的文学生活,或者语文生活!怎么看待中小学生阅读流行作品?我觉得应当持开放态度。

流行作品,也是所谓"闲书",是和考试好像关系不大的书,也是学生按照自己兴趣选择的课外书。有些教师和家长总是担心妨碍考试,他们可能会限制孩子读"闲书"。其实,我们每个人都有过读"闲书"的经历,那是自由阅读的享受,也是最有阅读兴趣的时候。为了应对中考和高考,有些制约也难免。但限制过甚,不让读"闲书",也就等于取消了学生阅读的个人空间,扼杀了读书的兴致。读"闲书"也是一种阅读,可以引发阅读兴趣,扩大阅读面,提高阅读能力,更重要的,这是学生的语文生活的重要部分。

事实上,凡是课外阅读量大、知识面广,读过很多"闲书"的学生,思想一般比较活跃,整体素质也高,他们往往也能在考试中名列前茅;而那些只熟习教材和教辅,课外阅读"闲书"少,没有阅读习惯,即使考试成绩不错,视野都比较窄,思路也不太开阔,往往是高分低能。所以,在应试教育还不可能完全取消的情况下,最好还是要兼顾一些,让学生适当保留一点自由阅读的空间,使他们的爱好与潜力能在相对宽松的个性化阅读中发展。阅读面宽了,思维开阔了,素养高了,反过来也是有利于考试拿到好成绩的。

要尊重学生的语文生活。尽可能在语文课和学生的语文生活之间疏通一条通道,那肯定会加倍引发学生学习语文的兴趣,培养起读书的习惯。我们这个讲课说的是培养读书兴趣,怎么培养?办法之一就是多少进入学生的语文生活。阅读教学,甚至整个语文教学,都要高度注意培养学生广泛的阅读兴趣,扩大阅读面,增加阅读量,提高阅读品位。

统编本也想在学生读"闲书"方面,以及他们的语文生活方面多安排一些内容,更开放一些,亲切一些,但还是做得不够,或者说,还很难这样去做。教科书是公共知识产品,各方面制约很多,"面孔"是比较严肃的。但在使用新教材时,应当活跃一点,能多关注一点学生的"语文生活",这也是有助于培养读书兴趣的。

六、如何上好文言文和古诗词课?

统编本的文言文和古诗文篇目增加了。但也并非网上炒作的"猛增",小学的增量多一点,初中略有增加。

首先要明白为何要让学生学文言文。一是了解现在我们运用的语言的来路、源流。就像一个家庭,要让孩子知道家族的历史一样道理。学文言文是寻根,寻找现在语言的根。现代汉语特别是书面语言本身就有文言文的基因,含有很多文言文的成分,学点文言文,了解这个"根",会帮助我们提高语言表达的能力。还有一点,就是如果有文言文的底子,写文章的语言就会更有文气,也更有底气。当然,还有一个更重要的道理,就是让学生学一点文言文,对传统文化有些感性的了解,热爱传统文化。这些"道理"要让学生知道,而且转为一种自觉意识,不只是为了考试拿分,才能自觉地学习文言文,学好文言文。

据我所知,老师们对于文言文的教学普遍都是比较重视的,也因为文言文在考试中"拿分"比较好把握。这也是无可非议的。怎样教好文言文?大家都有很多诀窍。但有一点建议,就是加强诵读。把诵读作为学习文言文基本的又是最重要的环节与手段。我听过一些老师讲文言文的课,一般都是串讲,一句一句往下讲,把所有难懂的词语都疏通,还可能随文分析一些文言词语的语法,做古今词语对照比较。还有的老师用很多的功夫把文言课文翻译成现代汉语,再让学生比较古今的异同。这些方法不能说不好,也有其必要吧,但我看不是文言教学最好的办法。好办法在哪里?就是诵读,以诵读为先,以诵读为主。有了大量的诵读做基础,再去做前边说的那些事,效果可能会更好一些。文言课起码应当有半数以上时间安排给诵读。如果两节课,一节用来串讲,半节用来活动讨论,剩下半节安排朗诵,那就有些问题了。应当倒过来,起码用一节课的时间让学生诵读,各种形式的诵读,乃至背诵。

有的老师可能怕诵读安排太多,学生还是不懂,也掌握不了虚词、实词、语法等。这种担心是不必要的。文言文,特别是选入教材的那些经典的篇章,即使一开始就让学生去读,参考注释,也大致能懂,能达到阅读中常有的那种"会意"的状态。所谓"会意",就是知其大意,可是又不见得说得清楚,不能确解。

这不妨碍大致了解全篇。现在老是讲"整体感知",对文言文来说,通过诵读知其大意,能对文章的文气和语感有整体感觉,这是基础。所以,我还是建议文言课少一些串讲,少一些活动,不一定要"先译后背",也不一定"字字落实,句句翻译",把更多时间交给学生诵读,很多课文都可以做到当堂成诵。

诵读可以采取各种不同的方式,但不要全都安排做朗读。这是两种读法。要让学生有自我陶醉式的诵读,要有独处式的诵读。

和文言文一样,古诗词的教学最好的办法是反复诵读,不需要有太多的阐释,也不要太多活动,宁可多读几遍、多读几篇。

古诗词教学更要注重让学生感受诗词音韵之美,汉语之美,也许一时说不清美在哪里,总之是积淀下来,有所感觉了。有些古诗词教学过于烦琐,像动外科手术,把诗词的美都给弄没了。

七、写作教学问题

注意教学的梯度。新教材的写作是有系列安排的,等六个年级都出版后,可以看到这个系统。老师们对于小学整个写作教学应当有大致的计划。

写作学习的目的不只是为了写好文章,更加是为了思维训练。这道理要搞清楚。作文课和阅读课一样,需要气氛,需要熏陶,需要不断激发学生表达言说的欲望。无论什么教学法,重要的是让学生对写作有兴趣,应当想办法营造一种氛围,引起学生动笔的兴趣,有了兴趣就好办。如果把作文课上成应试技巧课，完全纳入考试准备，那是很难引起兴趣的。

提升写作能力，最重要是扩大阅读面，加上适当的思维训练和文字训练。多读比多写能更有效地提高写作能力。

作文教学是否做得好，有一个前提，就是老师自己要喜欢写作，会写文章。而且敢于和学生一起来写"下水文"。不一定要写得多么漂亮，但起码"会写"，那写作课才不至于很隔，套式化。还有，就是要给学生改作文。

八、关于语文知识的教学

如今的语文教学出现了轻视语文知识的偏向，针对这种偏向，部编本语文教材做了一些改进。一是每个年级和各个单元的课程内容目标力图更清晰，教学的要点也更清晰，要让一线教师备课时了解应当有哪些，做到"一课一得"，有"干货"。

部编语文教材已经在努力重建中小学语文核心素养的体系，这是"隐在"的体系，不是"显在"的，好像不是那么成体系。老师们教学中要胸有成竹，知道每一年级的语文学习大致达到什么要求，知道每一单元甚至每一课的知识点、能力点在哪里，等等。怎么去掌握新教材的知识体系。又怎么在教学中落实那些知识点和能力点呢？我这里给大家一些建议。

一是参照教师用书。教师用书会有知识点、训练点的提示。

二是看单元导语。每个单元都会提出教学的要点。

三是研究思考题和各个栏目的要求。思考题往往体现对知识点或语文能力训练的要求。

语文知识的教学必须加强,但还是以随文学习为主,不要从概念到概念。

九、如何看待"任务驱动"下的群文阅读

这些年有些学校在试验这种方法。高中新课标也提倡以"任务群"来组织教学,以任务驱动和项目活动来取代过去的单篇教学。

这种任务群学习与过去的教学模式有很大的区别。强调的是不以文本为纲;不求知识的系统与完备;不把训练当作纯技巧进行分解训练。教师是组织者,学生是主体,师生互动。

但是也有很要紧的问题值得探讨。任务群提倡两点,一是任务驱动下的多文本学习,二是任务驱动下的学习活动,把这两点作为以后语文教学的主要方式。这可能有点问题,还需要试验。这两点也有好处,就是有利于学习目标和内容的集中、明确,克服语文教学的随意性,同时有利于发挥学生学习的主动性。有了"任务",教学目标就清晰了。

但我有三个担心。第一个担心,是把任务驱动作为语文教学的唯一方式,一边倒,出现新的偏误。因为任务驱动是预设的,外加的,如果所有的阅读教学都预先布置任务,是在任务的指使下去阅读,反而可能会让学生被动,降低他们阅读和学习的兴趣,适得其反;学生在阅读学习过程中,会时常想到预设的那个任务,所关心的是如何完成任务,是阅读材料中哪些部分可以用于完成任务,他们思考的问题就会限定在预设的任务范围,而不

是在阅读中自然地形成的，所谓个性化阅读，探究性阅读，很可能就会受到预设任务的限制或者牵引。这很可能还会导致为完成任务而阅读的实用主义。自由的、开放的、创造性的阅读，也就可能沦为功利性的阅读。就像我们现在很多学者被科研项目所捆绑，为了完成项目而进行研究，结果陷于项目化的状态一样。所以任务驱动的那个"任务"，恐怕不能预设太细，要考虑留给学生的空间大一些。

我的第二个担心就是，若把语文教学全都处理成多文本阅读，虽然可以抑制以往一课一课精读精讲、容易碎片化的弊病，但也可能沦为"浅阅读"。因为都放手让学生自己去读，而且是在有限的时间里的群文阅读，肯定不可能很细致，甚至容易囫囵吞枣。在实施多文本阅读的时候，怎么把握好精读与略读的结合，怎么防止"浅阅读"，是非常有必要的。改进的办法就是，还是要把群文阅读的课文或者材料分为精读与略读，要有精读的要求。

我的第三个担心，就是任务驱动下的学习活动，不要包揽整个教学过程。有些文类的阅读，比如实用类阅读、思辨类阅读，可以活动多一点，但文学类阅读，活动要少一点，还是让学生静下心来读，是自主性的阅读，而不是动不动就讨论，就各种活动。我们的语文课本来就很热闹，很浮躁，缺少沉浸式的阅读，缺少真正个性化的自由的阅读，如果老是任务驱动，老是组织各种活动，那也是不利于语文素养的提升的。

过犹不及，欲速则不达。新课标提出的语文核心素养的理念很好，任务群的主张也有新意义，但不要全盘否定以往语文教学的经验，也不要指望把新的办法定于一尊，那是不可能的，甚至会适得其反。在新课标刚颁布之时，我说说自己的担心，也是一种提醒吧。我们可以做一些调和，吸收新课标关于任务驱动的理念，在某些教学环节可以多使用这个办法。但不一定全部都改为任务驱动，还是要实事求是，根据教学的内容需要，还要根据学情来决定如何实施。

如何用好高中语文"必修"教材

【题记】本文系2020年8月26日笔者在第二批使用高中语文统编教材培训会上的讲稿，发表于《人民教育》2020年9期。文章围绕统编高中语文教材变化最大、创新最显著的几个方面，包括单元结构体例、学习任务群、整本书阅读等，逐一阐述了设计的思路，并对教师备课中可能要处理的十个问题提供具体的建议。

去年已经有六个省市使用高中语文统编教材，今年又增加了十多个省市。大家对新教材也早就有所耳闻了。大概许多老师都担心教材的变化太大，教学中难以实施。今天我就围绕大家比较关心的问题，来谈谈新教材的编写意图，以及怎样来使用这套教材。希望能听到大家的批评指导。

我首先要说的是，这套高中语文统编教材，和以前的教材比，有很大变化，但并非对既往教材教法的颠覆，我更愿意用"守正创新"来概括它的特色。

这套教材努力去"守"的，是中国语文教育传统的优秀成分，是十多年来课改的得失经验，是以往语文教材编写值得借鉴的东西。这些都是"正"，是这套教材编写的基础和资源。用好这些资源，吸收这些经验，化为新教材的筋骨血肉，就是"守正"。

在此基础上去"创新"，教材的"亮点"是显著的。起码有这么几个"亮点"：一是编写的立意更高，遵循中央提出的"立德树人"指导思想，通过"整体规划，有机渗透"的设计，结合语文学科特点去落实社会主义核心价值观教育；二是贯彻高中语文课程标准的精神，更新教育观念，改进教学方式，有针对性地去改变目前语文教学存在的一些偏误；三是借鉴世界上母语教学先进的经验，关注信息环境下的教育教学改革，让教材更加符合语文教育的规律，也更加适合新时代公民基础教育的需要。和以往同类教材比，这套教材无论编写理念、结构体例、课文选取，还是内容设计，都有明显的变化与改进，是"守正创新"。

大家拿到新教材，看到许多课文是新的，体例和教法是新的，改革的力度大，担心跟不上，用起来困难。这种心情可以理解。但也要看到，这套教材的"新"，并非以革命的姿态把以前的教材教法全部颠覆，它是在原有基础上的变化革新，是那种大家经过努力就跟得上的创新。所以不必焦虑，要以积极而又正常的心态来使用教材。

我也不赞同泰然处之、我行我素，甚至拒绝改革的态度。以往的教材教法中的确存在随意、低效、不能适应新时代需要的亟待改革之处，改革是必需的。现在高考正在推进改革，高中统编教材是为了和"新高考"配套衔接,课改是大趋势,必须跟进。"以不变应万变"是不行了。

当然,新教材落实新课标精神,实施课程和教法的改革,也在探索之中,并不完善,需要通过实践的检验去不断修订。大家对新教材不适应,有批评,这很正常,教学中也应当容许有不同于教材设计的教法,但对于新教材所引导的改革方向,毫无疑义是应当积极支持,全力以赴的。

使用新教材,改革我们的语文教学,必须立足于各自的学情,根据自身条件,在原有基础上去逐步调整、改进和更新。新教材的使用,关键是教师。教师的思想和业务水平必须跟上,吃透教材,才能用好教材。而这需要时间,不可能靠几次培训就解决问题。

使用新教材,采用新的教学模式,我不赞成搞"运动",不赞成形式主义,不赞成"一刀切",不赞成一哄而起。办学条件好的,改革步子可以大一点,条件差的,也可以等一等,分步实施,创造条件去改,能改一寸是一寸。

下面,围绕统编高中语文教材变化最大、创新最显著的几个方面,说说我作为编写者的一些感想和认识,同时也会提出一些使用建议。

一、教材的结构和体例

高中语文教材分"必修"和"选择性必修"。"必修"两册,所有高中生都要学;"选择性必修"三册,理论上可供自主选择,实际上绝大多数学生都要学。所以不必纠结这些课程的名称，都作为必修来安排就是了。"必修"安排在高一，"选择性必修"安排在高二，当然，也可以做其他灵活的安排。

整套教材以"人文主题"和"学习任务群"两条线索组织单元。"人文主题"的设计充分考虑新时代高中生人格和精神成长的需要，涉及面宽，但聚焦在三方面："理想信念""文化自信"和"责任担当"。每个单元的"人文主题"都会突出其中某一方面。"学习任务群"是单元组织的另一条线索，每个单元都设计有若干指向"语文核心素养"的学习任务，保证语文工具性的落实。

高一的"必修"教材两册，每册8个单元，共16个单元，覆盖7个"学习任务群"。高二的选择性必修三册，各4个单元，共12个单元，覆盖9个"学习任务群"。单元的组织形式有两类：一类以课文或整本书的阅读为基础，读写结合；另一类不设传统意义上的课文，以专题性的语文活动为主，带动相关资源的学习，如"当代文化参与""跨媒介阅读与交流""语言积累、梳理与探究"等。另外，高二和高一的单元教学略有不同，高二以"专题研习"为主，凸显探究性学习。高一到高二，从"学习"到"研习"，一字之差，教学上会有些梯度，要求也有所不同。

此外，各册均安排有"古诗词诵读"。这主要提供课外诵读，不一定全都要背诵，也不要安排成一般课内学习。

以上是教材结构体例的简介。下面用多一点时间探讨一下"学习任务群"。

二、关于"学习任务群"

这是《普通高中语文课程标准（2020年版）》提出的一个新术语，代表了一种全新的学习理念，也是贯彻在新教材中的重要理念。面对这个新事物，大多数老师感到新鲜，又有些犹疑和焦虑。有些陌生感是正常的，焦虑则大可不必。"学习任务群"其实是对十多年来课程改革经验的提升，是"语文核心素养"的观念提出后，在教学实践中探索的一种新形式。以前我们大概也都不同程度尝试过"主题教学""综合性活动""大单元教学"等等，很多做法和"学习任务群"都有共通之处。"学习任务群"是一种新的教学方式，但我理解还是以课堂教学为主，还是要教听说读写，不是颠覆过去的语文教学，以前我们熟悉的教学经验经过调整和改革，也还派得上用场。

"学习任务群"的提出，有什么学理依据？为什么教材要改为"学习任务群"为主的单元教学？以前是以单篇课文和课时为基本教学单位，课是一篇一篇讲的，老师讲授为主，听说读写的训练分布到各个教学环节。我们历来都这样教，其好处是学得比较精细，知识点和能力点突出，但也可能灌输式讲解过多，"刷题"太多，学生自主学习太少，读书太少。比如讲散文，尽管每篇的特点不同，但教学的思路程式大致就那样，总是段落大意、主题思想、作者情思、篇章结构、写作方法等等，最后得出诸如"情景交融""比喻的手法""形散神不散"之类大同小异的结论。"刷题"也大都围绕这些内容反复进行。我们的语文课显得零碎、重复、随意，可能跟这种陈陈相因的教学方式有关。

现在高中语文提倡"学习任务群"教学，希望以"学习任务"来整合单元教学，突破单篇阅读精讲细析的固定模式，让学生在自主的语文实践中学会学习，建构"语文核心素养"。用任务群来罗致教学内容，对某个单元或某一课主要学哪些基本知识和关键能力，就能做到更加心中有数，有助于克服语文教学的随意性。采用这种形式也是为了减少灌输式讲解，多匀出时间让学生自主学习，带着问题学，拓展阅读面，扩大阅读量，这也有助于解决语文教学长期以来存在的"读书少"的问题。课改以来，语文教学普遍注意到多发挥学生学习的主动性，其实大家也都在改进教学，只是因为高考的压力太大，应试教育的那些"套路"仍然很有"市场"，这都是两难的事，老师也很困扰。新教材的使用，可以让我们的教学方式变得更加灵活有效，和"新高考"的要求更加贴切。"任务群"教学就是值得尝试的一种好办法。

那么，怎样用好新教材实行"学习任务群"教学？

备课时首先要明确单元的"学习任务群"。比如高中语文必修上册第一单元，有毛泽东诗词，有现代诗、外国诗，还有两篇现代小说，文体很杂，大家可能不太习惯，不知道怎么去抓教学的内容目标。我们认真研究这个单元的导语、课文、各课的"学习提示"，以及"单元学习任务"，就会了解这个单元属于"文学阅读与写作"这个"学习任务群"，单元的"任务"就是学习文学类阅读的基本方法，领会和思考"青春的价值"。我们备课，就可以聚焦这两个"任务"。教师用书中对单元的"任务"也会有所提示。

掌握了单元所承担的"学习任务群",第二步工作,是把"任务"细化,化为教学的目标、要点、难点,形成教学方案。这就关系到单元后面的"单元学习任务"怎么使用。"单元学习任务"不同于以前的习题,不是学完一个单元之后的练习,而是对"学习任务"也就是"教学方案"的提示。"单元学习任务"应置前,是设计单元教学方案的主要依据。我们可以参照"单元学习任务",来设计一个单元的教学环节。

教案的设计形式要改一改,多往"学习活动"方面靠拢。不全是授课的讲稿或者程序,而主要是"问题"(课题)、解决问题(课题)的方法与材料提示、对学习和交流"活动"的组织引导、读书的引导,等等。到了高二,就以"研习"为主,更加强调让学生主动学习,探究式学习。老师要转变角色,由主要担负讲授转为引导学生在语文实践即"活动"中学习。不是讲授不重要,也不必限定讲授,而是把教学的落脚点放在安排好学生的自主学习上。有些课也可以多讲一点,有些少讲一点,都可以,但都力求围绕自主学习的"任务"去设计。

我们来看看必修上册第一单元的"单元学习任务",有四个"任务",都是以"活动"为主,不要求回答问题,要让学生带着问题在一定的情境中去"做事"。教材设计的"单元学习任务"已经提供一些"活动",侧重点是不一样的,也是分层次的。第一题是覆盖整个单元的,要求学生从本单元课文中最有感触的某一点出发,就"青春的价值"和同学讨论。整个"任务"可以在学习整个单元之前布置,也可以学完整个单元之后做总结。第二个"任务"是围绕"意象"和"诗歌语言"探讨欣赏诗歌的方法。还下设三个小的题目。可以把这个"任务"布置在诗歌的那两课中。第三个"任务"是有关小说的,可以在第三课安排。第四个"任务"是指向写作的,应当在单元教学总结时安排。备课时应当认真研究"单元学习任务",看怎么把这些"任务"转化为"问题"和学习的方法,在"活动中"去"解决""问题",学会学习。教材没有为每一课设计好教学方案,因为学情不同,老师应当根据自己所面对的学情,去自行设计。也可以超越教材的"单元学习任务",自己另外设计一些可能更加贴切有趣的"活动",去完成单元的教学。

备课时最好还能够重新研究和参照语文课程标准,看其中对本单元所承担的"学习任务群"是怎么定义和要求的。比如对必修课"文学阅读与写作"的"学习目标与内容",就强调精读作品,根据不同文体特点从语言、构思、形象、意蕴、情感等多个角度欣赏作品,那么这个单元的教学重点就要放在启发学生通过诗歌和现代短篇小说的欣赏,举一反三,掌握阅读诗歌和短篇小说的一般方法。课标对"文学阅读与写作"任务群的教学也有建议,包括如何做好问题设计,提供阅读策略指导,在学习过程中进行指导点拨,以及引导制订读书计划,等等。这些建议在教材的"学习提示"和"单元学习任务"中已经有所体现,备课要把这些意图转为让学生去思考的问题和解决问题的途径。

其实,课标对各个任务群的教学功能、目标都有要求,有些属于比较"上位"的要求,备课时也应当关注,让教学设计的方向更加明确。比如,课标在论述"语文核心素养"时,提到要"通过语言运用,获得直觉思维、形象思维、逻辑思维、辩证思维和创造思维的发展",还提到要帮助学生形成"正确的审美意识、健康向上的审美情趣与鉴赏品位"。诸如直觉思维、形象思维、审美情趣等,是新提法,我们以前教学中较少关注的,新教材也努力在体现,我们备课时就应该多考虑,设计"文学阅读与写作"这个单元,应当如何超越以往过于偏重文体知识灌输的教法,在设计学习活动和问题时,多考虑诸如直觉思维、形象思维、审美情趣等能力培养,尽可能往"语文核心素养"的目标靠拢。

"学习任务群"是一种新的教学方式,虽然提倡"任务"和"活动",但还是以课堂教学为主,还是要教听说读写,以前我们熟悉的教学经验经过调整和改革,也还派得上用场。新教材按照"任务群"来结构单元,是全面考虑的,教学中应当全面落实,但也可以有些灵活性。因为学校不同,班级的学情不一样,可以有一些微调,不一定死扣学分。比如,你们班上学生审美能力普遍差一些,那么文学类的单元可以在课时安排上加强一些。如果思辨能力普遍偏弱,则可以加强一些思辨类的单元教学。

下面,就落实任务群教学中会碰到的几个概念和相关的问题,再具体一点来讨论。包括"任务驱动""群文教学""活动"与"情境""整本书阅读"和"综合活动单元"。

三、关于"任务驱动"

新教材提倡的是"学习任务群"为中心的大单元教学,是以"任务"来带动单元教学,这就是所谓"任务驱动"。

在备课时，应当根据单元所承担的"学习任务群"和课文的形式内容要求，来考虑如何设置"任务驱动"。有的可以是整个单元预设若干情境和任务；有的也可以一课（可能是一组课文）设定一个情景、一个任务。"任务驱动"，一般是"任务"在前，当然也可以安排在中间，或者后面。要根据教学的内容需要来定。老师要考虑提出什么问题、布置什么活动才能更好地实现这个单元或者这一课的教学目标，而且真正能调动学生自主学习的积极性。

实施"任务驱动"，不等于布置一下任务就完全由学生自己去学，有些比较艰深的课文，有些文言文和古诗词，或者与学生比较隔膜的经典文章，还是要先帮助学生读懂读通，然后才谈得上完成任务和解决问题。有些课老师先讲，讲得多一点，也是应该的，这方面不应该限制，不要规定讲授比例之类。不过老师的讲解也应当力求做到是那种指向"任务"的、有针对性的讲解，是能启发学生进入自主阅读的方法性讲解。

必须用好每一课后面的"学习提示"。"学习提示"的功能有三：激发学习兴趣；提示学习重点和难点，帮助读懂课文；提供阅读方法和学习策略。以前的教材也设计有导读，介绍课文写了什么、怎么写的、用了什么手法等等。而"学习提示"则把重点放到怎么读，阅读时注意什么，以及怎样进入探究性学习上。"学习提示"主要是给学生写的，但实际上也在提示教学的目标、要点与抓手。对老师来说也很重要。因此，教师备课要认真琢磨"学习提示"，在布置"任务"时，必须参照"学习提示"。

设计"任务驱动"，往往"任务"在前，要提醒不能只是奔着"任务"去阅读，也不是单纯为了解决"问题"或者参加讨论去阅读。本来课文有很丰富的内涵，可以做各种个性化的理解，如果太功利，又先入为主，反而就"窄化"了对课文的理解。

很多课文都是经典，让学生接触经典，本身就是教学的重要目标，不应该把课文纯粹作为解决问题、完成任务的材料或者讨论问题的"支架"。

在设计"任务驱动"时，警惕一边倒，要尊重学生个性化的阅读，留给学生更多感受和理解的空间，避免被"任务"捆绑。

四、关于"群文教学"

新教材实施"学习任务群"单元教学，所谓"课"的构成原则也产生了变化，不再以单篇课文或者课时作为"课"的基本构成单位，而是根据"任务"来设"课"。以往一篇就是一"课"，现在也还有一篇作为一"课"的，但更多的情况是一组课文为一"课"。因此教学的方式也会变化，不再一课一课地教，而是一组一组地学，就是"群文教学"。

"群文教学"有利于调动学生的自主学习，但也不要理解为"群文"学习就比单篇教学更"高级"，也不是"群文教学"要一律取代单篇教学。在新教材中，单篇教学和"群文教学"是并存的。比如有些古文，有些比较深奥的经典，就仍然设计为单篇教学。注意，"群文教学"也应当有精读、略读之分，一课之中的两篇或者三篇课文，总有一篇是要精读的，老师要举例子，给方法，给读书和思考的方法，其他则让学生带着"任务"去泛读。

五、关于"活动"与"情境"

完成"学习任务"主要是通过"活动",让学生在"活动"中建构自己的学习经验,而不只是"做题"。教材的"活动"设计大多数还是在课堂教学中实施的,课堂教学还是主要形式。语文学习最重要的"活动",还是读书,还是我们都熟悉那三件事——阅读与鉴赏、表达与交流、梳理与探究。不要安排那些和语文关系不大的"活动"。

在课堂教学中设置一定的场景氛围,让学生在这种气氛或者环境中做好自主、合作、探究的学习,帮助学生更好地理解教学内容,这种做法并不罕见,许多老师特别是小学老师都可能使用过。现在新教材也提倡"情境教学",要求精心设计和组织教学活动,让学习"活动"尽可能有"情境"。这不只是为了激发兴趣,更是为了给"活动"的开展提供背景、条件与氛围。有时候"情境"就是课堂教学内容涉及的"语境"。这种情境或者语境,对学生的学习"活动"而言,必须是真实的,是能和他们的生活经验贴近,并能促进深度学习的。教材的"单元学习任务"和"学习提示",均已设定有"活动"的"情境",教学中可以参考采用,但更多的"活动"情境还是需要根据课文内容和"任务"的要求来设计。

语文教学的方式多种多样,"情境"教学自然有它的优势,但有些学习主要靠理论推导,对高中生而言,并非所有"学习任务"都要设定"情境"。

实施任务群教学，目标是提升语文核心素养，最终都是要导向多读书，多思考，多练笔，不能把时间和精力浪费在那些脱离语文本质的"活动"上。切忌形式主义。表面上热热闹闹，轰轰烈烈，却没有知识传授和技能训练，那不是我们所愿意看到的。

六、关于"整本书阅读"

"整本书阅读"不要搞得很玄乎，好像新教材全都在实施"整本书阅读"。不是这样的。"整本书阅读"在整个教学中占的比重并不大。课时有限，不可能全都实施"整本书阅读"。到底怎样做才有好的效果？这是一个新课型，还需要在实践中不断总结经验。统编初中语文已经有"整本书阅读"，设计为"名著导读"，每册指定两种书，量比较大。[1]高中教材原来也考虑读四部以上的名著，后来考虑高中的学业负担重，还要面对高考，就把阅读的量减少，一共才读两部——《乡土中国》（费孝通）和《红楼梦》（曹雪芹）。"整本书阅读"是作为"任务群"专设两个单元的，都安排在"必修"。

教材中的"整本书阅读"设计是提示性的，主要包括"阅读指导"和"学习任务"两部分，比较简单。"学习任务"主要引导阅读和思考，供学生选择其中一二，不必全部完成。

"整本书阅读"旨在引导学生通过阅读整本书，拓宽阅读视野，建构读书的经验，形成适合自己的读书方法。"整本书阅

---

[1] 2023年修订的初中语文统编教材的"名著导读"推荐书目数量将减少。

读"的功夫在课外，应以课外阅读为主，课堂上可以安排一些交流分享活动。老师也可以给一些引导，主要是读"这一类书"的方法引导。比如，读《乡土中国》，要求学生注意概念和大小纲目，注意理论推导。读《红楼梦》，要求整体把握作品的思想内容和艺术特点，注意从自己感触最深的地方入手去探究、体验与欣赏，等等，都是方法的引导。不要和一般课文教学那样去多加讲解，更不能用教师的讲解代替或限制学生的阅读与思考。"整本书阅读"可以多少起到"磨性子"作用，"读书养性"，培育毅力，涵养心智，去除浮躁。要求不宜太高，重在"目标管理"，不要太多"过程管理"，能坚持完整通读几本书，就很不错了。有些学生读《红楼梦》读不下去，那就大致读一读，"读不下去"可能也是一种"收获"，有他自己的感觉和审美选择。

有些老师家长抱怨安排《乡土中国》和《红楼梦》太深了，负担太重。我在给《乡土中国》所写的导读中有这么一句话可供参考："经典阅读总会有困难，却又是充满乐趣的。读书不能就易避难，不要总是读自己喜欢的、浅易的、流行的读物，在低水平圈子里打转。年轻时有意识让自己读一些深一点的书，读一些可能超过自己能力的经典，是一种挑战。"

七、关于综合活动单元

综合活动单元是新课型，教材的设计虽然数易其稿，还是不满意。老师们可以结合学情放手去摸索。这些课的设计，是教材的有机部分，也很重要，不要因为不好讲，就放弃了。

"当代文化参与"单元安排在必修上，要求做家乡文化生活调查。目的是引导学生积极参与当代文化生活，把语文课往社会生活拓展。教学重点要放在指导学生设计调查方案，实施访谈和调查，从而提高语文综合运用的能力。要注意调查访问与书面学习相结合，"活动"的实施必须是语文的。

　　"跨媒介阅读与交流"单元安排在必修下，主题是了解"信息时代的语文生活"。教学中重点是引导学生认识多媒体，善用多媒体。要引导学生学习跨媒介的信息获取、呈现与表达，观察、思考不同媒介语言文字运用的现象，提高跨媒介辨析、分享与交流的能力。

　　"语言积累、梳理与探究"有两个单元："词语积累与词语解释"和"逻辑的力量"，一个安排在"必修"上册，一个安排在"选择性必修"上册。从小学开始学语文，到了高中，对语言学习的规律应当有一些梳理、探究，多少获得一些理论的自觉。逻辑这个单元的设置，是从语言运用角度学习逻辑基本知识，落脚点主要在思维训练。

八、关于写作教学

　　现在很多学校几乎放弃作文课，只有临考前的应试作文训练，写作教学溃不成军。为改变这一状况，加强写作教学，引导学生系统地练习写作，新教材设计了相对独立的写作教学序列，但在呈现方式上并不强调系统，而尽可能和任务群、"专题研习"结合。写作教学大多数单元都是融汇到学习或者研习的"任务"

中，作为"任务"中的一部分。另外也有少数单元的写作教学，和单元教学内容的结合度并不高。这主要是考虑写作教学有相对的独立性，有个隐在的系列。多数单元后面附加有一个用仿宋体排列的写作专题知识讲解，是写作的"方法性知识"，配合写作课的，虽然写得比较简单，但老师可以借此发挥，把写作课安排好。

高一安排十个专题的写作，分别是：学写诗歌、写人要关注事例和细节、学写文学短评、议论要有针对性、如何做到情景交融、如何阐述自己的观点、如何清晰地说明事理、写演讲稿、叙事要引人入胜、如何论证。高二八个专题：材料的积累与运用、审题与立意、学写小小说、深化理性思考、学写申论、语言的锤炼、说真话，抒真情、文章修改。指导思想是读写结合，在阅读单元中把写作内容、方法的训练与阅读整合，达成在真实情境中完成写作任务的目标。写作教学是思维与表达的综合训练，需要多模仿、练习和体会。欲速则不达，太功利教不好作文，还可能败坏了写作的"胃口"。高一高二的写作专题教学要想办法安排好，不要一上来就是应试技巧和套式作文，先打好基础，然后到高三再考虑如何面对高考。

九、强调读书为本

统编本高中语文教材，格外重视目前语文教学"读书少"这个问题，抓住培养读书兴趣这个"牛鼻子"，重视读书方法的养成，扩大阅读面，提升阅读品位。教材重视经典文本的选编，统筹安排古今中外各类文章作品的比例，有的还有建议拓展阅读书目，这一切都是为了激发读书兴趣，养成读书习惯。教材所提倡的各种新的理念和教法，包括聚焦"学习任务群"，自主性学习，在"活动"中学习，等等，全都离不开读书这个"根本"。

使用新教材，千头万绪，只要抓住多读书、培养兴趣这个"牛鼻子"，就好办，很多问题就会迎刃而解。

新教材投入使用后，可能有些家长对读书量的增加会有担心和抱怨，认为增加了学业负担。其实时间是挤出来的。我们提倡的是"少做题，多读书"，把"刷题"的时间匀出来，读书的时间不也就有了？再说，光靠"刷题"，肯定应对不了未来的高考，还得多读书，回到语文教学的本质。

统编高中语文教材改革力度大，课堂教学的主体转换，读书的要求高，教学的难度增加了，对老师是挑战。老师怎么办？只有多读书，增学养，当"读书种子"，才能跟进，求得教学质量的不断提高。

十、关于古诗文背诵篇目

有老师反映教材要求背诵的古诗文篇目和课标不一致。教材必修和选择性必修五册，指定背诵的古诗文加起来才20篇，而高中课标附录推荐背诵的篇目是72篇。两者相差很大，为什么？说明一下。高中课标古诗文背诵推荐了72篇，是有点多，社会上反应也比较激烈。我本人没有参加《普通高中语文课程标准（2017年版2020年修订）》的制订，但定稿出来后，我曾经提出过意见，认为72篇有点多，最好是"诵读推荐篇目"，而不是"背诵推荐篇目"，有些弹性。但是来不及了，没有采纳我的意见，果然，72篇问题就被媒体炒作。众多家长也认为背诵量大增，加重了学生负担。我还因此受到媒体炒作的批判，把72篇当作攻击我的"炮弹"。后来，媒体炒作厉害，都说负担重了，考虑到社会接受，在高中语文教材编写的最后定稿阶段，我们又遵照教育部指示，删减了背诵的篇目，剩下20多篇。如课标要求背诵的《归园田居》《琵琶行》《永遇乐·京口北固亭怀古》《声声慢》《登泰山记》，教材均未做要求。《师说》课标是要求背诵全篇，教材仅要求背诵其中一部分。这就有了所谓教材与课标推荐背诵篇目不一致的问题。当然，因为高中还有选修课，目前还没有统一编写教材，课标推荐，而"必修"与"选择性必修"又没有选收的篇目，原则上可以在选修课中去安排的。这样解释也可以。

  本来，课标附录的背诵篇目，也只是一个推荐的范围，并没有硬性要求教材全部落实。但广大师生对考试很敏感，教材和课标要求背诵不一致，大家就困惑和担心。这是可以理解的。教育部为此专门发来文件，按照进入"新高考"的三类情况，规定了三种古诗文背诵篇目。那么老师们现在可以心里安定下来，就按照教育部文件的篇目来实施好了，其中很大部分教材中有的，必须背诵。也有少量教材中未曾收入的，则可以作为"古诗词诵读"的内容去处理。希望这个问题不会再困扰大家。

高中语文"选择性必修"的编写意图和使用建议

【题记】本文系2020年8月笔者在高中语文统编教材"选择性必修"使用培训会上的讲稿,在《语文学习》2020年第8期和《中学语文教学》2020年第8期同时发表,原题《"学习"与"研习"》。按照课程标准,高中语文分为"必修"和"选择性必修",单元的学习任务也有意分为"学习"与"研习"。本文对于"选择性必修"的编写意图和体例做了详细的说明,对于如何备课也提出一些建设性的意见。

高中语文统编教材的"选择性必修"即将投入使用,我讲一讲编写意图和体例,对教材的使用提一些建议。关于这套新教材"新"在哪里,2019年在六省市教材投入使用前的培训会上,我有个发言也做了介绍,是就整个高中语文统编教材的说明,而这里主要讲"选择性必修",分十个问题来讲。

一、"必修"与"选择性必修"的衔接与区别

新教材高一是"必修",高二是"选择性必修",其实都是必修。课标起初设定了三类课程,包括"必修""选修1"和"选修2",最终定稿才把"选修1"和"选修2"改为"选择性必修"。这个词有点别扭。为什么这样叫呢?因为高一的"必修",是所有高中学生都必须学的。而"选择性必修",是给要准备参加高考的学生修习的。理论上高中学业水平考试之后,要分流,学生可以根据个人意愿选择是否还要升学,所以安排了"选择性必修"。实际上,不准备参加高考的高中生是极少的。所以我们不用纠结为何要分"必修"和"选择性必修",高一和高二语文都是"必修",或者说高一是"必修",高二是"必选"好了。此外,课标规定了要开设"选修",但是目前并没有编统一的选修教材,[①]高中教材只编了高一和高二的。这是一个情况说明。

高一语文是8学分,教材有上下两册,高二是6学分,有上中下三册。为何高二学分少,教材反而比高一多一册呢?这也是为一线教学考虑,分三册,每册2学分。可以安排高二两个学期学完三册,也可以高二学两册,留一册到高三。高二的课文有些篇幅长一些,难度大一些,多用点时间也有必要。这些都是机动的。

高二语文和高一语文有什么不同?大同小异。所谓"大同",

[①] 2022年人教社编制了高中选修教材(非统编),包括《汉字汉语专题研讨》《中华传统文化专题研讨》《中国革命传统作品专题研讨》《中国现当代作家作品专题研讨》《学术论著专题研讨》5种。

都是必修，而且前后是贯通的，编写的指导思想、设计思路和栏目都大体相同。高二和高一的语文都不再按照知识体系来安排，不是学科知识逐点解释、学科技能逐项训练的简单线性排列，而采用"学习任务群"的教学方式，紧扣关键能力、必备品格和正确的价值观。希望能够改变教师大量讲解分析、学生反复操练的教学模式，让语文教学以任务来整合学习情境、学习内容、学习方法和学习资源，在语言、知识、技能和情感态度、文化修养等多方面产生综合的效应。从六省市使用高一语文新教材所反馈的情况看，这样改革的确有点难，但应当努力坚持朝这个方向去改。

　　高二和高一的同中之"异"，是单元的结构方式和教学方式略有变化。高一以"学习任务群"和人文主题来结构单元，高二以专题研习来结构单元。还有，就是有教学的梯度，高二显然比高一难一些，要求高一些。大家可能要问，梯度表现在哪里？根据是什么？高二和高一能区分得那么明显吗？这个问题很重要，也是新教材努力要做好的。教材的梯度设计主要参考了两个方面的要求：一是高中的"学习任务群"，二是课标规定的学业质量标准。课标的第五部分"学业质量"，其中有一个学业质量水平分级描述的表格，分五个水平等级，每个水平等级都有关于语言建构与运用、思维发展与提升、审美鉴赏与创造、文化传承与理解等方面的质量描述。水平一和水平二是高一的要求，高中学业水平考试主要以水平二为依据；水平三和水平四是高二选择性必修课的要求；而水平五是选修课程的要求，修习情况可供高考或用人单位参考，高考命题与招生录取的依据主要是水平四与水平五。

课标的学业水平分级描述是有梯度的。比如，高一学完后，理解语言时，要求能区分主要信息和次要信息，理解并准确概括其内容、观点和倾向。高二的要求则是能准确、清晰地分析和阐明观点与材料之间的关系，能对文本内容或形式提出质疑，并找出相关证据材料支持自己的观点。高三选修要求更高，理解语言时，能多角度获取信息，有效筛选信息，推断、分析文本观点是否合理，等等。我这里只是举例，说得不全，关于学业水平质量的分级，还包括文学鉴赏、文化理解等几个维度，大家仔细研究，会看出五个等级是逐层递进的。教材编写所要考虑的语文核心素养，就大体参照了这些分级描述。其实高考命题也会参照这些质量描述。

我这里提醒大家备课时关注一下梯度问题，是必要的，让你的教学设计和教学行为也有个"度"。现在网上各种教案都有现成的，备课太容易了，拿来就用，捡到篮子里都是"菜"，这恐怕不行。语文教学长期以来被诟病，就是缺少标准，随意性很大。现在新教材力图体现学业水平不同层级的梯度，大家要体会这方面的用心。建议老师们备课和实施教学时，研究一下新课标中有关学业水平分级的描述，再仔细琢磨高一到高二的教学梯度，以更好地理解和用好新教材。

二、专题研习的单元结构特点

高二和高一教材是大同小异，这个"异"是大家关心的。我多说说。

　　首先，是"学习任务群"的提法和要求不同。高一有7个任务群，我们已经教过，也熟悉了。而高二是9个任务群，比如：语言积累、梳理与探究，中华传统文化经典研习，中国革命传统作品研习、中国现当代作家作品研习，外国作家作品研习，科学与文化论著研习等。其中"语言积累、梳理与探究"任务群和高一是贯通的，高二专门为此设计了一个逻辑的单元。另外，高一有"整本书阅读"单元，高二没有安排。课标的要求是高二也要有"整本书阅读"，最初的编写方案也是安排了的，除了《乡土中国》和《红楼梦》，还有《堂吉诃德》和《平凡的世界》两书。但近来网上不断有人批评新教材加重了学生的学业负担，编写组承受的压力很大，后来高二就不再安排"整本书阅读"，古诗词背诵的篇目也由原来40多篇减少到20篇。这是无奈之举。教材是公共知识产品，要改革，还得要求社会上大多数人的认可，也还得求稳定，特别是语文教材，有些妥协和调整应当能得到理解。

　　回头再说高二与高一任务群的提法和要求的不同，高二突出了专题研习。这是新的教材形式，以前没有过的。比如高一的"文学阅读与写作"，是按照不同主题分布到几个单元的，而高二的文学类阅读写作，就分为中国革命传统作品、中国现当代作家作品和外国作家作品3个任务群，是按照专题研习来设置单元的。高一的文言文和古诗词分布在文学阅读、思辨性阅读和实用类阅读等几个任务群中，是分散的，而高二则集中到"中华传统文化经典研习"，安排在先秦诸子、史传史论、古典诗词、古代散文这4个单元。就是说，高二转向专题研习了，更加突出探究性学习，是带有一定研究意义的学习。"学习"与"研习"一字之差，梯度上去了，要求不同了。

高二的单元结构方式是研习活动，每个单元设置3个或者4个研习专题，也就是学习任务。我这里用研习专题这个词，而不用"项目"，我认为"专题"比较贴切。"项目"这个词社会上用得太多了，太滥了，对中学生来说，还是用专题研习比较好，范围小一些，活动可以集中一点。

高二教材以专题研习作为单元组构的方式，各单元也可能有不同文体的穿插，但和高一比起来，还是相对集中，是往研习的专题方面汇集。比如高二上册第二单元属于"中华传统文化经典研习"任务群，收了《论语》《礼记》《孟子》《老子》《庄子》《墨子》六部著作，都是节选，涉及面广，但仍然比较集中，都是中华传统文化经典的源头。教学的主要目的就是让学生对传统文化之"根"有个粗略的印象和了解。学生从小学开始就接触过《论语》《孟子》《庄子》等课文，多是从文体、阅读方式等不同角度去学习的，比较分散，而高二把先秦诸子代表性的作品集中到一个单元，以"加深对传统文化之根的理解"去引导研习，这种教学就比以往上了一个台阶，专题性、探究性凸显出来了。

高二语文的专题研习单元一般由四部分组成：单元导语、课文、学习提示与单元研习任务。单元导语说明本单元所属的人文主题和研习专题，也就是教学的总目标。课文一般四五篇，也有六七篇的，兼顾不同的文体、风格等因素，一般分为2至3课，有的多一些，4课或5课，都与研习的专题有关。课文还分为"教读"和"自读"，这和初中语文的设计是一样的。"教读"就是精读，老师也可以多讲一点。"自读"主要就是学生自己去读。高二每一课都有"学习提示"，单元后面还有"单元研习任务"。我专门就"学习提示"和"单元研习任务"多说几句。

三、要认真琢磨"学习提示"

"学习提示"的功能有三：激发学习兴趣；提示学习重点和难点，帮助读懂课文；提供阅读方法和学习策略。以前的教材也有导读之类设计，着重介绍某篇课文写了什么，是怎么写的，用了什么手法，等等。而"学习提示"重点放到要怎么去读，阅读时注意什么，以及怎样进入探究性学习。"学习提示"主要是给学生写的，但对老师来说也很重要，实际上也在提示教学的目标、要点与抓手。教师备课要认真琢磨"学习提示"，在布置专题研习任务时，必须参照"学习提示"，适当发挥，指导学生进入阅读与研习的状态。

我们可以举个例子来看高二的"学习提示"是怎么写的，我们如何用好"学习提示"。比如，上册第二单元《〈老子〉四章》和庄子《五石之瓠》是一课，其"学习提示"分4段：

> 孔子开创了儒家学派，老子则开创了道家学派。老子之后，道家代表人物又有庄子等人。《老子》《庄子》中的思想常有突破俗见之处，可以说是见人所不见，知人所不知，想

人所不能想，言人所不能言。学习本课，首先就要留意《老子》《庄子》的这些篇章有哪些突破常规的认识。

这是第1段，介绍有关老庄与道家的常识。关于老庄的学说可以说上很多，但教学中不必面面俱到，让学生学完这一课，对老庄有个初步的印象与常识性的了解也就可以了。高中生学习文化经典，主要是知识性的"面"上的了解，是常识性的认知，而课文所引发的少量"点"的研习，也是为了加深对传统文化经典的印象。这一课就把研习的"点"定在老庄如何"突破常规"的思维方式上。

接下来的两段，是问题的引发，以及阅读和研习的重点提示：

> 学者柳诒徵指出："老子之书，专说对待之理。"（《中国文化史》）本课所选《老子》四章中的"有"和"无"，"知人"和"自知"，"胜人"和"自胜"，就是"对待"关系。通常情况下，人们偏执于这种对待关系的一面，比如"有""知人""胜人"等。可《老子》却总是提醒世人重视那通常被忽视的一面，其论说有很强的思辨性，对现实人生有一定的启示。阅读时，可以把课文中类似的关系提取出来，看看《老子》重视的是什么，有没有道理。

庄子也善于从世人认为没有价值的事物中发现价值。在《五石之瓠》中，惠子仅从日常使用的层面上考虑大葫芦的功用，庄子则超越了世俗经验的束缚,指出了大葫芦的独特价值。这个寓意深刻的小故事,表现出庄子与众不同的思维方式,阅读时注意体会。

第2、3段交代阅读和研习的要点,突出的仍然是思辨性,是"突破常规"思维方式也要讲求的思辨。这也是引导学生研习的重点。通过这一课的学习,在了解老庄智慧的同时,进行了思维训练,又很自然地增进了对优秀传统文化的景仰和兴趣。

第4段要求比较老庄的语言韵味和论述风格:

> 从表达技巧上来说,《老子》善于汲取世俗经验展开哲理思辨,直接论说道理;《庄子》则长于借助寓言,婉曲达意,以增强说理的趣味和效果。学习本课,要注意在比较中品味二者不同的论述风格和语言韵味。

这不应该理解为是"最后一项"教学要求,实际上是提示这一课的研习必须以文言文的学习为基础,要重视提高文言文的阅读能力,特别是语感与表达技巧。这是语文的本义,语文核心素养的基础,后面我还会讲到语言文字训练如何做到"以一带三"。

我举这个"学习提示"的例子,是为了说明"学习提示"是如何编写的,它的体例与功能是什么,为何备课时必须特别重视。

高中语文统编教材没有练习题,一线老师可能不习惯,但大家要理解这样处理的用心,还是想改变过多精讲与反复操练的偏至,转向自主性、探究性的学习。我们编教材时,也做了调查，征求一线老师的意见，考虑到没有练习题可能造成的困难。最初讨论编写提纲时，每个单元只有"单元学习任务"，意图是以"任务"来带动学生自主性阅读和研习。还设想过如何设计每个单元的"大情境""大任务"。但我们也担心这样的设计可能会导致另外一种弊端，那就是学生对课文特别是难度较高的经典课文还没有认真读懂，就奔着"任务"去了，很可能就是从网上找些材料拼贴一下"交差"。还担心如果把经典课文降格为完成某个任务的"材料"和"支架"，有可能窄化了对经典课文丰富内涵的理解，造成阅读的表面化、肤浅化。所以后来在"学习提示"的编写上花了很多功夫。我们当老师的要意识到，学生高中毕业后，绝大多数不可能再像中学时期这样细读经典了，让他们通过语文课"过"一遍，其实就是为人生"打底子"。比如认真读过《〈老子〉四章》和《五石之瓠》，对传统文化中经常提到的"老庄"就有个感性的印象，这个印象有可能伴随他们一辈子。文化自信不是虚的，不是靠宣传就能获得的，也不是靠古装电视剧获得的，让众多国人在中小学时期多读些经典，才可能真正有自信。

教材的"学习提示"设计，还是力争凸显课文特别是经典的价值，使经典阅读作为任务活动的主要内容。研习任务的精要就是经典阅读，无论设计什么任务，安排什么活动，都要引导学生认真读懂读通课文。尤其是文言文、古诗词，以及某些比较难懂的经典文章，老师还是要先帮助学生读懂读通，才谈得上研习活动。还没有读懂，就研习什么传统文化，完成什么任务，那只能是游谈无根。"学习提示"虽然字数不多，但几乎每一句都是几易其稿，反复打磨，充分考虑的。老师们备课时应当仔细琢磨，在这个基础上去发挥用好。

四、如何安排"单元研习任务"

"单元研习任务"都安排在各个单元后面，一般是3至4道题，也就是几个相互关联的研习活动。"单元研习任务"希望从四个方面发挥作用。一是综合，能覆盖整个单元的学习，引导学生开展体验性和探究性的研习活动。二是开放，让单元学习内容延伸出去，既照顾学习知识"面"的广度，又有少量的"点"的研习的深度。三是选择，所设计的几个研习任务是有深浅层次搭配的，有些是一个题干下设若干道小题，学生可以从中选择，不要求全部完成。四是具有评价检测功能，包含了原来练习题所重视的测评的要素。

"单元研习任务"不是练习题，也不要转化为练习题让学生去做作业，它应该是在一定情境中通过综合的语言实践活动去完成的"任务"，是一个言语实践的过程。"单元研习任务"主要是学生自主性、探究性的学习活动，是伙伴式学习活动。课标所要求的阅读与鉴赏、表达与交流、梳理与探究，都体现在不同的专题"活动"中，可能会各有侧重。

"单元研习任务"很重视"活动"，让学生去"做事"，其实主要就是读书。设计这种目标明确的"活动"，要根据"研习任务"的要求，以及自己所教班级的学情。因为是新事物，大家可以做多种尝试，逐步积累经验。我建议，一般情况下，每个单元教学都以"单元研习任务"来带动研习的"四环节"。当然，有些单元的课文难度较大，也可以每一课设计一项"任务"，去组织相对独立而又和单元任务紧密相连的研习活动，同样可以实施"四环节"。这"四环节"是环环紧扣的，包括"初读""精读""讨论"和"结题"，是层层递进的四个步骤。

一是初读。学生围绕单元研习专题，并参照"学习提示"，在教师引导下自主阅读，包括读课文与相关的材料。"学习提示"中的那些阅读要点、难点、问题与方法，相当于导读。教师可以用一些时间布置研习的任务，引导学生提前阅读，为进入研习做准备。除非文言文或者比较难的课文，一般情况下，教师没有必要先逐篇详细讲解。若能设计一些研习情境，激发兴趣，再布置任务，当然更好。"初读"的大部分时间（课上和课后）应当交给学生自读。

二是精读。在初读基础上，学生选定各自的研习题目（可以从"单元研习任务"中选），在教师引导下，进入第二轮阅读——研习性阅读。教师可以根据学生选定的题目，提出一些参考书目（教师用书中就设计有一些参考资料），要求学生除了研读课文，还要延伸阅读参考书目与其他材料。不提倡还没有怎么读书，就放手让学生从网上收集材料。让学生在老师指导下自己去找参考书和相关材料，而不是轻而易举从网上下载，这个"过程"对于研习的思维训练很重要。有的单元会要求把以往已经学过的相关课文重新组合，从新的角度去研读。比如，从小学到高中学过很多革命传统的课文，高二"中国革命传统作品"单元，就要求把以前学过的相关课文也作为材料，汇总到本单元研习范围之内。在这一阶段，要求学生根据阅读和思考心得写出研习提纲。教师通过上课或者课外辅导方式，在整个精读过程中起到个性化的引导作用，对不同的学生，或者不同的小组，有不同的更到位的指导。

三是讨论。采用班级交流活动的形式，展示各自的研习心得（提纲）。教师可选择代表性的心得提纲，就某些普遍性的问题，加以点评；也可以就不同的研习专题分组讨论，使学生阅读思考的经验得到提升。

四是结题。学生根据老师指导以及班级讨论的意见，把研习提纲加以丰富，写成小论文。有些单元可以采用研习任务所指定的读写结合，进行写作训练。教师要对小论文进行批改或者讲评。

如果实施以上这种研习的方法，"四环节"都要突出读书，是任务和问题牵引下的读书探究活动，尽可能让学生的自主性学习和探究式学习落地。当然，也会有其他专题研习的方法。比如采取任务驱动，分单元设计"情境""任务"，是"任务"在先，让学生带着"任务"去阅读课文，寻找相关的资料，然后就"任务"中的某个题目做初步的探究，写成提纲或者小论文，采用适当形式交流。所谓"情境""任务"其实在"单元研习任务"中已经体现，只需具体转化，无须另搞一套。高二的"语言积累、梳理与探究"单元是"逻辑的力量"，其中内容都是学过的，是从逻辑的角度去梳理，提升语言逻辑的意识，有情境，有任务，完全可以放手去做"任务""情境"的教学。

总之，应当根据各个"单元研习任务"的特点，以及课文的难易程度，结合学情和教师的自身条件，来决定到底采取怎样的办法去安排研习活动，不宜一个模式或教案，全都照此办理。

五、切忌形式主义、热热闹闹却没有"干货"

除了读书，讨论与交流也是专题研习很重要的一环。有些老师可能注意到欧美大学多采用的小班上课方法，布置某一个专题，以及基本的书单，让学生自己去读，形成心得提纲。然后在小组讨论，每个人讲自己心得，教师点评。这叫Seminar，是理想的研习方式。但Seminar的小班研习方式比较"奢侈"，我国大多数中学并不具备相应的"硬件"和"软件"。我们可以借鉴Seminar这种伙伴式合作学习的精神，那就是专题研习的讨论必须要"三有"：有心得提纲，有发言讨论，有教师点评引导。

专题研习的题目不宜太过专业。高二教材中各个单元的研习任务还是充分考虑到高中生普遍的水平的，还可以选择。如果另外搞一些更加专业的任务和讨论，是没有必要的。有些中学搞大学先修课程，那可能只适合少数尖子生，难以推广。现在大学在淡化专业，大一大二多是通识课，大三才选专业，而有些中学就奔着大学专业去安排研习课。这不是拧着吗？高中的专题研习虽然带有探究性，但是毕竟不是真正的学术研究。这个度要把握好。

专题研习的教学和以往惯用的方法比，教师讲授的比重会少一些，但对教师的要求反而更高了。我们编教材时也有担心，怕一般学校老师难以操作。所以设计"单元研习任务"几道题，也都照顾到有深浅难易之分，给教师和学生选择的空间，不要求全做。三四个研习任务其实也可以分组来做，然后集中，让每位学生都能点面结合，各有获益。

还是要实事求是，不搞"一刀切"。不同单元难易程度不一样，教学设计和安排也应当有区别。如中国革命传统作品研习单元、中国现当代作家作品研习单元，都是现代文，阅读难度比较小，教师可以少讲一点，放手让学生去读书讨论。但是科学与文化论著研习单元，马克思、柏拉图的文章很难懂，恐怕教师就要安排多讲一点。特别是中华传统文化经典研习单元，文言文和古诗词为主，一开始就来个任务驱动，学生还读不懂就开始讨论某些课题，恐怕也不行。哪些多讲一点，哪些少讲一点，哪些可以任务驱动，哪些要先认真讲析课文，再进行研习活动，教师会自己判断，根据实际情况来安排。

高二教材采取专题研习为主的教学形式，给教师和学生更多的选择空间，也为自主性、探究性学习提供了可能。改革肯定要往这个方向走。但无论是任务群学习，还是带着任务去研习，最终都是要导向多读书，多思考，多练笔，目标还是提升语文核心素养，不能把时间和精力浪费在那些脱离语文本质的"活动"上。切忌形式主义。

六、写作教学还是要有个系列

现在很多学校只有临考前的应试作文训练，平时的写作课或写作教学溃不成军。为改变这一状况，新教材设计了相对独立的写作教学序列。但在呈现方式上并不强调系统，而尽可能和任务群的专题研习结合。高二的写作教学大多都是融会到研习任务中，作为研习任务其中一部分。另外也有少数单元的写作教学，和"单元研习任务"关系不大。比如外国文学单元安排了"申论"，和单元教学内容的结合度并不高。多数单元后面都有一个写作专题知识讲解，是配合写作课的方法性知识，虽然比较简单，但老师可以借此发挥，安排好写作课。

高一已经学过10个专题的写作，高二又设定了8个专题：材料的积累与运用、审题与立意、学写小小说、深化理性思考、学写申论、语言的锤炼、说真话，抒真情、文章修改。这样设计的指导思想是读写结合，在阅读单元中整合写作内容、方法的训练，达成在真实情境中完成写作任务的目标。高二的写作设计偏重议论文和说明文，偏重思维训练（包括逻辑思辨力），适当考虑高考作文的要求。写作教学是思维与表达的综合训练，需要多模仿、练习和体会。欲速则不达，太功利教不好作文，还可能败坏了学生写作的胃口。高一高二的写作专题教学不要一上来就是应试技巧和套式作文，要想办法安排好，先打好基础，到高三再考虑如何面对高考。

七、牵住培养读书兴趣这个"牛鼻子"

高二语文还是强调多读书，这也是从小学到高中语文统编教材的特色之一。使用新教材，要在这方面用心。没有足够的阅读量，语文素养的提升就是空谈。2020年高考全国卷就很注重考阅读面和阅读速度，考语言运用背后的思维能力，而且命题取材范围在拓宽。理解和使用高二教材，一定要对整个语文统编教材的特色与要求有基本的把握，那就是读书为本、读书为要。新教材专"治"不读书的"病"。使用新教材，千头万绪，就要牵住教学的"牛鼻子"——培养读书兴趣，加强了多种读书方法的训练，当然还有更高目标，就是让学生养成好读书的良性生活方式。在这个浮躁的时代，这个自媒体和手机娱乐狂欢的时代，读书兴趣与习惯培养虽然很难，但更加重要。语文课有这个责任。

高中语文统编教材特别重视让学生接触经典，有意让学生读"深"一些的书。帮助高中生建立这样的意识：读书不能就易避难，不要总是读自己喜欢的、浅易的、流行的读物，在低水平圈子里打转。年轻时有意识读一些"深"一点的书，读一些经典，是一种挑战。在语文学习中，经典具有无可替代的地位与作用，不能只把经典当成"活动材料""探究资料"或者所谓教学"支架"。如果只是设定以某个项目活动来"带"课文，可能会限制教师与学生的发挥。开展专题研习，也还是要教读书方法，比如如何读理论性较强的论文，如何读科技文，如何读诗歌、小说，等等，要想办法纳入研习任务中。

八、把"方法性知识"嵌入"研习"活动中

其实大家认真研究新教材，会发现它与老教材还是有很多接续的，不是要颠覆以前的教材，从头来过。在许多方面，新教材吸收了老教材的经验，是"守正创新"。比如语文的知识与技能，

过去的教材与教学是很重视的,如今新教材仍然有它的知识技能的学习体系,只不过是隐含在各个单元之中,不是显性呈现。比如高二必选上册第一单元要求了解古典诗歌的"发展脉络"和不同诗歌体式的节奏韵律,中册第一单元要求学会如何读经典翻译的"长句子",第二单元要求了解文言文中的"意动用法"和"使动用法",等等,都是必要的语文知识。事实上,知识的学习和积累还是很重要的,特别是"方法性知识",是语文教学的题中应有之义。比如如何读一本书,如何加强语言表达的逻辑性,如何筛选信息,等等,也都有"方法性知识",总要想办法"嵌入"研习活动中。以前语文教学也有许多好的经验和做法,比如比较重视知识的积累和训练,应当把这些经验纳入这一场改革中。不要动辄把以前的语文教学说成是"以知识与技能为中心",那就是以偏概全了。

有些学校的教师抱怨新教材比较难,于是我行我素,以不变应万变,基本上还是用老一套办法来教。这恐怕不行。大家也都承认现有的语文教学的确存在许多问题,包括不读书,读书少,学生缺少学习的自主性和创造性,等等。这些都是要改的。新教材提出许多新的教学理念和方式,我们应当积极学习跟进,改善我们教学中存在的缺失。再说高考也在改革,和课程、教材的改革是同步的,我们的教学不改革也不行。

课程改革的主力军是教师,应该给教师更多的自主性,鼓励他们多读书,当"读书种子",提升业务水平,发挥创造性。一个教案再好,也不能全国照搬。我的讲话,还有其他培训老师的教学建议,都不是模板,只供老师们参考。千万不能搞运动式的课改,不能搞"一刀切",在改革方向的引导下,一些条件好的地区和学校可以先走一步,改革的步子大一点,也可以进行一些比较超前的探索,将所取得的先进成果作为引领,进行更大范围的推广。但大多数学校,还是要实事求是,稳步推进。最好的学校,老师们往往都能使用教材,超越教材,甚至自编教材。那么这套统编教材对他们来说就是使用的素材,他们自己会剪裁调整。而绝大多数普通学校,一般县城高级中学,应当是我们编写时主要考虑的水平线。这也是体现差异性和选择性。新教材既要坚持改革,坚持先进的理念,又努力做到脚踏实地,满足大面积使用的需要。

"有什么样的教材,就有什么样的国民。"语文教科书编写体现国家意志,积极发挥育人的独特优势,始终坚持将"立德树人"落到实处,继承和弘扬中华优秀传统文化、革命文化,发展社会主义先进文化,培养文化自信,推动文化的创新发展。教材以新时代高中学生的"理想信念""文化自信""责任担当"作为内容主轴,紧扣培养关键能力、必备品格和正确的价值观。这是教材编写的指导思想,也应当是语文教学的指导思想。有这个意识,有这份心,我们的教学就有了主心骨,就有了制高点。

整本书阅读，功夫在课外

【题记】2017年12月，上海召开"整本书阅读"的研讨会。本文系笔者给研讨会的信，曾在会上宣读。发表于《语文学习》2018年1期。信中提出整本书阅读要列入教学计划，但这是很特别的课型，主要是课外阅读，学生自主性阅读。

我很想参加你们这个有意思的会，可惜最近忙于高中语文教材编写，苦不堪言，也难以安排时间去外地，只好写几句话表表支持的心意。

我认为提倡整本书阅读，是因为现在的学生读书少，特别是很少读完整的书，而网上阅读也多是碎片化的，微信等自媒体阅读，更是火上添油，弄得大家焦躁得很，学生静不下心来读书。要求整本书阅读，我看首先就是"养性"，涵养性情，让学生静下心来读书，感受读书之美，养成好读书的习惯。这可能是最重要的。

初中语文统编教材中安排有名著导读，其实就是整本书阅读。

高中语文也会有安排，高一两个学期，每学期读两本。[①]高二选修还会有这方面考虑。整本书阅读要列入教学计划，但这是很特别的课型，特别在于课内讲得少，主要是课外阅读，是学生自主性阅读。

我不太主张名著阅读（整本书阅读）课程化。课内当然可以安排一些内容，比如初中的做法就是简要介绍某一种书的基本情况，激发阅读兴趣，重点在于提示读这一类书的基本方法。比如介绍《西游记》，除了讲一点关于《西游记》的基本情况以及有趣在哪里等，主要是提示如何用跳读、猜读的办法去读小说。这就等于"一书一法"。阅读方法有很多，但要围绕一本书的阅读重点，学习一种适合的方法，以后学生碰到同一类书，也就会读了。这些都是提示性的，可以用很少的课内时间去实施，而整本书阅读主要是课外阅读。

高中将更明确安排整本书阅读，也是名著阅读，还用专门的单元去落实这个任务群。高一两个学期，每学期读两本。高二选修还会有这方面考虑。但我认为基本要求和初中的名著导读是一样的，即以课外阅读为主，课内有些讲授，也主要是关于名著的基本情况，焕发阅读兴味，并提示读这一类书的方法。让学生知道不同的书有不一样的读法，有时还需要签订"阅读契约"——比如读小说，主要是借某一角度来打量生活，激发想象，而不能像读历史那样去"坐实"；读社科论著，要关注核心概念以及要

[①] 后来定稿的高中语文统编教材"整本书阅读"只安排了阅读《乡土中国》和《红楼梦》。

解决的问题，要梳理逻辑思路，就不能像读小说那样放开想象；等等。总之，目标是让学生学会"读某一类书的方法"。当然，前提还是完整地读书，主要的功夫是在课外。

要学生喜欢阅读整本书，就不能干预太多，应当导向自由的个性化阅读。如果"课程化"太明显，要求太多，学生可能就兴趣减半了。如果搞得很功利，处处指向写作，甚至和考试挂钩，那就更是煞风景，败坏阅读兴味。我看社会上有些跟进新教材的名著导读一类读物，安排了很多阅读计划和规定动作，比如如何写笔记，如何做旁批，如何写读书心得之类，甚至时间都规定好了，那就会限制了读书的自由，减损了读书的乐趣。

整本书阅读教学效果好不好，就看学生是否爱上读书，自己能找更多的书来读，而且多是整本书阅读。不要管得太死，宁可实行目标管理，开头有个提示和引导，结尾布置一点小结之类，那就够了。如何检测整本书阅读，中高考语文试卷命题都在考虑。比如加强阅读面和阅读速度的考察，这可能会"撬动"整本书阅读的教学。但是，那种指定读若干种书、考试就考有无读过的方式，其效果就值得怀疑。因为有些应试的办法就是针对这种考试的，很多学生未见得读过这些整本的书，只是读些提要之类也能对付考试。最终还是不会读整本书，也没有养成读书的兴趣和习惯。

我这些意见不一定对，大概也只是一些皮毛的心得，还得听老师们的实践经验。

课外阅读教学不宜过多"规定动作"

【题记】本文系笔者为倪岗《中学整本书阅读课程实施策略》所写序言。文章认为课外阅读是语文教学课程的一部分，但是对于课外阅读不能太多"规定动作"，不宜过分"课程化"，否则会败坏读书兴趣。

培养读书兴趣，让学生多读书，读好书，好读书，是语文教学的"牛鼻子"。强调读书对于学好语文的重要，大家不会有什么疑义。但在实际教学中，这个理念却又难以落实。很多学校的语文课堂还是精读精讲和反复操练，课改之后则又加上太多的"活动"，但读书还是太少，课外阅读量得不到基本的保证。一个中学生每学期就学那么一二十篇课文，无论再"高明"的教法，恐怕也难以提升语文素养。为什么会这样？是什么阻碍了语文课的拓展阅读？

有人说，是中考高考和各种考试的压力制约了语文教学，捆住了手脚，学生没有时间去读书。这种说法有部分道理，但不是充足的理由。我们不能把学生不读书、少读书的原因，全都推给高考或者中考，就是不从自己教学上找原因。

在应试教育的大环境中，我们肯定会受到制约，但也总还会有些空间。我在不同场合说这句话——我们可以让学生考得好，但又学得不那么死板。如果一个学生阅读面广，视野开阔，语文素养一般也会比较高，考试也不会差到哪里。

不要把一切负面的东西全都归咎于"应试教育"，我们要面对"应试教育"这个现实，采取某些必要的平衡，既照顾考试升学等现实的利益，更要从长计议，着眼于给学生的终身学习做准备，为他们走向社会之后的发展，以及生活质量的提升"打底子"。所以语文课要重视培养读书兴趣与习惯，把引导多读书当作"头等大事"。

倪岗老师所带的团队做的关于中学读书会实施策略的研究，就是把培养读书兴趣与习惯，当作语文课的"头等大事"，抓住了语文教学的"牛鼻子"，为改变"不读书、少读书"现状提出了切实可行的方案，值得我们参考。

倪岗团队的做法好，好在能落实。他们把课外阅读课程化，构建了包括目标、内容、实施、评价四个要素在内的初中语文课外阅读课程系统，而"抓手"就是组建"语文读书会"。这个"读书会"不是应景之作，他们在组织阅读、共读与自读、文体阅读、读书活动安排等几方面都有一套策略。这样，课外阅读就不再是可有可无的，而真正能落到实处。这本书就是倪岗团队试验的结果。

书中所提供的课外阅读"课程化"的方案是亮点。课外阅读不再是一般理解的放到课外让学生随意去读，而是作为语文教学课程的一部分。他们提出的"三三三制",即课文教学、课外阅读和写作大致按各占三分之一比例安排,课外阅读也就有了课时的保证。他们所实施的课外阅读不全是"课外"的,可以说是延伸阅读,可以把其中一部分安排在课内。这和我提出的"1+X"办法(每讲一课,附加自主阅读若干篇作品)是类同的,而倪岗的方法更加具体,可操作。倪岗所提供的多个读书会操作案例,其中不少是极富创造力的,可供许多学校参考。

既然是一种试验,就还有继续探究的可能。比如课外阅读的实施的关键还要有相应的评价,但如何评价?是难题。倪岗团队提出要把过程性评价和终结性评价结合,这是一个好的思路。但还需要把握好分寸,避免让课外阅读沦为考试的"附庸"。另外,课外阅读除了规定性内容,还应当适当鼓励读"闲书"。课外阅读的课程化,还需要照顾到个性化阅读和自由阅读。这里怎么平衡?也还需要研究和试验。

我曾在不同场合说过,不应当硬性地布置学生去读经典,更不能简单地制止学生读他们喜欢的"闲书"。读"闲书"能激发读书兴趣,对阅读能力也有很大帮助。而经典和青少年总是有隔膜的,他们"不喜欢"也属正常反应。读经典只能慢慢引导,要用青少年能够接受的方式去接近经典。其实不同年龄段喜欢读的书会有变化,也会自我调整。老师的责任就是引导,而不是强制,要珍视和鼓励学生读书的独特感受、体验和理解。倪岗团队的试验已经触及这些很实际的问题,需要进一步探究的,是课外阅读实施"课程化"的同时,怎样处理好"规定性"和自由阅读的关系。无论如何，激发和培养读书兴趣最重要，有兴趣就好办。明确这一点，就总会有办法。

统编语文教科书就要成为全国统编教材了，大家要注意，新教材的编写是重视读书的。有一则报道说新教材专"治"不读书，少读书，起码说出了编者的心愿。新教材设立了许多读书的栏目，每个单元都有延伸阅读，还格外注意多种读书方法的传授，包括浏览、检索、跳读、猜读、群读，以及各种文体的阅读、整本书的阅读和非连续文本阅读，等等，都有所交代，而不满足于精读精讲。我希望在教学实践中，新教材关于读书的这些内容和措施，能和课外阅读很好地融为一体。这里边自然还有很多"课题"要做。

倪岗和他的老师们处于教学一线，对学生的读书情况了解得比较清楚，除了基于经验进行教研思考，也有基于科学实证研究的分析。更重要的是，他们在培养学生读书兴趣这一关键问题上做了大量的实践探索，在读书方法的教学上想了很多办法。可以说，他们在语文课和学生的语文生活之间疏通了一条通道，肯定能加倍引发学生学习语文的兴趣，培养起读书的习惯。

改进语文教学，重视课外阅读，前提是教师的阅读。最近我参加了北师大一个会议，是关于教师阅读和基础教育关系的，我在会上做了发言。我愿意把其中一段话放在这里，和老师们共勉，也借此表示对倪岗团队试验的支持：

语文界有太多的流派、太多的经验、太多的"改革"，老师们有些目迷五色，很累，很焦虑，现在需要安静一点，能静下心来读书。这比什么改革模式都更实际,也更重要。不要再坐而论道了,不要再争论不休了,能改进一寸就是一寸,逐步让更多的语文老师成为"读书种子",从根本上来提升语文教学的水准,也许还能多少带动改变国民不读书少读书的糟糕的状况。

小学语文中的"诗教"

【题记】本文根据笔者2019年3月21日在昆明召开的"儿童文学与小学语文教学"研讨会上的讲话整理。发表于《课程·教材·教法》2019年第6期。文章讨论了语文课应当如何教古诗词，指出语文教师应尽可能成为文学爱好者，他们没有理由对诗歌、文学，特别是儿童文学漠不关心。如果做不到这一点，那对语文教学来说，是很"要命"的。

所谓"诗教"，或者诗歌教育，扩大一点，则是文学教育，现在都还比较重视的。对于语文课为何要有诗歌，有文学，道理大家也都明白。但落实到教学中，可就不那么清楚，还可能有些困扰。

我曾经到一所中学听课，课后和老师座谈。我问：你们的学生日后成人、进入社会了，绝大多数都不会要求他写作，比如写一棵树，写一个人什么的，他们一辈子也无须这样做。可是如今却要花那么多时间去练习写一棵树，写一个人。这是为什么？

这好像是一个根本不需要思考的问题！有的老师说，语文课安排这一类文学性的阅读写作，是为了学语言文字运用。也有的说，多一些文学修养，文笔好，高考作文能得高分。还有的说，毕业以后学生也会有他们的文学生活，比如看电影、电视，读文学作品，语文课需要培养审美和鉴赏的能力。

老师们说的这几方面理由都是成立的，但有遗漏，忘记了另外两个也挺重要的理由。一个理由是，语文课的文学阅读与写作可以满足孩子们童年生活的精神需求。人总需要做点白日梦，特别是年轻时候，文学就充当做梦，可以调节生活，宣泄、寄托或者转移情绪。满足孩子们成长阶段必需的做梦的需求，这是我们语文课考虑得不多的。

还有一个更重要、却又被忽视的理由就是，语文课的文学教育，还担负着思维训练的重任。我重点讨论一下这个理由。

语文课文学教育的目标是"审美与鉴赏"，而从广义的理解，"审美与鉴赏"的能力，也是一种思维能力。建议大家看看《普通高中语文课程标准（2017年版2022年修订）》，对我们理解为何语文课中的文学教育也还担负思维训练的任务，就有比较清楚的认识。

高中语文新课标是比较理想主义的，有些规定的可行性尚待加强，但我还是要充分肯定新课标对于语文核心素养的定位。课标提出，语文核心素养有语言、思维、审美和文化四个维度，其中一个维度，就是"审美鉴赏与创造"。而这正是和文学教育密切相关的。课标指出："审美鉴赏与创造是指学生在语文学习中，通过审美体验、评价等活动形成正确的审美意识、健康向上的审美情趣与鉴赏品位，并在此过程中逐步掌握表现美、创造美的方法。"值得注意,"审美情趣与鉴赏品位"这个新提法。过去我们语文课很少会照顾到学生个体审美的"情趣"与"品位"。

课标在论及"语文核心素养"的另一维度"思维发展与提升"时,又说道,要让学生"通过语言运用,获得直觉思维、形象思维、逻辑思维、辩证思维和创造思维的发展"。其中"直觉思维、形象思维",写在课标上,也是以前我们的语文教学中较少关注的。在座都是小学语文老师,我这里特地引用高中语文课标的概念,是想提醒,这些概念,不只是对高中语文的要求,小学语文中文学类阅读与写作的教学,也应当重视全面的"思维训练",尤其是想象力及其所依存的直觉思维与形象思维的训练。

所谓"审美鉴赏与创造"的能力,首先就是想象力,以及想象力所依存的直觉思维与形象思维的能力。课标把直觉思维、形象思维,放到和逻辑思维、辩证思维、创造思维并列的位置,这可以理解为是对前两种思维的格外重视。这也有针对性。在语文教学中,提到思维能力,马上就会想到思辨能力、逻辑分析能力,而对想象力以及直觉思维、形象思维能力,并不是很重视。甚至有些老师认为,想象力是孩子的比较幼稚的思维活动。这种认识是片面的。高中语文课标的"提醒",对于语文教学,特别是文学类课文包括诗歌的教学,有现实意义。

据有关研究,想象是一种心象思维,是指人脑对已储存的表象加工改造形成新形象的心理过程,属于智力的重要的高级的部分。想象力是感性和知性之间的一种中介性先天能力,在人的判断认识方面起着不容忽视的重要作用。想象力活动主要靠右脑,属于大脑最外层的高级思维,但正常人的想象活动要靠大脑多部位协同完成。想象力有先天的因素，也可以靠后天激发培养，童年时期，就是激发和培养想象力、培养直觉思维和形象思维的黄金时期。[①]直觉思维、形象思维与逻辑思维同等重要，偏离任何一方都会制约一个人思维能力的发展。小学和中学的文学教育，特别是诗歌教学，在想象力的培养，以及直觉思维和形象思维的训练方面，能起到不可替代的作用。

所以，语文课的文学教育，包括诗歌教学，在强调"审美与鉴赏"的时候，应当抓住多方面的思维发展，特别是容易被轻视的直觉思维和形象思维的发展，重视想象力的培养。不要忌讳"训练"这个词，想象力，以及其所依存的直觉思维和形象思维，都是可以训练的。这一类思维训练对于素质教育非常重要，也是创新型人才培养的必备功课。无论学生日后从事什么职业，即使是科技类的工作，也必须有这一类思维训练。总之，语文课中的文学教育，是审美教育，同时也是思维训练，是通过文学教育获得直觉思维和形象思维的训练，形成正确的审美意识、健康向上的审美情趣与鉴赏品位。

一

现在我们转到正题，讨论诗教问题。

统编小学语文教材中有很多诗歌，低年级的课文，大部分都是诗歌，古诗和现代诗。即使是其他课文，比如散文、童话和寓

[①] 参考黄希庭：《心理学导论》，人民教育出版社2007年版，386—388页。

言，也往往带有诗味。为什么要安排这么多的诗歌作为课文？因为孩子的天性近诗，喜欢诗，多安排一些诗歌作为课文，可以满足儿童"近诗"的天性，保护、培养和激发儿童的想象力，促进直觉思维和形象思维的培养。

诗歌的艺术表达，以及诗歌的阅读欣赏，很多情况下都必须要依靠直觉思维和形象思维。儿童虽然天性"近诗"，但诗歌也还是很难教的。难就难在诗歌的内容很"活"，不好把握，也不宜"直解"。而我们的教学往往习惯于把住一些实在、好记的"条条"，让学生去反复操练，应付考试。这就有点"拧"。如"天街小雨润如酥，草色遥看近却无"，课文中都有了，类似的诗句，光靠查字典，或者逐字逐句地索解，记下几个"条条"，恐怕也还是很难"感觉到位"的。这就要调动想象，包括感悟、通感、印象、下意识等思维活动去触摸诗意，体味诗歌所引发的种种感觉。文学类阅读和写作，特别是诗歌的教学，最不应该被忽视的，就是想象力的激发，以及直觉思维和形象思维的培养。

事实上，目前语文课中的诗歌教学，对想象力的维护与激发是很不够的，离有意识地对直觉思维和形象思维的训练，更是遥远。我们可以找一些教学的案例来看看，到底问题出在哪里？

一个例子，是一年级下册李白的《静夜思》。怎么给一年级学生讲古诗？小学生还在认字，理解力不强，要他们读"懂"这首诗，完成认字等教学目标，实在有点难。老师们想了很多办法。第一步是"兴趣导入"，有的用了多媒体，展示月亮、夜空；有的甚至让学生听马思聪的《思乡曲》，希望引发兴趣，然后转入课文教学。第二步,"初读课文",包括"知作者""解题意""学生词"等等。有时要花很多时间去讲解生词,让学生做"扩词"练习。比如,《静夜思》的"思",要学生用"思"来扩词。接着,第三步,逐字逐句串讲诗歌内容,让学生理解每一句什么意思,整首诗又表现了什么思想情感,有哪些画面最美,等等。

这些教学安排有值得肯定的地方,就是把认字、词义理解和作品的解读结合起来了。先认字,后解读全诗,也是顺理成章的。但整个教学的重点没有放在引导学生发挥读诗的感悟和想象上,程序安排很琐碎,把作品割裂了,破坏了对诗歌的整体感悟。尽管有多媒体制造氛围,有逐字逐句讲解,往"美"的方面引导(其实只是字词的美,或者片段的美),却始终缺少沉浸式阅读,缺少整体感悟,缺少完整的审美。

有一些老师教《静夜思》,教案设计的程序就很烦琐——首先放一个视频,视频中有月亮,老师问学生:你想到了什么呀?有的还发表一些感慨,说:"月儿圆啦,人团聚了,多美好啊!可是伟大的诗人李白却无法回家。他只身离家在外,看到圆圆的月亮,想起他的故乡,想起他的亲人。在深深的思念中,他通过写诗排走心中的寂寞。"这就有点"绕",还有点"酸",小学生怎么会有兴趣?有的老师还逐字逐句地讲解,安排各种活动,什么李白的诗中有几个动作呀,甚至让孩子们演示一下"举头"和"低头"的样子。多累赘呀,把《静夜思》中的"静"都赶跑了。

目前有些语文课讲解诗歌,还有一个通病——不光是教《静夜思》,很多诗歌的教学都是这样——就是很注重引导学生去了解作者的"原意"和作品的主题、思想、意义，而不注意引导和激发学生发挥各自读诗的想象与理解。这只能说是"半截子"的不完整的审美。完整的审美，应当包括两部分，一部分是通过分析、归纳去寻求作者的"原意"，提拔作品的意义，欣赏作品的艺术，可称之为"溯源性审美"；同时，还应当有另一部分审美，即让自己沉浸到作品之中，通过精神的"游历"与"探险"，形成独特的理解与感受，可称之为"生发性审美"。这两者应当兼顾（有时有所侧重也是可以的），不可偏废。比如欣赏和教学《静夜思》，就不能满足于追寻和理解李白做这首诗的背景、动机，以及诗中所表达的感情，还应当让自己充当"游子"的角色，在诗作的引导下去想象与领受特别的情思，类似"心灵的探险"，自然可以获得审美的愉悦。即使是生活经验很少的低年级学生，启发他们读诗时发挥想象，体味平时可能少有的感觉，诸如孤独、思念，等等，也是一种有益的"情感体操"，对于智商、情商的提升是不无好处的。如果学完许多诗歌之后，只记住了诸如作者、主题、思想、情感、手法之类"知识"，只会用诸如"通过什么，表现了什么"的模式去谈论心得，而未能运用想象与感悟去和诗歌产生共鸣，远离了直觉思维与形象思维，那是多么遗憾！学生对这种死板、套式化的诗歌教学是不会感兴趣的，当然也就谈不上对诗歌欣赏的热爱。

这几年语文教学界流行"整体感受"这个词，其实是一种比较有效的教学理念。让"诗教"努力兼顾"溯源性审美"和"生发性审美"两个方面，更注重激发学生的想象力，调动直觉思维和想象思维去拥抱诗歌的氛围和情绪，这才是货真价实的"整体感受"。当然，也可能有老师认为，语文课的僵化与琐碎，跟考试的"指挥棒"有关。想象力、感悟力之类不容易检测和考查，中考高考命题也比较难以在这些方面进行，所以老师不重视。这种担心不无根据。作为一线老师，肯定会受到考试等外部要求的束缚。我们也许很难改变"应试教育"的大环境，但总可以在自己有限的空间内，尽可能把课讲得活一点，美一点，在"诗教"中尽可能照顾到想象力以及直觉思维、形象思维能力的提升。只要有这份心，就有办法，也就会有改良。

二

要改变诗歌教学的沉闷局面，有必要从中国传统"诗教"中吸取智慧。

"诗教"是古代的说法，意思是通过学诗、写诗来进行启蒙教育，通过诗歌来教化民众。"诗教"这个词最早出现在《礼记·经解》中，其中就提到"温柔敦厚，《诗》教也"。意思是要用诗歌，主要是《诗经》来化育民性，使之性情和善，有教养。后来，孔子更是把"诗教"纳入他的教育体制，到汉代，《诗经》成为儒家"六经"的一种，和《尚书》《礼记》《周易》《乐经》《春秋》五种"经"并列，是古代社会所有官员和准官员的必读书。

孔子对于诗歌功能有一个很特别的解释，认为诗歌能够"兴、观、群、怨"(《论语·阳货》)。所谓"兴"是抒发情志，"观"是观察了解社会风俗，"群"是结交朋友，"怨"是讽谏批评不良的现象。可以说，诗歌的反映和认识社会、审美愉悦以及促进伦理等几个方面，这四个字都兼顾到了。不过，以儒家为主导的古代文化，最看重的仍然是诗歌的伦理教化功能，所谓"迩之事父，远之事君"，也就是这个意思。

到了宋代，以朱熹为代表的理学家，进一步强调诗教的核心是发挥吟咏性情、导化人心的作用，即所谓"化以成德""得其性情之正"。（《诗集传·序》）在古代，特别是推行科举制度之后，诗赋是证明读书人能力水平的标志之一，作诗是必备功课，不能诗词唱和就很难进入社会主流。

古代中国历来都很重视诗教，希望发挥诗歌化育人心的功能，伦理教化的功利性很强。其教育的目标指向是当时的时代需要，主要还是孝、悌、忠、信的一套道德伦理。对于现代人来说，作为一种教育传统，诗教仍有它独特的价值。

今天小学语文诗歌教学的目标，和古代的诗教是一脉相承的。提倡儿童多学一点诗，古代叫"化以成德""得其性情之正"，是以古代的伦理道德化育人；而今天提倡儿童读古诗词，也是希望通过诗歌诵读来接续优秀的传统文化，立德树人。古诗词中沉淀有中华民族思想情感的"基因"，作为中国人，必然也必须接受和激活这些传统文化的"基因"。这就是所谓文化素质的重要构成成分。诗教实际上成为传统文化很重要的一部分。如今强调传承古代优秀文化，把诗教这一传统和现在的语文教育打通，是顺理成章的。

提倡现代意味的诗教，小学阶段多读一些古诗词，加强孩子们对于汉语语言之美的感觉，培养对于精练的多义的语言的感觉,同时加强对于中华优秀传统文化的感性了解,开拓想象力,这对于激发语文学习的兴趣,打好语文学习的基础,是非常有帮助的。另外,小学阶段记忆力最好,即使对一些诗词的含义不是很懂,但多读多背诵,记得牢,也是为一生的语文素养打好底子。这也是统编小学语文教材特别重视古诗词的原因。

三

古代诗教多种多样,但有些基本的做法,包含了诗歌教育的智慧,值得今天语文教学借鉴。联系目前的语文教学特别是诗歌教学的实际,如何做好诗教?有四点值得注意。

1.重视诵读与涵泳

诵读可以采取各种不同的方式,但不要全都安排做朗诵,还需要有自由的吟诵。这是两种不同的诵读方式。前者往往带有表演性,是读给人听的,若沦为固定的"腔调",就会形成所谓"语文腔";后者是自我陶醉式的诵读,独处式的诵读,可能更有助于沉浸到作品中去。现在社会上有专门"复古"吟诵的,很多复杂的程式,我们不一定要学这个。其实古代的吟诵也并无固定的轨范,我们完全可以按照自我发挥的方式去读,只要能沉浸其中、读出自己的感觉与体验就好。

"涵泳"指文学欣赏中的反复吟咏、讽诵,很自然地把握作品的血脉与韵味,获取对作品的整体感觉。这是古人学诗的基本办法。古代诗词充分发挥了汉语的特点,带有很强的音乐性,音调和谐押韵,读来朗朗上口,容易把起伏变化的情思带起来。朱熹就认为,"读诗之法,只是熟读涵味,自然和气从胸中流出,其妙处不可得而言"。[1] 其意是,学诗应该通过熟读涵泳,对诗的本义与言外之意有所领略,最终在识得滋味、余味的基础上达到欣赏的效果。朱熹的观点在古代"诗教"中有代表性,值得我们继承和吸收。古诗词教学要注重让学生感受诗词音韵之美,汉语之美,小学生也许一时说不清美在哪里,总之是积淀下来,有所感觉了,就起到熏陶的作用了。很多幼年时诵读熟记的诗词,一辈子都难忘,而且不同的人生阶段可能会有不同的理解与感觉。这真是滋养终生。

2.讲求会意与感悟

古代诗论有一个很著名的说法:"诗无达诂。"[2] 就是说,诗歌的词句内容,很难做出也不宜做出完全符合本意的解释。诗词的文学表达是含蓄的,可能"兴发于此,而义归于彼"[3],加上鉴赏者的心理、情感状态的不同,对同一首诗,常常会有不同的解释。"诗无达诂"就是承认诗歌审美鉴赏的主体性和多样性。这道理应当贯彻到我们的诗歌教学中。特别是小学生理解能力相对较低,但想象力却可能比大人丰富,对于诗词内容与审美的理解体会,可能多种多样,更加要注意不做生硬的标准化的限定。这里值得重温一下《义务教育语文课程标准(2011年版)》的那句话:

---

[1]　朱熹:《朱子语类·卷八十·诗一》。
[2]　最早是西汉董仲舒在《春秋繁露》中提出:"《诗》无达诂,《易》无达占,《春秋》无达辞。"
[3]　白居易:《白氏长庆集·与元九书》。

> 阅读是学生的个性化行为。……要珍视学生独特的感受、体验和理解。教师应加强对学生阅读的指导、引领和点拨,但不应以教师的分析来代替学生的阅读实践,不应以模式化的解读来代替学生的体验和思考;要善于通过合作学习解决阅读中的问题,但也要防止用集体讨论来代替个人阅读。

这段要求,对于文学类阅读,特别是诗词的阅读,是尤其有指导意义的。

当然,小学低年级学习古诗词,还是要让他们大致明白诗中所写的内容。但"大致"即可,不要字斟句酌,逐字逐句分开来解释。老师适当引导,让学生自己去读,反复诵读,能理解多少是多少。中年级和高年级则要逐步引导读诗时的"会意",就是领会诗歌的情韵意味,多少有些感觉与领悟。陶潜《五柳先生传》所说的"好读书,不求甚解。每有会意,便欣然忘食"。所谓"会意",或者"会心",就是指读者对作品艺术内涵的联想体会,而与作家作品产生的共鸣。这种"会意",有时可能是模糊的、直觉的、印象式的,不是能说得很明白的,但作为诗歌欣赏,又是很重要的。"诗教"中就要启发学生获取这样的"会意",这对于改变僵化死板的诗歌教学现状,是大有帮助的。那种不顾学生诗歌欣赏中的"会意",硬要抽离出几条"意义""手法"让学生去记忆的做法,是有悖于诗教的本意的。即使因为考试,需要掌握"标准答案",那也要给学生说明这只是一种答案,考试时不妨采用此答案,但作品内涵丰富,可以从不同角度欣赏，每个人读诗时还会有他的会意与感悟，那么很多情况下就不必拘泥于标准答案，完全可以根据自己的理解去做其他解释。

总之，作为教师，我们只要有这份心，给诗教留一个比较灵活的空间，不被高考中考的要求全给绑架了，学生的收获肯定会更大。

3.不过多使用多媒体，少一些"任务驱动"

语文课多媒体使用确实太多了，课堂那么热闹，各项活动安排很满，哪还有会意与感悟的空间？多媒体对于诗歌教学乃至语文教学，弊多利少。我们读"白日依山尽，黄河入海流，欲穷千里目，更上一层楼"，会想象自己一个人登临层楼时看到的那种苍茫雄浑的景象，但那感觉可能是高邈旷远的，也可能是悲怆肃穆的，可能独与天地往还，也可能思人生之短暂，等等，这要靠个人的经验和悟性去体味，每个人的画面感可能都不太一样。而读解的多义，正是诗的"好处"。怎么可以用一个固定的多媒体画面给"定格"了。"飞流直下三千尺，疑是银河落九天"，你无论怎样用照片或者视频来表现，都很难达到诗歌所传达的那种气势，反而可能"限制"阅读的想象力，因为诗歌中有些感觉和气氛，是很难形之于画面的。诗歌是语言的艺术，诗歌的语言除了精练、形象，还可能有变异，陌生化，超越平常的语言。诗歌欣赏需要依赖前面说的"会意"与"感悟"，需要直觉思维与想象思维。语言学有所谓"能指""所指"的说法，诗歌的语言多用"能指"，其含义是非常丰富的。可是如果采用多媒体，把这首诗转化为几个画面，虽然形象，可是被"定格"了，把诗歌丰富的多义的"能指"统统定格为"所指"了。这就破坏了诗歌的欣赏。所以,"诗教"是不宜依赖多媒体的。多媒体的过度使用,对于想象力以及直觉思维、形象思维能力的培养是不利的,甚至可以说是灾难。

还有一种偏向,对"诗教"来说,也是弊大于利,那就是热衷于布置"任务"和"讨论"。这些年有些学校在试验以"任务驱动"或"项目活动"来取代常用的教学模式,甚至提出所谓"翻转课堂"。这些举措的动机,是激发学生学习的主动性,有的课是可以用的。但若把"任务驱动"或"项目活动"作为语文教学的唯一方式,一边倒,可能会出现新的偏误。在"任务"的指使下去阅读,学生时常想到如何完成"任务",他们阅读和思考就会限定在预设的"任务"范围,所谓个性化阅读,探究性阅读,很可能就会受到预设"任务"的限制,导致为完成"任务"而进行的功利性阅读。对于诗歌教学来说,"翻转课堂"等一类形式大于内容的做法,更是不宜滥用的。如果我们教某一首诗,想让学生预习一下,先给一些任务,也不是不可以。但这"任务"的布置应当是启发性、开放性的,要留给学生想象的空间。

诗歌教学中组织的活动,包括讨论,小学低年级可以多一点,中高年级要越来越少。就整个中小学语文教学来说,文学类阅读,诗歌的教学,还是让学生静下心来读,是自主性的阅读,是自由的阅读,这个空间一定要给学生。我看现在的语文课堂太热闹,很浮躁,缺少沉浸式的阅读,缺少真正个性化的自由的阅读,如果老是"任务驱动",老是组织各种"活动",那和"诗教"

也是背道而驰，教学效果不好，也肯定不利于语文素养的提升。

4.老师自己要读诗，尽可能喜欢诗

诗歌教学的效果不好，僵化死板，缺少"诗味"，原因可能很多，其中一个原因应当引起注意，就是老师自己不怎么读诗，对诗歌的审美缺少感觉。小学语文老师不见得人人都喜欢诗歌，但起码要懂得如何欣赏诗歌。从职业需求来说，小学老师应尽可能成为文学爱好者，他们也没有理由对诗歌、文学，特别是儿童文学漠不关心。如果做不到这一点，那对语文教学来说，是很"要命"的。

文学作品特别是诗歌的教学，首先要做的功夫，就是教师自己认真阅读，对诗歌的氛围或者意境，有整体感悟，心领神会。教师自己被诗歌感动了，才能在教学中让学生也感动。如《静夜思》《山行》《滁州西涧》这些诗，谁都会背诵，这样熟悉的诗，我们备课时是否还要重新去细读，去领受其艺术的"冲击"？肯定需要的。有些老师可能因为已经教过多轮，对某一篇课文作品太熟悉了，不再有和这篇课文情感的"交流"的欲望，也不去设身处地想象学生读这篇课文会引起哪些比较共同的感受，就轻车熟路地进入备课。他们所做的工作就是找找相关的备课资料，各种教案和课件，想着怎么把找来的材料拼贴起来，设计成自己的教案。这种脱离了审美感悟的备课，必然是僵硬和琐碎的，当然也就难以引导学生去感悟与审美。

我主张语文课讲授文学性课文，特别是诗歌作品，第一件事就是老师先做"浸沉式"阅读，即使熟悉的作品和诗歌，也要再次"赤手空拳"去读，进入其氛围境界，获取鲜活的感觉，还要把自己也当作孩子，设想他们阅读这篇作品可能生发的想象与感觉。这是教学的"底子"，所有教学设计都要立足于这个"底子"。虽然老师在课堂上不一定要把自己的体验说出来，但有自己的鲜活的感受做"底子"，"诗教"就有生气，就比较能激发想象力，引导学生在诗歌欣赏上发生共鸣，僵化而琐碎的教学局面就会大有改观。

语文课重点学的是书面语

【题记】本文根据2018年4月20日笔者在北京市语文教学大会上的讲话稿部分内容节录。文中重点说明语文教学主要学书面语，这是书面语的功能和社会需求所决定的，教师要有这方面的自觉。

语文教学主要学书面语，这好像是无须论证的，但事实上，在一线教学中可能不同程度地又被忽略，所以需要再辨明一下。

这些年来课程改革，增加了大量口语练习，这当然有必要，但是口语练习和书面语练习有什么关系？恐怕也需要好好探讨。

人们容易产生一种误解，就是如同胡适五四时期所说的，话怎么说，就怎么写。事实上，这是不可行的。社会语言交流，总有不同层次的区分，所谓庄重的书面语、比较灵活随意的口语，还有俗语、俚语、隐语，现在还有网络用语，等等，都是现代汉语，但又各有所不同。功能不同，适合使用的场合也就不同。

民国时期语文曾经叫过"国语"，后来又叫"国文"。为何改叫"国文"？就是强调学书面语。这是对路的。书面语应当是现代汉语各个层级语言中处于高端、公认度也最高的语言,自然有它的特别的功能,是其他层级语言所不能取代的。比如公文、学术论文、正式的合同条文,等等,都要使用书面语。

语文教学主要学书面语,这是书面语的功能和社会需求所决定的,应当没有争议,只是我们当教师的,要有这方面的自觉。

课改以来,把口语学习带入语文课程,是有其必要的。尤其是小学低年级阶段,口语和书面语的学习应当结合得更加紧密。但到了初中、高中,口语学习的分量就要有所控制,不宜过多。其实,口语学习的机会还是很多的,比如课堂讨论、演讲,有一部分就属于口语学习。

对于书面语学习和口语学习的不同方式,我们还缺乏研究,在教学中容易混淆,甚至让口语教学过多地冲击(而不是结合和辅佐)书面语教学。课改之后课上安排很多项目活动,绝大部分都是以口语学习为主的。书面语教学的意识越来越薄弱,导致写作以及语文教学其他方面要求也日趋薄弱。新教材也没有很好地解决这个问题,希望老师们使用新教材,能关注这个问题。

遵循课标精神，尊重教学实际，用好统编教材

【题记】本文系笔者2023年5月18日在人教社"人教云教研"网上视频讲课的讲稿。文章所说的"课标"，是指教育部颁布的《义务教育语文课程标准（2022年版）》。其中讲到如何弄清楚课标的核心的概念，多个概念之间的逻辑关系是怎样的，这些概念所蕴含的教学观念或者方法对于语文教学现状有哪些针对性，等等。强调实施课标的要求，不是要完全颠覆过去的教学，推倒重来。不要搞"一刀切"，不要搞形式主义。要让教师有改革的愿望与主动权，不是"被课改"。

我今天要讲的题目是《遵循课标精神，尊重教学实际，用好统编教材》。一个"遵循"，一个"尊重"，一个"用好"，三者彼此连带，是目前我们语文教师要面对、思考和探究的共同话题。

一、教师要有改革愿望与主动权，不是"被课改"

先说说心态。现在哪一行都累，都不容易。我们需要少点抱

怨，多一份职业的良心，在各种困难的夹缝中尽可能把本职工作做好。

教师本来就是理想的职业，选择了这一行，总要面对挑战，为了学生，为了理想，也为了未来，做好教书育人的工作。我和大家一样，正在学习新颁布的义务教育语文课程标准。这个新课标理论性强，概念多，头绪多，有时把简单问题复杂化了，的确不容易懂。我自己也有很多理解不到位，或不理解的地方，希望和大家一起讨论。

课标是政策性文件，要贯彻落地，先要有一个学习、讨论、领会的过程，容许有不同的声音。课标的制订过程中就有很多思想碰撞，结果并不完善，需要打磨的地方不少，有议论也是正常的。课标也应当经过试验，结合一线教学实际，去不断完善，逐步推开。

但我认为新课标是理想的、向上的，它在探索改革的出路，预示着下一步语文课改的趋向，能够给我们一线的语文教学带来理论刺激，带来改进的动力。我希望这次新课标的贯彻，不会再是运动式的"革命"，而应当是结合实际的稳步的"改良"。

和此前的语文课标相比，新版课标的理论性增强，新提法很多，学习新课标会碰到一些概念理解上的困难。诸如"核心素养""素养型课程""学习任务群""整本书阅读""跨学科学习""主题引领""真实的语用情境""学习情境""混合式语文学习""语文实践活动主线""课程主题与载体""过程性评价"等等。

我们阅读时需要穿越概念的"丛林"，弄清楚哪些是核心的概念？其内涵是什么？提出的理由是什么？多种概念之间的逻辑关系是怎样的？这些概念所蕴含的教学观念或者方法，对于语文教学现状的改善有哪些针对性？在我们教学实践中是否有落实的可能？等等。

课标是全国语文教学要达到的基本标准、基本要求，至于怎么去实施，达到标准，教无定法，一线老师可以发挥各自的创造性。但是这一版新课标除了基本标准，还提出很多新的教学观念与教学方法，希望通过课标的实施，去实现课程改革。其功能增加了，内容庞杂，篇幅很大，比2011年版义教语文课标的篇幅多了几乎一倍。

我们怎么学习？

建议先把课标通读一遍，梳理其六个部分组成的思路，各部分的逻辑，找出贯彻全文的主要概念，然后化繁为简，厚的读成薄的，转化为我们能理解、好把握的几条基本的课改措施。之后，就要"对标"，找差距，确定改进教学的路向。但首先要自信，要有改革的愿望和主动性。能否调动广大老师改革的愿望与主动性，是课标能否落实的关键。

很多老师可能认为课标太理想化，与自己的教学差距太大，实施课标的要求，等于完全否定现有的教学，推倒重来。这确实有点"吓人"。我能理解这样的担忧。

但这种说法对以前的语文教学几乎完全否定，并不符合事实，他们看不到多年来课改已有的进步，以为提出新观念新方法，就意味着颠覆过去，和现有的教学习惯一刀两断。这种绝对化的看法太偏了。

语文教学有很多可贵的经验。最近十多年的课改，成绩也是有目共睹的，不能完全否定。我也相信，课标所指出的改革，包括教学观念与方法的改变，不会是也不应当是自上而下地运动式地实施。

我们老师自己心中有数，对于过去和现有的语文教学状况，实事求是地分析，不要一笔抹杀，改革也是在原有基础上逐步去改。这一点很重要，教育的改革和其他领域的改革比较起来，应当更加重视延续性，更加稳妥，要守正创新。"正"，就是传统语文教学和多年来课改的好的经验，所谓创新，贯彻新课标，必须尊重和承袭既有的好的经验，尊重教学实际，在这个基础上去创新。

贯彻新课标，实施某些新的课改措施，要体贴一线老师普遍的愿望与苦衷，唤起他们改革的积极性，让他们有教学的主动权，而不是越改越失去教学的主动权，不是"被课改"。

下面我想围绕新课标的学习，和大家谈谈如何做到遵循课标精神，尊重教学实际，用好统编教材。

二、新旧课标有衔接，基本"标准"没有变

新课标和前一版课标是衔接的，并非推倒重来，"标准"并没有变。

全国的中小学语文课，都必须达到课标这个"标准"。教学、考试乃至教材编写都必须按照"标准"。而在"标准"这方面，新课标并没有多少变化，基本上是顺着旧版课标的"标准"而来。

各个学段对语文基本知识和能力的要求,新课标和旧课标是几乎一样的。譬如,一、二年级学会认1600字,会写800字;三、四年级会认2500字,会写1600字;初中会认3500字等都没有变。阅读能力标准,三、四年级学会默读,每分钟不少于300字,初中默读每分钟不少于500字。写作的标准,小学低年级写话,中高年级习作,初中写作等。甚至连语法修辞知识的要点,写字的基本字表,常用字表,都没有变。古诗文背诵小学到初中共136篇,其中小学75篇,初中61篇,新版课标只是删去初中1篇,整个135篇,基本不变。

现在我们使用的中小学语文统编教材,是严格按照课标的"标准"来编写的。我们只要按照统编教材体系架构,分学年逐步推进,就能够达到课标所规定的课程目标。我们学习新课标,不能只是看"新变"的部分,更要看"不变"的标准。课标,一定要注意"标准"。

三、让语文教育的站位更高,立德树人,润物无声

关于"站位",新课标提出了立德树人,站位高,视野开阔。课标的开头阐述课程性质就提到,"为学生形成正确的世界观、人生观、价值观,形成良好个性和健全人格打下基础"。

我们编义务教育语文和高中语文统编教材时,就意识到要把立德树人和培养"三有"作为指导思想,也就是党的十九大报告中提出过的"青年一代有理想、有本领、有担当,国家就有前途,民族就有希望"。这是很高的标准,又是很实际的要求。这

些不是口号，是社会发展提出的严峻的要求，大家也都感到必须要这样做。

一个社会，教育必须有这样高的站位，取法乎上，得乎其中。如果教育的站位不高，失去理想，整个社会的精神境界必然低下。

但是立德树人在语文课中不是贴标签，不是穿靴戴帽，不是过分教化，而是熏陶化育，四个字叫"润物无声"。我们在教学实践中有这个意识，语文课就真正能起到培根铸魂，启智增慧的作用。

四、语文核心素养纲举目张

再讲讲语文核心素养。以前的课标也提过语文素养，但没有"核心"两个字。语文素养可能很多，通常我们会想到这是指听、说、读、写能力，或者加上文化文学修养等等，仍然比较模糊。

2022年版义教课标提出语文核心素养，主要包括四方面，即是文化自信、语言运用、思维能力和审美创造。语文学科的定位这样就清晰了。可以说长期以来关于语文是什么，语文要教什么，学什么等等问题的争论，也大致可以终结了。"语文核心素养"的概念，在整个义教语文课标中纲举目张，引出很多理论生长点。

语文核心素养包括四个方面，我想重点说说对"思维能力"的理解。新课标提出：思维能力是语文学习中的联想想象、分析比较、归纳判断等认知能力，特别提出要重视直觉思维、形象思维、逻辑思维、辩证思维和创造思维。

其中直觉思维、形象思维是以前我们比较少注意的。我们通常会要求学生发挥"想象力",比如读一首诗,要求边读边想象画面。这里有联想,其实还有感悟,有直觉思维和形象思维。这次新课标特别提到直觉思维和形象思维,对于语文教学是有启示意义的。

对于小学、初中学生来说,保护和发挥他们的想象力、好奇心、求知欲,很重要的就是要注重直觉思维和形象思维的培养。课标还提到思维品质的提升,包括思维的深刻性、敏捷性、灵活性、批判性、独创性等等,我们在教学中都会碰到,要有这些方面的意识。

我再举个例子,为何要不断训练写作?不只是为了学会写文章,更要紧的是通过写作来训练思维。新课标把思维能力作为语文核心素养的重要组成部分,对改进语文教学是有重要启示的。因为长久以来,培养思维能力是语文教学的弱项。

审美创造,也是我们学习新课标要特别关注的语文核心素养中的一个提法。最新的2017年版2020年修订高中语文课标中要求通过审美体验、评价来形成正确的审美意识,健康向上的审美情趣,还有品位等,这些都是很重要而以前我们未能充分重视的。

当然更重要的是摆在第一位的"文化自信"。为什么特别强调这一点?现代社会的发展,物质极大丰富,但也出现了精神贫困的问题。百年未有之大变局下,如何立国,如何凝聚和振奋国人的精神,都需要文化自信。对待传统文化的问题上,还是要坚持历史唯物主义和辩证唯物主义的立场，要批判、抛弃那些腐朽的、不合现代社会的部分，挖掘优秀的成分，处理好创造性转化与创新发展的关系。我们要强调文化自信，同时也要让学生理解和尊重文化的多样性，学习怎么分析看待文化现象。

在语文课程中，学生思维能力的提升，审美能力的提升，还有文化传承、文化理解，都应该是以语言的建构和运用为基础，我提出"以一带三"，就是这个意思。核心素养的四个方面是整体性的，具体到每个单元某一课的学习，可能会比较偏重其中某一两个方面，但没有必要一项项单列去完成。

五、"学习任务群"就是教学内容

在新课标中，"学习任务群"是一个宗旨性的概念，也是大家理解起来比较难，或者不知道如何去落实的一个新的教学观念。

"学习任务群"概念不是语文课标的独创。前些年，一些教育学专家借鉴世界中小学课程改革重视素养培育的趋向，提出了核心素养教学的理论。这次新课标的制订，各科都有其凝练的"核心素养"，并且提出以相应的"学习任务群"去呈现学习任务。这的确是重大的改革。

在编写高中语文统编教材时，对于"学习任务群"也有很多争论。高中三年，课标规定了18个任务群。在设计单元时也考虑到怎么去落实任务群，每个单元都承担有一两个任务群。

不过如何把"学习任务群"落实到教学中，仍然需要实践试验。从高中统编教材使用的情况来看，还很难说"学习任务群"的教学已经成功落地。老师并不适应，而高中要面临高考，没有那么多时间搞任务群教学。

义务教育语文新课标强调"学习任务群"，是想用这种方式把教学内容结构化呈现出来。想法是很好的，但实际上是很难的。以前是分学段列出识字、写字、阅读、写作、口语、综合性学习等五方面的教学要求和标准。现在是先分出六个任务群，然后分别从六方面去分别列出四个学段的学习内容。比较起来，现在新课标的表述层次太多，几个维度彼此缠绕，很庞杂，这也是我们学习课标时感到困难的地方。

比如第三学段"识字与写字"，一共三个目标，同时也是三方面教学内容。"硬笔书写楷书，行款整齐，力求美观，有一定的速度。"这是目标，也是教学内容。新版课标的"课程目标"中同样有这一句话。但在"课程内容"中却没有写字方面的要求，只有独立识字、词语积累、讲普通话，写规范字等，显然是不完整的。

再举一例，关于议论文的阅读，前一版课标是这样表述的，"阅读简单的议论文，能区分观点与材料（道理、事实、数据、图表等），发现观点与材料之间的联系，并通过自己的思考，作出判断"。这既是目标，也是内容。新版课标在"课程目标"这一节也完全抄下旧版的这句话。但在"课程内容"这一节则在"思辨性阅读与表达"任务群第四学段下面列出了要阅读"生活哲理方面的优秀作品""科学探究方面的文本""诗话、文论、书画艺术论的经典片段""革命领袖的理论文章"，而没有关于议论文的内容要求。这些因为表述不清而变得难解的问题，希望在实践中能尽量厘清，这也是实践检验。但我们还是要努力学习和把握新课标的精神。

新课标把"课程目标"与"课程内容"分开来表述，我们学习时可以把两者合起来。这样，教学中也比较好处理。

关于义务教育语文新课标中的"课程内容"，还有一点也是比较不好掌握的，也是因为论述的层次太多，概念有些纠缠。第一层，是"主题与载体形式"，包括中华优秀传统文化、革命文化、社会主义先进文化三个"主题"。所谓"载体"就是教学中使用的各种作品类型。我理解这是为了突出政治导向，想给"课程内容"一个总纲。但是何谓"主题"？何谓"载体"？三种文化是否能概括整个义务教育的"课程内容"？这是需要进一步研究的。

接下来，是"课程内容"第二层，即"内容组织与呈现方式"。怎么去组织和呈现呢？就是用"学习任务群"。先把6个"学习任务群"分为基础型、发展型和拓展型三层，然后每一个"学习任务群"后面分四个学段罗列"学习内容"。这样表述的确层次较多，有点乱。

我们梳理一下：其逻辑是先提出"主题"与"载体"，是比较上位的，其实也包括了内容。接下来就是"内容组织与呈现方式"。什么呈现方式？就是6个学习任务群。然后分别叙述6个任务群包含各个学段的"学习内容"。我们学习中可以化繁为简，就是："课程内容"是什么？是"学习任务群"。"学习任务群"又是什么？就是"学习内容"。

新课标为什么那么重视并凸显"学习任务群"这个概念呢?我理解是为了把语文教学内容结构化,所以要专门把课程内容与课程目标分开,专列一节,用"学习任务群"去组织和呈现课程内容。所以,我们先要从学习内容或者教学内容的角度去理解"学习任务群"。

有的学者认为过去的语文教学是缺少学习内容的,新课标最大的贡献是将中小学语文学习的内容结构化,从此有了清晰的呈现。这样的说法不对,怎么能说以前没有学习内容呢?但新课标试图把课程内容结构化,以强化学习内容,这种设想是可以理解的,也是有益的,多少可以改变语文教学存在的碎片化、随意性、多重复的弊病。只可惜这种设想目前还未能得到更清晰且有学理性的表述。

六、"学习任务群"又指新的教学方式

课标提出的"学习任务群",不只是学习内容的呈现方式,同时也是一种新的教学模式。这种模式可以理解为以学习任务来带动教学,即"任务驱动"。6个"学习任务群"下面分学段列出很多学习任务,可以选择一个或者几个学习任务,组成教学的单元。

其实现在我们使用的义务教育语文统编教材,小学高年级和初中,都采用单元教学结构,各个单元都可能承担着"学习任务群"的其中某一项或两项任务。我们要做的工作,就是研究教材的各个单元主要承担或者接近"学习任务群"之中的哪些"任

务",然后以这种"任务"来引领教学。教材的单元导语有本单元的人文主题和语文学习要点的提示,另外每篇课文后面还有思考题,可以参照这些提示与思考题,集中转化为"学习任务",也就是新课标所说的"典型任务"。

同时可以设计和"典型任务"相配合的学习情境,即所谓语境,引发学生兴趣,让学生进入探究性学习的氛围,以此加强学生学习的主动性。这种教学模式和现在我们熟悉而且通行的教学模式不同,不是一课一课地讲,不是文本为纲,它也不求知识的系统和完备,不是把训练作为纯技巧的练习,而是在"任务驱动"下,让学生在一定情境之中带着一定的任务进行伙伴式、探究式的学习,从而获得自己知识的建构。教师在这过程中起到设计、引领、总结、提升等作用。这样,可以减少灌输式的讲解,匀出更多的时间让学生来自主学习,带着问题读书和讨论,拓展阅读面,解决读书少的问题。

学习和落实新课标,采用"学习任务群"的教学方式,看来也不是特别难,不是抛开教材重新去另搞一套,完全可以在使用现有教材,实施单元教学时,把"任务群"的教学方式融进来。这样,我们的教学可能会有所改观。

不过,根据高中语文实施"学习任务群"的经验,我想提醒几点。现在的单元教学都是"群文教学"的设计,转化为"任务群"教学,也都是"群文教学"为主。但"群文教学"不能完全取代单篇课文的教学,"群文教学"还是要有一篇或两篇是重点,有些课还是要老师多讲一点,要精讲,先要学生明白,然后才能开展活动,也不要给老师规定比例,他只能讲多少。

另外,"任务驱动"是"学习任务群"的教学方法,但不是唯一的方法,也不意味着全部教学"一刀切",都要采取"任务驱动"方法。哪些单元或者哪些课文适合"任务驱动",多一点时间放手让学生自主学习,或者多一些讨论,哪些单元哪些课还是老师的讲解为主——当然这种讲解也应当是启发式的,这个主动权应当交给老师。

七、"整本书阅读"不宜强调课程化

"整本书阅读"其实不是一个新概念。古人读书就是整本整本读,《大学》《中庸》《左传》等等,一本一本地读下来,是真正的整本书阅读。

文选式学习是一百多年前有了新式学堂后才有的"国文"(语文)教学方式。现代人不能像古人那样有那么多时间都用于学语文、读整本书,要学的科目很多,语文课只好采取文选式教学。这种教学有好处,涉及面广,但"坏处"是只学文选,阅读量不够。而没有阅读量,语文能力无论如何是提升不了的。

高中语文课标率先提出"整本书阅读",就因为现在的高中生基本上不去读完整的书,一切面对高考。中国人读书最多最好的时期是小学,到了初二以后就一路下滑。现在网络阅读兴起,浅阅读、碎片化阅读多了,完整的深度的阅读少了。现在很多人很多时间都在看手机,心气浮躁,更是没有耐心做完整的阅读。"整本书阅读"正是针对这种阅读的状况而提出的,可以振发读书空气,对学生而言,还可以"磨性子"。

现在义务教育课标也把"整本书阅读"写进去了，在教学实践中，许多老师也开始重视"整本书阅读"。这是语文课改的一个有力的举措。

如今小学、初中语文统编教材都很重视读书，扩大了读书量，注意教给学生读书的基本方法，培养读书兴趣，可以说抓住了语文教学的"牛鼻子"。

小学语文二年级开始有"快乐读书吧"，初中有"名著导读"，这些都是"整本书阅读"，都可以用起来，和课标的要求就接上了。"整本书阅读"已经被纳入到教学体系中，也会有一定的课时用于"整本书阅读"。

但我主张整本书阅读的功夫在课外，是课外阅读。课内只需要点拨一下，引发兴趣，提示一些方法，就可以了。整本书阅读千万不要太过课程化。

我发现教材指定的很多书目，孩子们都不感兴趣。一方面因为是经典，有时代的隔膜，学生不适应。另一方面，因为指定阅读的"规定动作"太多，太烦琐，又要写笔记，又要写心得，又要小组讨论，又要朗读，又要演出，谁会喜欢呢？兴趣是第一位的，有兴趣学生自己就会主动去读，就有时间读。

所以"整本书阅读"教学的重点要激发兴趣，减少"规定动作"，容许学生自己选择教材书目之外的书来读，容许读"闲书"。如今把"整本书阅读"搞得有点玄乎，又有些烦琐，给人感觉是太难了。所以，我前些时候提出"整本书阅读"要降降温。

以上讲了课标的"标准"、站位、核心素养、学习任务群以及整本书阅读等几个问题,重点是核心素养和学习任务群问题。希望能把遵循课标精神,尊重教学实际,用好统编教材这三者结合起来。这是我学习义教语文课标的一些心得,有些理解可能不到位,只是作为个人的意见,提供参考,而并非权威解读。不对的地方,完全可以批评。

落实语文核心素养的"以一带三"

【题记】本文发表于《中国基础教育》2022年第12期。文章针对新课标所引起的一些不同的理解，提出落实语文核心素养，要采取"以一带三"，"一"是语言运用，"三"是思维、审美和文化自信。语文教学必须以语言运用为本，通过语言运用的教学，把其他三方面（还可能有其他方面）"带"进来，彼此融为一体，在不断的语言实践中得到综合提升。

《普通高中语文课程标准（2017年版2020年修订）》和《义务教育语文课程标准（2022年版）》（以下简称"高中新课标"和"义务教育新课标"，或统称"新课标"），在起草过程中就引发了一些争议，实施之后也有各种批评意见。但无论如何，新课标顺应了教育发展的大趋势，取法乎上，是向上的，所体现的改革方向是对路的，应当支持，积极试验，不断调整和完善。

语文统编教材是在新课标精神指导下编写的，从理论到实践，也经过艰难的磨合。用好统编教材，推进语文课程改革，现在逐渐涌现了一些比较成功的经验，大家可以借鉴；但也出现了一些新的问题，需要我们正视和解决。我们贯彻新课标，使用新教材，既要克服惰性，排除网络干扰，积极推进改革，又要结合各自不同的教学实际，不搞颠覆性改革，不搞形式主义和"一刀切"。新课标所提出的许多新概念，包括"大单元教学""学习任务群"等，也还需要接受教学实践的检验。这里针对一些新出现的问题，笔者想谈一下语文核心素养的"以一带三"。

一、义务教育和普通高中新课标所提出最重要的概念是"语文核心素养"

新课标提出许多新概念，其中最重要、纲举目张的是"语文核心素养"。以前也有"语文素养"说法，内涵大概就是听说读写能力，或者再加上文化、文学的修养等，并没有明确的界定。而"语文核心素养"加了"核心"二字，就凝练了语文学科的功能性质，终结了长期以来关于"语文是什么""语文要教什么学什么"等问题的争论。

在高中新课标中，提出"在语文课程中，学生的思维发展与提升、审美鉴赏与创造、文化传承与理解，都是以语言的建构与运用为基础，并在学生个体言语经验发展过程中得以实现的"。在义务教育新课标中，提出"在语文课程中，学生的思维能力、审美创造、文化自信都以语言运用为基础，并在学生个体语言经验发展过程中得以实现"。可见两者说核心素养都指向语言运用、思维、审美、文化自信四个方面。

有些教师可能疑惑，高中语文课标是把"语言建构与运用"

放在前头，而义务教育新课标则把"文化自信"排在首位，笔者理解这是因为现在特别强调"文化自信"，强调民族复兴的精神强国，希望以"文化自信"来抓总，把整个语文教学统起来。

二、教学中需要通过"以一带三"让四方面真正落地

问题是，"语文核心素养"所包含的四个方面，怎么才能转变为一线教学具体的可操作的内容？对此，笔者认为可以用"以一带三"这四个字来概括。"一"是语言运用，"三"是思维、审美和文化自信。语文教学必须以语言运用为本，这是出发点与落脚点，通过语言运用的教学，把其他三方面（还可能有其他方面）带进来，彼此融为一体，在不断的语言实践中得到综合提升。

用"以一带三"来阐释"语文核心素养"，是希望教学中落实新课标有抓手。"语文核心素养"的四个方面不是并列的，不该一项项分开来完成。有些教师在备课时把每一单元都和核心素养四要素一一"对标"，这是没有必要的。应当坚持"语言运用"为本，整个教学过程都把语言运用的学习作为教学任务，同时"以一带三"，很自然地、综合地用语文课特有的形式去达成各项素养的学习指标。具体到每一单元，或者某一课，"以一带三"的"三"（还有更多方面）也并不一定面面俱到，而应当有重点。

其实，义务教育和高中新课标对于"语文核心素养"的阐释，词语表达有些差异，但改革指向基本一致，都在强调思维、

审美、文化自信必须以语言运用作为基础和载体。语言运用为本，这本是毋庸置疑的常识。无论如何改，总不能离开语言运用这个语文学科的本质属性。文化自信属于更上位的要求，整个基础教育所有的课程，都要重视培养学生的文化自信。而思维训练和审美能力培养，其他学科也要承担，如数学课重视逻辑思维，音乐课、美术课注重审美能力等。语文课之所以始终作为主科，是因为语文对普通国民生活能力（语言表达交流能力以及思维、审美能力）的培养，对正确的"三观"培养，以及对民族文化的认同，实在太重要了。学生在学习语言的过程中，以语文独有的方式（比如更加重视熏陶、感悟、积累等）去提高思维、审美的能力，获得对民族文化的认同与自信，这是其他学科所不能替代的。语文课重视并落脚于语言运用，强调其"本位"的引领和覆盖作用，本来无需多说，笔者之所以要提出"以一带三"，为的是强调语文学科的本质属性，回归常识，纠正某些偏向。

新课标中并没有"以一带三"的说法，但在解释"语文核心素养"四要素时，体现了类似的意思。还特别说到语言是"交际工具""思维工具"，又是"文化的重要组成部分"。这些论述强调：语言发展与思维发展、审美创造、文化传承的学习相互依存，相辅相成，也就是"以一带三"。

三、"以一带三"对当下语文教学具有现实针对性

对当下一线语文教学来讲，提出"以一带三"，有现实针对性。其一，避免过于重视情境和活动而忽视经典阅读的问题。现

在实施任务群学习、大单元教学，或者项目化学习、任务驱动学习，教师往往比较关注如何组织活动，如何设计营造学习情境，如何让学生在语文实践中讨论解决问题，阅读量比以前大，师生比以前活跃，但也可能只是顾着"情境和活动"，课文反而沦为讨论问题的"支架"或材料。这样可能吃不透课文。在"语言运用"方面下功夫不够，教学活动再热闹，也可能浮光掠影，舍本逐末。特别是经典课文，大都是人类智慧的精华，语文教材选各种经典，是让学生有所接触，为整个人生打底子。而经典大都是过往时代留存下来，与当代阅读习惯会有隔膜，包括语言形式的隔膜。比如鲁迅的用词、句式、语气等，现在的学生有时会感到"隔"，甚至认为不规范、不通顺，其实这是鲁迅作为天才文学家的个性化的语言表达方式，是他复杂思维的呈现，又带有特定时代的色彩。对于经典课文，语言有些"隔"很正常，但需要先在教师指导下细读，大致读懂，然后才谈得上理解内容和艺术特色等，也才具备进一步开展问题探究的条件。

其二，避免过于重视"群文教学"而忽视基本功培养问题。笔者还看到有些教师设计文言文的"群文教学"，还没有让学生读懂，又没有精细讲解，就先"任务驱动"，让学生带着问题去找材料，完成某个项目。这样也就远离了语言运用这个"本"。到底如何做好"以一带三"？教无定法，必须靠教师去创造性发挥，根据各自不同的学情去设计和实施。

语言文字运用包含的教学内容很多很广，诸如识字、写字、阅读、写作、语法、修辞、语感、篇章、结构、文体等诸多方面，可分可合，以往常说的"听说读写"，也是一种概括，角度和层次不同而已。其实这些方面，在新课标的各个学段目标也有粗略的要求，要留心去落实。

四、"以一带三"怎么去"带"？

其一，要让学生先"正读"，精读后再去延伸。课文，无论是文言文还是现代文，让学生先"正读"，以精读为主（教材指定的泛读或自读可以稍微放宽要求），先读懂、读通，获取初步的阅读感受（包括对作者个性、文体和语境所决定的语言方式与风格的体味）。这种对于作品语言的原初阅读感受，是整个阅读的基础，也是语言文字学习的前提，要充分尊重。教师有必要点拨学生阅读中涉及语言运用的难点、重点，帮助疏通理解，在此基础上，再延伸项目学习或者问题讨论等，让学生在更加自主且更加开阔的个体语言实践中去学习体会和借鉴课文，培养思维、审美能力与文化自信。

其二，要用好统编教材，用好单元教学或者学习任务群。如今实施大单元教学或者所谓群文教学，精读课也不精了，有些必要的单篇教学被淹没在任务驱动的讨论中，语言运用整个本位被挪移、忽略或者轻视，这样的语文课，其"语文"会被掏空。一般来说，古诗文教学还是保留了一些单篇讲课，也比较注重语言运用，而现代文，学生一般能懂，教师认为没有什么讲头，就基本不讲，放手让学生自学，等于"放羊"了。这些都是新出现的偏误。语文课内的教学要延伸到课外，但和课外阅读的要求是不一样的，课外阅读可以有更多自主选择，阅读范围更广，甚至容许"连滚带爬"地读,以增加阅读兴趣。这和课内要求的"正读"不矛盾,是相辅相成的。

其三,各学段各年级的教学要求、标准和梯度要尽量清晰。现在小学阶段还是比较重视语言运用教学的,新课标对小学语文三个学段的识字、写字和阅读等几个方面的教学目标有明确具体的要求,教学梯度清晰。要"达标",必须考虑每个单元每一课都有能够让学生把握的"干货"。而初中三年学生认知水平发展很快,一年一个样,但整个初中只是作为一个学段,每一年级、学期关于"语言运用"学习的标准和梯度不像小学那么明显。高中三年的学业,只是大致分为"必修"和"选择性必修",高三几乎是高考复习了,"选修课"是形同虚设的,三年的语文课"语言运用"方面的教学要求、标准和梯度,就不是那么明显,甚至有些杂乱。这些情况都应当引起注意,也是教师备课的重点之一。而高中如何做好语言运用教学的"以一带三",就要更多花心思。比如对作品内容的理解,对行文思路的把握,对精彩词句段落的欣赏,对不同类型阅读经验和方法的掌握,特别是如何借鉴他人的语言经验充实自己的表达等,其实也应当有梯度要求。教材力图去落实。每个单元附设有"单元学习任务",或者"单元研习任务",其实都和单元思考题大同小异,其中必定有一二"任务"是偏重语言运用的,教学中应当多加发挥。

其四,不能因警惕知识性灌输而弱化语言运用的本位要求。要求小学、初中语文教学的语法修辞等知识随文学习,结果造成语言运用知识教学被弱化。为了解决这个问题,初中语文统编教材有意在每个教学单元提供一个语法修辞的知识点,用带框的行文标示，实际上是提示一种潜在的必要知识系统。这是可以纳入教学内容的。对于教师来说，难处就在如何重视语言运用的教学，又力图综合其他素养要求，让每一课学完后都有可以把握的"干货"。这正是我们教学中要作为重点和难点加以解决的问题。有些东西不是推广某一种教学方法或某一公开课的教案，让大家"依葫芦画瓢"就可以解决的。事实上，现在网络方便，教案随便可以找到，又都实行集体备课，教师的主动性反而降低了，功夫都用在如何把课设计得新颖好看，用在制作PPT上，语言运用的本位就更加被忽略，教学的效果很难总体提升。

新课标提出"语文核心素养"以及"大单元教学""学习任务群"等理论和概念，意在推进课程改革，但改革是长期的艰难的过程，新课标和新教材的推进，只是开始，并非照章办事就行，而是要在实践中接受检验，不断调整完善。语文课程改革并非颠覆式"革命"，教育有连续性和相对的稳定性，我们应当继承和吸收以往好的教学经验，也要按照新课标和统编教材的要求与建议稳步推进改革，努力平衡好素质教育与应试的关系。这个过程很难，但总要往前走。目前的关键是调动教师课改的主动性，请他们主动"去改课"，而不是"被课改"。笔者提出"以一带三"，就是看到一些问题，提出一点建议，随时适度调整纠偏。希望语文课改之路会走得更稳一些，更顺一些。

关于鲁迅与现代文学课文教学的若干探讨
——以十五篇经典课文为例

【题记】本文是笔者在中学语文研究会组织的"名家讲名篇"活动中所做视频讲课录音稿。其中对选进中小学语文统编教材的十五篇现代文,包括鲁迅的作品,逐一进行解读,有意纠正语文教学中常见的误读或误解。主张教师在备课时第一步就是"赤手空拳"研读课文,即使是已经讲过多遍的课文,也还是要重新仔细研读,获得新鲜的感受。这样的语文课,才有个性,有温度,能激发学生学习的兴趣。

语文核心素养的四个方面,最基础的,是语言文字运用的能力,特别是语体文书面语的阅读写作能力。语文课也要学习文言文,除了文化传承,还为了接通源流,更好地使用现代汉语。从长远看,语文学习主要还是让学生日后具有基本的阅读和思考能力,这是他们生存发展的必备能力。所以老师们要有这个意识:现代文的教学和古诗文同等重要,甚至更加重要,必须给予足够的课时,不能减量"放羊"。

老师们备课，第一步最好是"赤手空拳"研读课文，即使是已经讲过多遍的课文，也还是要重新仔细研读，获得新鲜的感受。这是备课的基础。先有自己的研读感受，有心得，再参照相关的资料和别人的教案，并设想自己的学生可能的兴趣点或难点，几方面结合再进行教案设计。这样的语文课，才有个性，有温度，有创造，能激发学生学习的兴趣。教材中的确有些时文比较容易读，那是可以放手让学生自读的，但许多经典的现代文，难度较大，老师们还是要讲解，要精读。任务群的教学是多种教学方式中的一种，不一定全部教学都适合任务群。即使采用任务群教学，老师的讲解和学生的精读也还是必要的。

要让自己"在状态中"，就是围绕教材，比较系统地重新学习大学期间下功夫不够的课程，要适当跟踪和了解学术研究界的新的成果，将一些比较新的有共识的学术观点转化到教学中去。

一、朱自清《春》（七年级上册）

教学中往往把《春》说成记叙文，其实这是一篇散文诗，或者说，是一篇诗性散文。那么教学就应当多往诗性的想象与诗性的表达上引导。如果当作记叙文，重点讨论围绕"春"描写了哪些"画面"，字斟句酌讨论什么比喻、拟人等修辞手法，就不能很好地领略作品的魅力。比如"小草偷偷地从土里钻出来"，春天"从头到脚都是新的"，这样一些句子，光是从比喻手法去理解，是不能得其韵味的。文中诉说的许多感觉是模糊的，比喻也只能"抵达"其附近，而要真正领略这篇作品语言表达的艺术，还得调动感悟力，特别是直觉思维能力。这两种"力"，以往的教学可能不够注意，其实这应当是教学的重点。

二、《从百草园到三味书屋》（七年级上册）

一般认为《从百草园到三味书屋》是回忆童年，给孩子写的，其实也写了成年人的感伤。而这是学生难以了解的，也不一定要作为教学的内容。他们长大以后回想这篇作品，慢慢就了解了。但老师必须了解这一点，自己先读懂，有自己的感受，这是教学的基础。

让学生读《朝花夕拾》，不必要求像成年人那般去体味里边复杂的感情，也不要老是追求什么"意义"，应当放松一点。有的教学中要求理解小鲁迅"对于大自然的热爱"，我看这有点搭不上，还不如去体味儿童的好奇心。

我主张就先安排学生自己读，不预设什么主题思想之类，我称之为"裸读"。读过之后再析疑解难。虽然鲁迅的语言有点"隔"，但初中一年级学生大致是能读懂的。他们感兴趣的主要是什么，倒是我们教学应当关注的。对于学生来说，这篇散文所描写的种种新奇的玩意儿，最能引起好奇心。很普通的一个荒凉的园子，在孩子的心目中却是充满颜色和声音的生命世界，连野草丛中也可能藏有动人的故事。鲁迅这篇文章最感人的是写出了自己小时候的好奇心以及亲近大自然的天性。我们的教学应该往这方面引导。天性的保护本身就是有意义的，就是素质教育。

文中写到百草园的草丛里"有一条很大的赤练蛇"，对此有不同解释。教材也安排了思考题，问是不是赘笔。于是有的老师让学生去探究鲁迅为何要写"美女蛇"，艺术手法有何考虑。其实不必。鲁迅的回忆是很自然的，不一定预先设计好审美结构手法，他顺着回忆写下去，自然会想起孩子时代某些神秘甚至惊悚的事物。我们的童年也可能有类似的经历。这不是迷信的闲笔，也不一定有特别的结构上的考虑，就是回忆童年生活的某个侧面。孩子好奇，对未知世界总是有某种神秘感，有畏惧，这很正常，也很可爱。鲁迅的笔触摸到了孩子心灵的奥秘，成年的鲁迅似乎在和幼年的"我"分享那些惊险。教学中与其花很多时间去分析"鲁迅为何这样写"与"这样写有什么意义"，还不如引导学生在阅读中去体会那些童年的经验，发挥他们的想象力。比如，让学生各自回忆一下自己小时候有过什么特别愉悦的、神秘的、惊险的经历，用类似鲁迅讲故事的方式讲一讲，我看这样的收获会更多，和语文学习的本义更贴切。

有一种说法认为"百草园"是无拘无束的儿童乐园，"三味书屋"则是一个囚牢，禁锢儿童身心，因此论定作者意在批判封建教育制度，在"思考需要什么样的教育"。这种说法并不符合作品实际。

和"百草园"的回忆一样，鲁迅对"三味书屋"的回忆也是充满温情与童趣的。说鲁迅有意批判那位私塾老先生，或者简单分析这个老人的矛盾，恐怕也不符合作品实际。教学中不要动辄强调"儿童心理"怎样怎样，那是成年视角。初中生刚刚步入少年，让他们分析"儿童心理"，还不如回顾与感受幼年的生活。

文中小鲁迅告别"百草园"，特意写道："Ade，我的蟋蟀们！Ade，我的覆盆子们和木莲们！……"其中Ade，是德语，意思是再见，并无其他深意，就如同当今大家说"拜拜"。为什么蟋蟀、覆盆子要加上"们"呢？那是孩子的口气，在孩子眼中，世上万物都有灵性，加上"们"，别有一种亲切的意味。以上提到这些内容，都是很细腻复杂的，需要在阅读中慢慢体味。

三、《阿长与〈山海经〉》（七年级下册）

这篇回忆散文写的都是一些琐事，但对孩子来说可能是终生难忘的"大事"。鲁迅写下的就是这样一些有童心的回忆，在长妈妈这位极平凡的保姆身上，重新感觉到伟大的母爱和人性的光辉。

长妈妈这个人物写得血肉丰满，读了让人过目不忘。课文主要是通过几件琐事，去写她性格的几个侧面，包括粗俗与细致，愚昧与爽朗，热情与善良，等等。这要求学生阅读时能大致欣赏就可以了。有的老师要求学生费很多精力去分析长妈妈性格的多侧面，甚至要画出思维导图，分析什么先抑后扬写法，意思是对长妈妈的印象起先讨厌，后来欣赏。我看这有些费事，而且没必要。其实孩子对人的好恶，是很直观的，会时常有变化。我看还不如引导学生在阅读中体会孩子心目中长妈妈的不同印象，认识孩子的那种幼稚中的可爱，联想一下自己童年有没有类似的经历。这不是很好吗？那就是学习如何观察和了解人物的性情脾气，发现身边普通人身上有趣的地方。若能用三言两语写下来，那就是一种思维和写作训练。

鲁迅的语言很特别，那种味道初中生可能不容易体会，他们会感觉有些"隔"。应当让学生在阅读中体味语感。这有难度，可以集中体会诙谐幽默这一点。如文中用一种貌似严重的口气追叙长妈妈的"缺点"：她睡觉时"满床摆着一个'大'字，一条臂膊还搁在我的颈子上。我想，这实在是无法可想了"。但自从听她讲了"长毛"的故事之后，"对于她就有了特别的敬意，似乎实在深不可测；夜间的伸开手脚，占领全床，那当然是情有可原的了，倒应该我退让"。因为作者对长妈妈是如此怀念，以致连想起她的"缺点"都感到可亲。鲁迅从成年人角度回顾幼时生活，那些童年趣事便具有特别的喜剧性，幽默感也油然而生。幽默是一种智慧，青少年的语言交流中可能有搞笑，但像鲁迅这种幽默，是比较难掌握的，这不只是技巧问题，是语感。教学不必"一刀切"，有些较高的要求（比如语感），可以引导学生多少有些体会，但不一定作为全体学生都要掌握的知识。有部分学生有兴趣去鉴赏与模仿，那也很好。

四、《藤野先生》（八年级上册）

中学语文课讲授《藤野先生》，往往把藤野先生当作"主角"，认为此篇重点在表现师生情谊，那么教学就突出学习如何写人。其实，鲁迅写此文的本意，除了忆念"师生情谊"，更重要的是记述自己在日本留学时的难忘经历，以及自己人格思想的形成过程。

开头几段关于对东京留学生那些荒唐生活的描写，透露一种拒斥心理，可以看出鲁迅有自己的志向，他的转学与此有关。鲁迅在仙台医专学习了一年七个月，遭遇了几件事，深感弱国子民的悲哀，唤起了他的报国情怀，促成他的成长和立定志向。而藤野先生却在鲁迅这个寂寞难堪的时期给予温暖，鲁迅很感谢这位恩师。我们读了这些经历，对鲁迅如何走上文学道路，他的人格自尊如何促成救国的理想，就有比较具体而感性的了解。当然，藤野先生的诚爱、敬业与勤谨的形象，也给人留下难忘的印象。

教《藤野先生》一课时，学生可能会提出了许多问题，诸如：鲁迅写"弃医从文"跟写藤野先生有什么关系？藤野听到"我"将不从医，为什么流露出悲哀的神情？"我"既然"太不用功"，怎么会得到藤野的特别关照？"我"为什么后来"连信也怕敢写了"？……教学中都可以引导学生讨论，以更深入理解课文。

这篇回忆性散文所记述的事情很平凡，但可读性很强，也因为常用调侃、幽默的语言和富于张力的"鲁迅句式"。这也是可以作为一个教学内容的。比如"东京也无非是这样"；那些"清国留学生"的装扮"实在标致极了"；到仙台因为留学生少"颇受了这样的优待"，"大概是物以希为贵罢"；看到国民充当看客之后，"呜呼，无法可想！但在那时那地，我的意见却变化了"，等等。这样一些语言句式，有些特别，要引导学生仔细琢磨体味，逐步训练对于语感的体悟力，以及对语言风格的辨识力。

五、《背影》（八年级上册）

《背影》选入各种语文教材有七八十年了，历来的解释都是围绕"父慈子孝"主题,重点放在分析父亲如何把大学生的"我"当作"一个还得保护的孩子",而孩子又怎样含蓄地表达了自己对父亲的深情与懊悔。还着重分析全文共写了父亲的几次"背影",以及每次"背影"的描写都有何作用,等等。这些分析有必要,但仍然是比较肤浅的。

《背影》的感人,不是"父慈子孝"所能完全解释的,还因为触及了很多人都亲历过的"父子冲突",这是人类学与心理学要碰到的基本问题。作品中的"我"应当就是朱自清,他对父亲那么唠叨叮嘱不以为然,最终却又被父亲那"背影"所感动,这种感动是暗地里的,不想被父亲发现,因为此时看到父亲衰老的"背影",发现父亲"老境颓唐",想到父亲信中说的"大去之期不远","我"原来对父亲那种反感的态度突然逆转,产生了愧疚,懊悔自己不该"聪明过分了"。而儿子的感动与态度的变化,父亲也是毫无觉察的,他费劲地翻越铁道去买橘子,只是做完了自己认为该做的事,就"心里很轻松"了。

而这一切的背后,是曾经有过"父子冲突","我"对父亲的反感也是有原因的,不全是"不懂事"。有学者研究证实,朱自清的父亲因为纳妾,导致家庭矛盾,家道中落,要变卖典质。《背影》所写"我"对父亲的不满,不仅仅是所谓青春期的"叛逆"。其实,《背影》写于1925年10月,之前朱自清就已经和父亲"和解"了。《背影》中也提到他接到父亲的信,得知父亲"膀子疼痛厉害","大约大去之期不远矣",便"在晶莹的泪光中"想起父亲送他北上时的背影。可见朱自清是经历了与父亲的冲突与和解后产生懊悔,才写下《背影》的。他以这篇文章向父亲表达忏悔。

无论如何，血缘的父爱总是割不断的。有矛盾冲突，却又始终心心相连，这是多么令人动容的亲情啊！《背影》不是写一般的父子之爱，也不只是表明"孩子应当体谅父母"，而是写常见的亲人之间（尤其是父子）"爱"与"被爱"的隔膜。这正是这篇文章特别感人之处。不久前听说有个调查，发现许多中学生不喜欢《背影》，理由是：父亲"违反交通规则，形象又很不潇洒"。这不是什么时代隔膜，而是学生根本没有读懂《背影》，可能如果教学停留于"父慈子孝"的表层解释，就不能抓住《背影》最触动人的深层原因，也难以向学生讲清楚为何不宜简单套用现实去理解文学作品。

当然也有的教案是"过度阐释"，往什么"背影"所启悟的"死亡意识"上引导，那就偏离作品主题了。一篇成功的作品可以做各种不同的理解，但总也有基本的能形成共识的东西，特别是语文教学，还是要扣住基本的东西来讨论和学习。

《背影》的艺术可以从多方面去分析，许多语文老师也都解说得头头是道。但有一点不要忽视：这篇散文没有采用朱自清通常喜欢的那种渲染和抒情，语言一洗铅华，回归朴素，干净细腻。语文教学应当重点讲析这种语言的变化。

六、《社戏》（八年级下册）

这篇课文是小说，是散文化的小说。它给人印象最深的，是童年的回忆，但注意，这是鲁迅回忆中"过滤"了的自由自在的童年，带有梦幻的味道。文中那些美妙的段落，是通过孩子的眼睛和感受去写的。可以想象鲁迅写这些回忆时，是在"享受"思乡的蛊惑，并边写边在其中添加了许多有趣的事物。这种童年记忆往往带有的童话般的梦幻感，是阅读中最感人的，它会引起读者联想各自的童年。教学中应当引导往这方面去体味，而不只是一味分析如何写，用了什么修辞技巧。

还要注意，中学语文中的《社戏》只截取了原作的后半部分。前一部分写的也是回忆，是回忆在北京两次观看京剧。台上是"冬冬喤喤的敲打，红红绿绿的晃荡"，台下是无聊、恶俗的观众和污浊的"不适于生存"的空气，以至于弄得头昏脑涨，冲出戏院才感到夜气的"沁人心脾"。鲁迅特别把北京观剧的回忆和童年的回忆放到一起，以前者的"恶俗"来衬托后者的"清新"，前者是都市的、现实的、成年的，后者是乡土的、梦幻的、童年的。若先读北京观剧，接着读故乡的社戏，那感觉也如同"我"冲出戏园子的那种"沁人心脾"。当人们沉浸于童年纯真和美好的回忆时，大概现实人生已经陷于平凡与无奈，这是人之常情吧。成年人读《社戏》，也会唤起乡愁的特别的感伤。

《社戏》前半部分对于观看京剧演出的叙述也是带有某些批判性的。但《社戏》毕竟是小说，不必刻意搜寻其批判的含义，阅读时能发现倔强的战士鲁迅内心也有那么柔弱的部分，并且多少能引发对于人生"逝者如斯"的体味，那就很好了。虽然这有点难，中学生毕竟还缺少人生历练。讲一讲，也许小部分同学会懂，多数不懂，但以后他们长大了回想起来，可能会突然从中获取某些人生的感慨，甚至会记起老师的提示。

七、《故乡》(九年级上册)

这篇小说发表不久,就被选收到中学国语教科书中,从民国时期到现今,百年来,一直都是("文革"时期除外)超稳定的课文选目。但不同时期对于《故乡》的理解和接受,侧重点有所不同。有人曾专门研究《故乡》阅读史,从语文教学对于《故乡》的不同解释,来看不同时期思潮与"文学空间"的变化。[①]

一种常见的解释是指向"启蒙",认为《故乡》写的是城乡的隔膜,知识者与农民的隔膜,比如闰土与"我"见面是叫"老爷",让"我""似乎打了一个寒噤",感觉到彼此之间"已经隔了一层可悲的厚障壁了"。

另外一种常见的观点认为《故乡》揭示现实,写农村的衰败,比如闰土的境况:多子、饥荒、苛税、兵、匪、官、绅,这一切都在压榨他,以至苦得像个木偶了。闰土的命运代表了农民。两种解读都不无根据,中学语文教学往往也都这样阐释。但要注意,《故乡》主要是抒情,而不是揭示,最令人感慨的,是"忆旧"时产生的那种怅惘与悲哀。这也是人之常情,有普泛性,任何时代都会有的。注意《故乡》开头那段描写,就是点题的:"我"回到别了二十余年的故乡,感觉那样萧条,"没有一些活

[①] 参见日本汉学家藤井省三著《鲁迅〈故乡〉阅读史》,董炳月译,南京大学出版社2013年版。

气",心里不禁悲凉。

> 阿!这不是我二十年来时时记得的故乡?
> 我所记得的故乡全不如此。我的故乡好得多了。但要我记起他的美丽,说出他的佳处来,却又没有影像,没有言辞了。仿佛也就如此。于是我自己解释说:故乡本也如此,——虽然没有进步,也未必有如我所感的悲凉,这只是我自己心情的改变罢了,因为我这次回乡,本没有什么好心绪。

这段话很重要,实际说出来两个"故乡":一个是回忆中的"故乡",是童年生活,另一个是现实的"故乡",是成年的生活。"我"和闰土的见面,"虽然我一见便知道是闰土,但这又不是我记忆上的闰土了"。记忆和现实两者分裂,却又彼此叠合,所引起的心绪是忧伤的,是永远失去了童年生活的成年人的悲哀。这篇小说的教学,可以适当引导学生去体味这种剪不断、理还乱的抒情,而不满足于简单归纳什么主题意义。一篇作品能够触动人的心灵和感觉,即使没有附加什么"意义",也有一种难得的审美。

八、《孔乙己》(九年级下册)

这个短篇小说写孔乙己的遭遇,我们很自然会肯定主人公就是孔乙己。其实不然,小说写得最多也最关注的,是鲁镇酒店的那种"空气":那些"短衣帮"顾客、掌柜,甚至还有围住孔乙己要茴香豆吃的孩子，等等，他们都在议论、起哄，嘲笑唯一穿长衫的孔乙己，这些"旁观"构成了孔乙己的生存环境。他们才是"主角"。不要只从对科举文化毒害或者社会等级不公的角度去看待小说的批判意义，更深刻的，还有对于人性与国民性的观察。这句话是点题的："孔乙己是这样的使人快活，可是没有他，别人也便这么过。"所谓"使人快活"，也就是以他人的痛苦取乐。而作者以"我"的眼睛和心始终在观察感受鲁镇酒店的"空气"，写出孔乙己周围的世态炎凉，心灵麻木，缺少同情心。就这个意义而言，《孔乙己》的主人公应当是鲁镇酒店的"看客"。

小说结尾那句话很有意思："我到现在终于没有见——大约孔乙己的确死了。"这是"很鲁迅"的句式。"的确"，是对"孔乙己死了"的肯定。在当时的社会背景下，孔乙己的名分、地位已被社会所淘汰，腿也被打断了，又没有劳动能力，所以他的死是"的确"的。而作者又并不确实知道孔乙己已死的事实，只是推论和揣测，所以又说"大约"。鲁迅的句子常有这种语义的反复、犹疑或转折，所表达的意思是复杂甚至矛盾的，需要仔细琢磨品味。让学生接触和感受"鲁迅式语言"，可以知道文学语言的规范与变异，知道何谓"文学性表达"，丰富自己的语感。这其实也是教"如何读小说"。

九、《红烛》（高中必修上册）

闻一多这首诗选进了高中语文统编教材的必修上册，作为"文学阅读"与"青春的价值"单元的其中一课。我看一些教案，把这首诗的"思想含义"归之为"献身祖国、甘愿为国牺牲"的精神,"表现了爱国主义的高尚情操"。还很具体解释诗中"一误再误",以及"不误,不误",就是表现了思想认识的转变,彻悟要"自我燃烧,无私奉献,放出光芒"。而"烧破世人的梦",就是唤起民众的觉悟,等等。这样重视从中发掘思想意义,是我们常见的读诗、解诗的方式,不过有些狭窄,有些死板。这些解读不一定符合诗作的含义。

其实,《红烛》这首诗写于1923年夏,当时闻一多在美国留学,信奉"国家主义"①,远离故国,的确也有现实关怀。但《红烛》这首诗不宜直接定义在爱国主义或者献身人民的事业等具体的意旨上,也找不到史实材料证明当时他写这首诗是有这些方面设想的。闻一多写过很多很"唯美"、没有什么明确的"思想意义"的诗。因为后来闻一多为正义而牺牲,被誉为爱国诗人,我们历来都比较重视他那些表达爱国情怀的诗作,而"忽略"了他许多"唯美"的诗。《红烛》能选进教材,实属不易,只是解读和阐释不要偏了。

《红烛》诗歌前面引用了李商隐诗句"蜡炬成灰泪始干",是《无题》("相见时难别亦难")的其中一句,写爱之坚贞执着,情调凄苦。闻一多给这个古老的诗歌意象灌以新的内涵、想象与感受。"蜡炬成灰"这个意象原来所暗示的含义在《红烛》诗中得以拓展,可以理解成为美好事物与理想的追求而献身的精神——

---

① 国家主义是近代兴起的一种政治学说,重视"民权",主张通过契约法律,引导国民维护国家利益,国家维护国民利益。

那种牺牲自我的痴情与执着。诗的末句"莫问收获,但问耕耘",便是这种痴迷与唯美。

但要注意,闻一多的《红烛》表达了人生追求本身的矛盾性,"蜡炬"本来就是为了"烧"的,必须"蜡炬成灰"才能放出光芒。正是有了"创造光明"的"因",才结出"灰心流泪"的"果"。李商隐诗中"成灰"的"蜡炬",到了闻一多这里成了"心火发光"同时又"泪流"的"红烛",暗示与想象的空间拓宽了,不仅可以想象爱情的追求,也还有"烧破世人的梦"等更加开阔的渴求。欣赏《红烛》这样唯美而又富于想象的诗,可以顺着阅读感受做多样的理解,而不只是做限定性的"思想意义"的理解。

还有,就是要注重体味诗中的幻想与情绪的渲染,欣赏新诗不同于旧体诗的另一种节奏美,而不是拘泥于用了什么拟人比喻手法之类。

十、《立在地球边上放号》(高中必修上册)

高中语文统编教材选入了郭沫若诗集《女神》中的《立在地球边上放号》,欣赏起来也是有些困难的。这里专门说一说。

无数的白云正在空中怒涌,
啊啊!好幅壮丽的北冰洋的情景哟!
无限的太平洋提起他全身的力量来要把地球推倒。
啊啊!我眼前来了的滚滚的洪涛哟!

啊啊！不断的毁坏，不断的创造，不断的努力哟！

啊啊！力哟！力哟！

力的绘画，力的舞蹈，力的音乐，力的诗歌，力的律吕哟！

怎么会"立在地球边上"？哪会有什么地球的"边"？其实就是诗人的匪夷所思，诗歌是容许超离现实去放飞想象，抒发那种用平常的语言不能"穷尽"或"抵达"的情思的。郭沫若在设想"跳出来"了，站到一个"超然"的角度观察世界。都能站到地球的"边上"去俯瞰全球了，岂不是顶天立地的"大我"？这正是五四个性解放后的自我意识、自我发现，所谓"大我"的情怀。这是古老中国历史上少有的一种崭新的精神，也就是五四精神，体现为对自由与个性解放的热烈追求，是对人的价值、尊严、欲望和创造力的充分肯定。

"大我"是郭沫若诗中经常出现的"抒情主人公"，具有开发洪荒之力，所以在这首诗中，诗人设想看到了怒涌的白云、壮丽的北冰洋、无限的太平洋，这些似乎都是梦中才有的恢宏景象。这不只对大自然的赞美，还有从敬畏与惊叹中引发一种特别的感觉，那就是"力"！整个诗歌的体验主要集中到"力"。诗人就借想象中观察地球万物的特别角度，表达了对于不断地破坏与创造的"力"的仰慕与向往，其实也是对五四批判旧世界、创造新生活的渴望。

欣赏这首诗，要注意想象进入五四那个革故鼎新时代特有的"暴躁凌厉"氛围，要体会那种"舍我其谁"的阔大胸怀，要理解当年那些年轻人创造光明的"狂劲"。我们要了解五四带来的历史大变革激进的氛围，设身处地感受五四的语境，才能理解《立在地球边上放号》这样特别的情绪表达。

教学中应当让学生多少了解一点新诗诞生的历史，了解新诗破壳而生时的那种新鲜、自然、放达，那种对于自由书写的渴望，以及几乎无节制的抒情，这样，也创造了尽管稚嫩却也元气淋漓的新的诗歌形式——那就是自由体。这样，就能欣赏《立在地球边上放号》那种长短句式穿插、多用排比，似乎毫无节制的呐喊（比如一连出现七个"力"）。这绝不是"乱写"，而是五四那个时代青春的呐喊，是先驱者的"摇滚"。这首诗的教学是有难度的，难就难在对于特定时代审美形式的理解，难在学习欣赏接纳不同风格的现代诗。

十一、《荷塘月色》（高中必修上册）

我看过许多关于朱自清《荷塘月色》的教案，也听过一些名师的课，有所获益，但又总感觉不太"到位"。为什么？讲得太"实"，完全用"现实世界"去套"文学世界"，把功夫下在追索朱自清为何写这篇文章，当时是什么社会背景，1927年国共合作破裂如何让作者内心"颇不宁静"，又如何抒发不满现实、渴望自由的复杂的感情，等等。然后重点就放在分析语言的典雅朴素、准确传神、善用叠字和通感，以及如何写景，等等，唯独没有抓住这篇作品最重要的内容——"独处"。

其实作品是有所提示的。开头写"这几天心里颇不宁静"，突然想起荷塘，就去了。那是"更加寂寞"，甚至"有些怕人"

的夜游荷塘，和日间所见的种种景致几乎全不一样。所有的写景都围绕"寂寞"二字。然而，夜间一个人在荷塘边散步，"背着手踱着"，自有难得短暂的自由："这一片天地好像是我的，我也像超出了平常的自己，到了另一个世界里。"文中还特别提到：

> 我爱热闹，也爱冷静；爱群居，也爱独处。像今晚上，一个人在这苍茫的月下，什么都可以想，什么都可以不想，便觉是个自由的人。白天里一定要做的事，一定要说的话，现在都可不理。这是独处的妙处，我且受用这无边的荷香月色好了。

其实，教学中未必要给《荷塘月色》附加太多的"意义"，阅读这篇散文时让人感触最深的，并非"荷塘月色"之妙，而是那种暂时离开现实的"独处"之美。

朱自清40多岁就当清华中文系教授，外人看来何等"风光"。可是翻阅朱自清的日记就知道，当时他的负担很重，教务的繁杂，人事的纠结，还有自家孩子多，经济拮据；当然，也会为"四一二"之后局势的变化忧心。他正陷于"中年危机"，再加上国事家事的困扰，心里是很烦闷的。这些都可以从朱自清日记中得到印证。他写《荷塘月色》，其实主要是"转移"精神的烦扰。设想自己能独自夜游荷塘，是暂时摆脱烦扰，"放飞"自己。细想，渴求"独处"也属人之常情。《荷塘月色》表达的就是这种普通而可能隐蔽的感情。是人，生活中就必然有诸多"不自由"，若能摆脱纷扰与喧嚣，寻得一时的独处与安宁，那是多么美妙的享受！正所谓"终日错错碎梦间，偷得浮生半日闲"。文学创作和欣赏，不就有这种移情和寄托的功能吗？

把握"独处"之美，才读得《荷塘月色》之精髓。如果太介意它的主题意义，把什么篇章手法弄得支离破碎，反而可能远离了这篇美文的本义。

中学语文教文学作品很注重引导学生了解作者的"原意"和作品的思想意义，而不注意激发学生审美想象，只能说是"半截子"的审美。像《荷塘月色》这样的作品，不一定非得寻求写作背景和作者的"原意"。不用管它什么写作背景，就让自己沉浸到作品之中，通过精神的"游历"，形成独特的理解与感受，也是一种收获。教学《荷塘月色》，不妨引导学生来个"梦游清华园"吧。不管是否到过清华，总也是可以展开想象的翅膀。

让学生读《荷塘月色》，感悟朱自清的"中年危机"，是比较难，也不必要的。但往"独处"之美方面引导，学会文学阅读中的想象投入，体会"冥想的魅力"，倒是很有益处。现代人面对的诱惑多，管束多，压力大，心理浮躁，很少能一个人静下来，享受"独处"之美，用以调整身心。教学《荷塘月色》，能否不那么热闹？就让学生多一些自读和想象。

顺便提及，文中写月夜荷塘的种种景致，其实并非典型的写景，而带有梦幻性质，只有用冥想去体会，发挥直觉思维和形象思维的能力，才是学习《荷塘月色》的正道。

十二、《故都的秋》（高中必修上册）

郁达夫《故都的秋》写故都，却不见北平有名的景点，如颐和园、陶然亭、西山、钓鱼台等等，而着重写秋雨、凉风、槐花、秋枣、牵牛花等等，自然是"别有用心"。写"秋"的作品不计其数，但此篇写的是北国的"秋"，郁达夫的"秋"，特别在于那浓浓的感伤与颓废的色彩。特别是写"故都的秋"，那种古老而又有些衰败的景物和人事所引发的感觉，虽然颓废却又是深沉的。若不能理解所谓颓废的色彩，若不能体味这种民族审美积淀中常有的特殊感觉，不能算是读懂了《故都的秋》。教学可以往这方面引导，起码不能躲避"颓废"。可以解释，"颓废"这个词从人生道德层面论是负面的，但由孤独、凄婉、伤感等情绪的艺术表达中所体现的"颓废"，却是人之常情，作家把它凸显出来，带有特别的美感。

语文是要培养思维的，包括直觉思维，这篇课文很多描写都需要调动直觉思维。这也是审美教育，教学应当适当往这里引导。

十三、《祝福》（高中必修下册）

鲁迅的《祝福》写的是一个普通的农村妇女祥林嫂的悲剧故事。需要注意，这个故事不是直接叙述，而是"包裹"在作品叙述者"我"的遭遇和感受之中的。"我"大约是有新思想的知识分子，对祥林嫂之死感到无力，而且有道德自审。小说的含义很复杂深厚，并不只是"反封建"。实际上也包含有对当时"启蒙主义"的质疑与反思：所谓"启蒙"，和"祥林嫂们"是隔膜的，而被启蒙的"祥林嫂们"仍然是无助的。

教学要重视小说中"我"与祥林嫂那场关于"魂灵"的对话。祥林嫂认为"我"是"出门人",见识多,很迫切要知道"人死后究竟有没有魂灵"这个"大问题"。而"我"却如同经历一场大考,"遭了芒刺一般","吞吞吐吐"地回答说"也许有吧",又"实在说不清"。对于祥林嫂来说,死后有无灵魂,是非常紧要而又左右为难的问题。若有灵魂,自己因为是嫁过两次的寡妇,怕是到地狱就有两个死鬼男人要争,阎罗王只好把她锯开两半分给两人。这是她从佣人柳妈那里得知的恐怖知识。若死后没有灵魂,那她就不能到阴间和儿子阿毛见面。这真是无解的"悖论"。祥林嫂最后就是被"死后有无灵魂"这个"悖论"折磨死的。她死前还希望"我"能给她一个回答,这是绝望的求助。而"我"在这个"悖论"面前的"悚然",也表示了在弱者悲剧面前的无力,所谓启蒙与被启蒙的尴尬。

当第二天得知祥林嫂已死,"我"感到内疚与惶恐,也就在这惶恐之中把有关见闻与回忆"联成一片",叙述了祥林嫂的故事,一个被压迫的弱者的悲惨故事,更是一个精神被摧毁的恐怖的故事。教学中注意引导学生了解作品所带有的对启蒙主义的质疑与反思。

祥林嫂悲剧的成因,除了贫穷,疾病,更主要的是封建礼教的压迫和迷信,是她所处的以鲁镇为代表的愚昧、冷漠的社会环境。四叔、四婶、柳妈这些人,"集体无意识"都以封建礼教的卫道者出现,他们把持的世界是和祥林嫂隔绝的,镇上的闲人、小孩也都缺少同情心,有意无意"逗"祥林嫂述说苦难,嘲笑她,咀嚼和"鉴赏"她的痛苦。这里所针砭的是包裹着冷漠人性的那种麻木的国民性。

十四、《阿Q正传》（高中选择性必修下册）

高中语文只选取了《阿Q正传》中的两节，教学中应当要求学生完整阅读，细读精读，关注和体味细节描写背后的寓意。而不是先入为主，用已知的常识性结论去"套"这部表面是喜剧性素描，背后却可能有深意的作品。举例来说。学生初读，一般都比较注意有关阿Q"生存术"的那些可笑的表现。其实，有个关键细节也不能忽视，就是阿Q与"假洋鬼子"的关系。这也是以前研究界比较少注意的。

阿Q是"下等人"，对于同为"下等人"的王胡、小D等，他倒也没有什么心理上的讨厌或者惧怕，为了抢占晒太阳位子之类小争执，阿Q也会断然出手发起对同类的攻击。但在未庄，阿Q最瞧不起、最讨厌而又最惧怕的，是"假洋鬼子"。

阿Q特别厌恶"假洋鬼子"，似乎站在"爱国"和"维护正统"的立场上了，所以才那样理直气壮，有一种维护道德秩序的"优越感"。他本能地把"剪辫子"和"拿文明棍"这类"新玩意"视为数典忘祖，认为是丢了"国格"和"人格"。这样的心理，和盲目仇外排外、视洋人为"蛮夷"的"民粹"意识，是一回事。在晚清，不也有愚昧的官员以为"蛮夷"的腿是直的，难怪见到皇上也不下跪吗。可是阿Q"仇外"的另一面，却是"恐外"。小说写阿Q非常反感"假洋鬼子"，一见到就"在肚子里骂"。这回又和"假洋鬼子"不期而遇，不小心骂出了声，结果便招来"哭丧棒"啪地打在头上。阿Q"急中生智",指着近旁的一个孩子分辩"我说他!"但不由分说,"假洋鬼子"还是啪啪啪给他三下痛打。这成了阿Q"生平第二件的屈辱"。"仇外"于是迅速转为"恐外",这种奴性心理在社会上至今也很常见。

这个细节很有意思。阿Q也有"自尊",甚至有虚幻的"道德制高点",但遭受"假洋鬼子"棒打时,几乎本能地就要"嫁祸"给另一个弱者——那个路过的毫不相干的孩子。阿Q的狡猾容易让读者联想到当年那些"国粹派"的孱弱与可笑。

读《阿Q正传》,应当从一些情节和人物言行去看背后隐含的寓意,格外关注"精神胜利法"背后的国民性批判和思考,把握到这部经典的思想内核。鲁迅作品蕴藉深邃,更适合有生活历练的中年人。中学生学习此文还是有相当难度的。

教材之所以选收此篇,一是让学生接触经典,二是有意让学生读一些"难书"。青年时期有必要读一些虽然比较难以理解,却可能终身受用的经典,包括像鲁迅这样洞达人性世道的文章。只不过阅读时要适当调整一下心理期待,多少知道一些鲁迅当年创作的背景,并努力顺着作品"忧愤深广"的格调,去理解其独特的精神世界。

十五、《再别康桥》(高中选择性必修下册)

《再别康桥》体现徐志摩诗中常见的审美特点,就是注重把感觉糅进那种新奇的想象,甚至幻觉里边,他不是直接去写生活,或者直接去表达内心,他是把内心复杂的感情通过某些想象，幻化与升华为氛围表达出来。

很多中学语文老师讲授《再别康桥》，都把重点放在手法与技巧的分析上，恐怕难以领会该诗的美妙。还有的在"套用"闻一多提出的所谓"三美"，即音乐美、绘画美和建筑美，找些诗句去印证，也能成说，终究不太贴切。我们新教材这方面也没有说清楚。虽然都属于"新月派"，但徐志摩和闻一多的诗风迥然不同。闻一多提倡"三美"，尝试新诗的格律，要制造"有意味的形式"，他写诗是讲求"炼句"的，形式感非常强。而徐志摩重视的是抒发复杂的情思，节奏与音韵是很自然地顺着情绪起伏而变化，每行多少字，怎么转行，怎么排列，怎么用韵，都顺乎情思的变化而来，有讲究，却是天然偶成，毫不做作。

欣赏《再别康桥》，不能太过注重诗歌手法与技巧的分析，不要老是讲什么"诗中有画""比喻的技巧"之类，也不要全都往"意境"之类"套"，还不如就在反复的诵读与沉思中获取对这首诗的整体感受，细细体味徐志摩那种自然、潇洒而又唯美的诗风，以及他那独有的纯真与才华。

讲了这么多篇课文，也对目前教学中存在的某些局限或者偏误提出看法。我的意图不只是对这些课文的解释，而在于开头讲的，无论对课文是否熟悉，备课时都要再"赤手空拳"去读课文，获取新鲜的感受，同时参考学术界一些研究成果，发现新鲜的问题，又照顾到如何把自己的感受和认识转化到教学设计中。避免陈陈相因，互相克隆，才能让我们的语文课上得更好，更有温度，更能激发学生读书的兴趣。

语文课本不只是美文汇编

【题记】语文统编教材在全国陆续投入使用后,曾有许多媒体采访有关教材编写与特色等问题。这里选收其中较早的一篇,系答记者问,发表于《人民日报》2014年12月8日。文中介绍了小学、初中语文统编教材编写的背景、指导思想、编写组的组成、编写和审查把关过程等等。呼吁社会对语文教材的关注应当理性,让一线教师和专家安静下来,认真做调查研究,在科学研究的基础上编好教材。

一、缺乏字频、语言认知规律等基础研究,民国教材不见得是标杆

中小学语文教材的编写关系到亿万青少年的成长,总能牵动公众的神经。最受关注、也最容易引起争议的,是课文的选择。前几年,某版高中必修教材删减了鲁迅的作品,就引起很多争论。

最近几年，兴起了民国教材热。民国教材创意鲜明、文字优美，又很生活化，值得我们学习，但不见得就是教材编写的标杆。

民国教材一般是个人编撰，很难像今天这样，编前进行大量基础性研究，例如对儿童常用汉字出现频率的研究以及各学段语言认知规律的研究等。因而，民国教材虽然选文优美，却不一定符合语文学习规律。事实上，当时社会对国文教学也有诸多不满，也在反复讨论"国人的国语水平为什么这么低下"，《国文月刊》还刊发了一系列讨论文章。民国教材热其实是当代人对民国历史过滤后的一种"公共想象"。

很多人评价教材只看选文篇目，很少考虑背后的语文学习规律。事实上，教材编选是细致、复杂的系统工程，对语文教材的要求和评价，不能仅根据经验和感觉，还应当讲求科学性。

优秀的教材，选文力求文质兼美，具有典范性，富有文化内涵，但也并不是好文章汇集在一起就可以了，还得看这些文章是否难易适度，是否适合这个年龄段的学生。同时，也要考虑题材、体裁、风格的多样，将各种类别配置适当。语文教材整体上要体现时代特点和现代意识，有助于学生树立正确的世界观、人生观、价值观。此外，还要注重继承中华优秀传统文化，增强学生的民族自尊心和爱国主义感情。诸多方面的要求，选文都要统筹考虑。

二、拟定大纲、编选课文、编辑设计，教材编写工作流程严谨复杂

目前，不少省份根据教育部颁布的语文课程标准编写了各自的语文教材,希望能更好地适应本地区的需要,但地方力量毕竟有限,教材质量不一定能得到保证,教材选用也易受经济利益左右,这就直接影响了教学质量。所以,要求教材统编的呼声渐高。

2012年,教育部重新考虑组织编写义务教育阶段德育、历史、语文三门课的统编教材,或叫示范教材。教育部从全国调集五六十位专家,组建语文教材编写组,包括一些从事语文教育研究的著名学者、作家、各省市教研员、特级教师,以及出版社编审和编辑等。这套新教材强调"守正创新",立足学术,充分尊重语文教育规律,把多年课改的经验转化落实,并充分吸收各个版本的优点,力求编出新水平。统编教材预计明年秋季投入使用。

三、教材编写的具体流程

教材编写前,专家要调查研究,制定总指导思想,一般要做三项工作,一是学习研究课程标准,深入教学一线,总结新课程实施的经验,确定教材编写的基本思路。二是分析目前使用的各版本语文教材,总结得失经验。同时参照历史上其他教材,包括民国时期和二十世纪五六十年代的,以及国外同类教材的经验。三是清理语文教材编写和教学实践中易碰到的问题,组织师范类大学或科研部门做专项研究。

接下来,教材编写还需经过一系列严谨复杂的工作流程,主要包括以下几个步骤。首先,拟出编写大纲,包括选文和结构的设想，其间反复召开各种专题研讨，征求一线教师意见，最后将大纲提交教育部组织的审查组审查。

其次，要设定各分册的单元主题、知识点和能力点的分布，形成框架，提出课文的备选范围，这期间还要征求各领域专家意见，反复进行调整。接着，依照大纲安排教学内容，设计教学活动，包括精读、略读与课外阅读的功能搭配、思考题、口语练习、写作、名著导读等，并注意做好各学段的衔接。

然后是编辑设计，包括注解、插图、美工等，这些具体细致的编务要反复打磨。针对专业性较强的问题，比如文言文注释、外国文学作品翻译、科技文的科学性判定等，邀请相关领域权威专家把关。教材成形后，在一些地区试教，征求一线教师意见，反复修改。试教、修改后形成初稿、送审。

送审要过许多"关"：如教科书审查组评审、教育部咨询委员会阅审、课程教材委员会终审，以及主管部门的复审等。编写组对每一轮审查意见逐条回应，反复修改完善教材。复审通过后，正式出版，编印发行。目前正在编撰的教育部义务教育语文教科书，已经接受了专家的8轮评审。

教材的编写中，出现不同意见时，会将分歧形成研究课题交由专家研究，或讨论形成最佳方案。有专家推荐了优美的作品，但编写组讨论认为不适合教学需要，只好舍弃不用。再如，有专家提出，文言文注释应该写明是谁作的注解，如"宋代朱熹注"。但编写组讨论认为，这对中小学生来说过于烦琐，也无必要，就没有采纳。

四、以偏概全、印象化、情绪化，非理性争论不利于教材编写

编写教材必须依靠科研。语文教育对很多基础性课题还缺少研究，教材编写就难免受制于经验主义。中小学生应当具备的语文知识有哪些，如何体现到教材中？写作教学应当有怎样的系统？类似这样的大问题，语文学界都未取得共识。现在师范类院校办学都奔着综合性大学的目标去了，语文教学论、课程论的研究被看作"小儿科"，得不到重视。我希望这个关系到国计民生的基础性研究，能引起学者的兴趣。

社会特别关注语文教材，这对教材的编写有帮助。但教材编写毕竟学术性很强，有问题最好通过学术探讨解决，动辄以偏概全，弄到满天舆论，这种状况并不能促进语文教材的编写。例如所谓的"鲁迅大撤退"，引发了很多网民的愤怒。事实却是，课程改革后，高中3学年必修课变成了1.75学年必修课、1.25学年选修课。必修课总课时少了，课文数量自然要调整，鲁迅的文章在必修课中就减少了，部分被放到选修课中。但在入选作家中，鲁迅作品的数量仍然位居第一。媒体一炒作，人们产生误解，想澄清就难了。

再如，有人"爆料"某版本初中语文教材有30多个错误，声称要把出版社告上法庭，一时各大媒体都参与热议，形成了新闻事件。我找来这本教材，发现所谓错误，大多数是夸大，或是爆料者自己弄错了，真正错的只有五六处，而且大都是编校的过失，如书名号少了半边，"沐浴"错成"沭浴"。社会的

监督有助于教材质量的提高，但最好通过学术讨论的途径给出版社指正。

社会对语文教材的关注应当理性，让一线教师和专家安静下来，认真做调查研究，在科学研究的基础上提建设性、可行性的意见，而不只是在印象的、情绪的层面没完没了地争论。

新教材，新在哪里

【题记】本文系《人民日报》专访，发表于2016年8月18日。这里说的"新教材""部编本"，系指教育部组织编写的义务教育语文教科书，后称"统编本"。文中解释了教材统编的必要性，以及新教材在编写原则、选文、体例、结构等方面的特色。

今年9月初新学期开始后，全国将有数百万小学生和初中生使用"部编本"语文教材。"部编本"是指由教育部直接组织编写的教材。为什么要编写"部编本"？教材内容有何变化？注重培养学生的哪些能力？记者采访了"部编本"语文教材的总主编、北京大学语文教育研究所所长温儒敏教授。

一、现有的"一纲多本"教材质量参差不齐，"部编本"想起到示范作用

记者：目前语文教材有多个出版社的不同版本，为何还要编写"部编本"？

温:"部编本"是由教育部直接组织编写的教材,除了语文,还有德育和历史。现有的语文教材编写出版还是"一纲多本",小学有12种版本,初中有8种版本。这些版本现在也都做了修订,和"部编本"一同投入使用。"部编本"取代了原来人教版,覆盖面比较广,小学约占50%,初中约占60%。

实施"一纲多本",虽然调动了地方和出版社的积极性,教材的编写出版呈现活跃的局面,但也出现一些问题,教材的选用受到经济利益等因素左右,不能真正做到选优。

另外,教材主要由出版社组织编写,受到一些条件限制,影响到编写出版的质量。为此,中央决定组织编写德育、历史和语文三科教材。"部编本"教材力图在多种教材并存的情况下,起到示范作用,促进教材编写质量的提升。

记者:能说说编写队伍组成和编写的过程吗?

温:语文教材的总主编和主要编写人员是全国申报遴选、教育部聘任的,编写组主要由三部分人组成,一是学科专家,包括一些大学教授、作家和诗人,二是优秀的教研员和教师,三是人教社的编辑。前后参加编写组的有60多人,另外还有外围的各学科的咨询专家、学者,人数就更多了。

"部编本"语文教材的编写从2012年3月8日正式启动,到现在4年多了。以往编教材都由出版社来实施,请个主编,搭起班子,最多也就用一二年。教材编写经过复杂的程序,包括确定大纲和体例框架、拟定样章、选文、进入具体编写等。起始年级初稿出来后,先后经过14轮评审,还请100名基层的特级教师提意见,最后才提交给教育部。

教材编写不只照顾人文性，还注重训练必需的语文能力，阅读、写作、口语表达等。

记者："部编本"语文教材的编写理念是什么？

温：概括起来有四点。

一是体现社会主义核心价值观，做到"整体规划，有机渗透"。教材编写实质上是国家行为，所以教材编写立意要高，要立德树人。

二是接地气，满足一线需要，对教学弊病起纠偏作用。在确定编写方案之前，编写组对十多年来课程改革以及课程标准实施的得失状况，进行了细致的调查总结，但对于教学中普遍存在的某些问题，也注意"纠偏"。比如"两多一少"——精读精讲多，反复操练多，学生读书太少。新编语文教材注意到这个问题，采取了一些改进办法。

三是加强教材编写的科学性。编写组学习和继承了以往教材编写好的经验，并借鉴国外先进做法，实行"编研结合"，还特别重视学界有关语文认知规律的研究成果，加以选择、吸收和转化，用来指导编写。比如，新编一年级教材的识字课文就采纳了北师大关于儿童字频研究的成果，把儿童读书最需要先认识的300个字，安排在教材中，努力体现教材编写的科学性。整个编写过程都是一边研究，一边编书。

四是贴近当代学生生活，体现时代性。"部编本"语文教材在课文的选取、习题的设计、教学活动的安排等方面，努力切入当代中小学生的语文生活，适应社会转型和时代需求。比如，如何正确地认识和使用新媒体，如何过滤信息，都在教材中有体现。

记者：和其他版本语文教材比较，"部编本"的框架体例有何不同？

温：现有各种版本语文教材基本上都是主题单元结构，多照顾到人文性，而可能忽略了语文教学的规律。选文也往往只顾一头，只考虑所选课文是否适合本单元主题，难以照顾到本单元应当学习哪些知识、训练哪些能力。语文教学也就失去了必要的梯度。"部编本"语文教材采用双线组织单元结构，即按照"内容主题"组织单元，课文大致都能体现相关的主题，形成一条贯穿全套教材的、显性的线索；同时又有另一条线索，即将语文素养的各种基本因素，包括基本的语文知识、必需的语文能力、适当的学习策略和学习习惯，以及写作、口语训练，等等，分成若干个知识或能力训练的"点"，由浅入深，由易及难，分布并体现在各个单元的课文导引或习题设计之中。

二、传统文化篇目多了，很多经典课文回来了，尚未沉淀的"时文"少了

记者：语文教材的选文历来被社会关注，您能介绍一下选文标准吗？

温："部编本"的课文选篇强调经典性、文质兼美、适宜教学，此外还适当兼顾时代性。课改之后流行的各种版本语文教材，都把人文性放在最重要位置，另外，很重视引起学生的兴趣，甚至多选"时文"。这不能说不好，但不能偏了，新教材回到"守正"的立场，大家会发现，很多经典课文这次又回来了，

尚未沉淀的"时文"相对少了。

有一个变化非常明显，就是传统文化的篇目增加了。小学一年级开始就有古诗文，整个小学6个年级12册共选优秀古诗文124篇，占所有选篇的30%，比原有人教版增加55篇，增幅达80%。每个年级20篇左右。初中古诗文选篇也是124篇，占所有选篇的51.7%，比原来的人教版也有提高，每个年级40篇左右。体裁更加多样，从《诗经》到清代的诗文，从古风、民歌、律诗、绝句到词曲，从诸子散文到历史散文，从两汉论文到唐宋古文、明清小品，均有收录。革命传统教育的篇目也占有较大的比重。小学选了40篇，初中29篇。鲁迅的作品选有《故乡》《阿长与〈山海经〉》等9篇。

记者：部编教材怎么处理语文教学中知识体系的问题？

温：这套教材注意重新确定语文教学的"知识体系"，落实那些体现语文核心素养的知识点、能力点。

近几年的语文教学很活跃，学生学习的主体性得到尊重。但又出现另一趋向，就是知识体系被弱化。教材在知识体系的建构上，不敢理直气壮地讲语文知识，不敢放手设置基本能力的训练，知识点和能力训练点不突出，也不成系列。

"部编本"语文教材很重要的一点改进，就是让课程内容目标体现的线索清晰，各个学段、年级、单元的教学要点清晰。

这套新教材的编写一开始就注意这个问题，按照"课标"的学段目标要求来细化知识的掌握与能力的训练，落实到各个单元。有些必要的语法修辞知识，则配合课文教学，以补白形式出现。努力做到"一课一得"。现在不是强调"语文核心素养"

吗？"部编本"语文教材就已经在努力建构适合中小学的语文核心素养体系。但这是"隐在"的，不是"显在"的，在教材的呈现和教学中并不刻意强调体系，防止过度的操练。

记者：目前语文教学中的严峻问题是学生读书少，部编教材在鼓励读书方面有何举措？

温：举措就是把课外阅读纳入教材。比如，小学一年级就设置了"和大人一起读"，意在与学前教育衔接，一开始就引导读书兴趣。小学中高年级几乎每一单元都有课外阅读的延伸。初中则加强了"名著选读"，改变以往那种"赏析体"写法，注重"一书一法"，每次"名著选读"课，都引导学生重点学习某一种读书的方法。激发兴趣，传授方法，是"名著选读"设置的改革方向。如浏览、快读、读整本书、读不同文体等等，都各有方法引导。多数课后思考题或拓展题，也都有课外阅读的提示引导。这样就从课堂延伸到课外，形成了"教读—自读—课外阅读"三位一体的阅读教学。

这可能是一个突破，让语文课更重视学生自主的阅读实践，包括课外阅读，努力做到课标所要求的"多读书，读好书，好读书，读整本的书"。新教材虽然力图把"教读""自读"和课外阅读三者结合起来，但也还需要老师们去"加码"。建议采取"1+X"的办法，讲一篇课文，附加若干篇文章。

记者：写作教学比较难，历来语文教材的写作部分容易引起争议。"部编本"的写作教学安排有何新意？

温：我们力图突破既有的模式，在突出综合能力的前提下，注重基本写作方法的引导。写作方法和技能训练的设计编排照顾到教学顺序，让老师能够落实，克服随意性。但也注意到避免应试式的反复操练。写作课的系列努力做到中心突出，简明扼要，有可操作性。初一两个学期一共12次写作课，每个单元1次。分别是"热爱生活，热爱写作""学会记事""写人要抓住特点""思路要清晰""如何突出中心""发挥联想和想象""写出人物的精神""学习抒情""抓住细节""怎样选材""文从字顺""语言简明"。每次都突出一点，给予方法，又照顾全般。和以往教材比较，现在的编法是希望有一个系列，更能激发学生写作的兴趣，也比较有"抓手"，比较方便教学实施。

在教材编写中"守正创新"

【题记】本文系2017年11月新华社《瞭望东方周刊》对笔者的采访报道。其中说到新教材编写如何寻求最大的社会共识,指出新教材是十多年来课程改革的结晶:以人为本、重视素质教育和自主性学习等新的教育观念,以及一线教学好的经验,都努力在统编教材中沉淀下来了。

"语文教材是社会公共知识产品,众口难调,还要编出新意,确实非常难。部编本语文教材投入使用后,一线师生的反馈是非常正面的,让我们很受鼓舞。""部编本"中小学语文教材总主编、北大语文教育研究所所长温儒敏在接受《瞭望东方周刊》专访时如是说。

此前,语文教材"一纲多本",各版本教材占据各自的市场,改革意见众说纷纭。2017年教育部正式发文:9月起,全国中小学起始年级改为使用由教育部统一组织编写5年之久的新版语文教材,即"部编本"。

"部编本"的面世意味着"一纲多本"时代正式结束,人教版、沪教版、苏教版、鄂教版、北师大版等各类语文教材都将退出历史舞台。

"部编本"由教育部调集全国专家、作家、优秀教师和编辑共50余人组成编写组,加上各方面的审查专家,先后有一百多人参与编写和把关。

温儒敏表示,"部编本"吸收了各个版本的优点以"守正创新",也可以看作是十多年来课程改革的结晶:以人为本、重视素质教育和自主性学习等新的教育观念,以及一线教学好的经验,都努力在"部编本"中沉淀下来了。

一、寻求社会最大的共识

问:如何评价十多年来的课程改革?

温儒敏:2000年前后,一批有理想有担当的人开始推动课程改革,编写了课程标准,也编写了相应的教材。十多年的课改是有成就的,起码一些新的教育观念普及了,比如素质教育观念,极少有人反对。

但能否落实则是另外一个问题。面对应试教育这个巨大的存在,面对国情,十多年课程改革的成就恐怕不能高估。只能说是在小步推进,未曾停留,现在还是在改革的路上跋涉。

中国的教育发展迅猛,但发展永远跟不上人们的需求,加上社会竞争加剧,存在普遍的焦虑,这些矛盾和焦虑必然投射到教育领域。现在老师压力很大,既要学生考得好,又要避免其思维僵化,两者之间需要平衡。

我们编教材也要有所平衡。一方面要落实新的教育理念，往素质教育方向靠拢，另一方面还要考虑现实中大多数学校的教学状态，他们能否用好教材。我们也有平衡中的焦虑，但要尽量有平衡的自觉。

问："部编本"语文教材是对过去语文教学模式的否定吗？

温儒敏："部编本"语文教材有许多创新，但不是对既有版本教材的颠覆，有许多新的教学设计，也不是对过去语文教学的否定。

我提出"守正创新"，过去好的教学传统和经验，以及既有教材成功的设计，都是要"守正"的，在这个基础上，去创新和拓展。新教材的课文变动不小，但许多传统篇目也得到保留，某些"老课文"，特别是某些曾经滋养几代人的革命传统课文，又回来了。

问："部编本"语文教材编写最大的难点在哪里？落地效果如何？

温儒敏：要寻求社会最大的共识，要尽量考虑到这是一个社会公共产品。一个教材出来后会有各种各样的挑剔和批评。作为教材主编，我很害怕大家把教材看得很"神圣"，要万无一失是不可能的。有些人动不动就把教材的某些缺点放大，甚至扣上政治帽子，什么"崇洋媚外"之类，一棍子打倒，如果引起媒体误读，那就更加不好了。

现在改用"部编本"的主要是一年级、二年级、七年级和八年级。教育部在新教材开始推行后，便在进行跟踪调查，听各方面的意见，总体来说是很好的。

教材的改革，是要逐步进行的，今后我们会继续跟踪，有错就改，有好的建议就吸收，持续不断地修订完善。

二、更加重视激发读书兴趣

问："部编本"的基本目标是什么？它与过去的人教版相比，最明显的区别在何处？

温儒敏：好的语文教材要紧跟时代，尽可能满足社会需求，又必须遵循语文学习的规律，克服随意性，要好用，满足一线教学的需要。

"部编本"除了强化社会主义核心价值观、强调立德树人和加大传统文化分量，还有一个重要变化在于读书的设计：更加重视激发读书兴趣，学习读书方法，养成读书习惯。这个意图比以往各种教材更加突出。

新教材课文的数量比以往有所减少，但教学内容特别是读书内容增加了，有两点值得注意。

一是教多种读书方法。以往不怎么教的如泛读、浏览、跳读、猜读、群读、非连续文本阅读等，都进入了教材。我建议教学也不要再满足于精读精讲加反复操练。

二是课型区分明显。教读课是举例子给方法，自读课就让学生自主阅读，体验和试用教读课上学习的方法。这就克服了以往几乎所有课全都讲得差不多，都是细嚼慢咽、反复操练的缺点。这两种课加上课外阅读，三位一体，构成了语文阅读教学的基本结构。

也就是说，新教材比以往更加重视往课外阅读延伸，真正把课外阅读纳入教学体制了。我认为这就牵住了语文教学的"牛鼻子"——多读书，读好书，好读书，读整本的书。

问：为什么特别重视阅读面的拓展？

温儒敏：语文是中小学的主课，但长期以来缺少"主课"的待遇。小学还好一点，到了中学阶段，语文常给其他科目"让道"，因为语文不好拿分。数学、物理突击一两个月，分数就可能增加，而复习语文几个月未见得就一定能提分。

语文是一个积累性的学科，更加讲素养、讲综合能力。语文素养的获得要靠长期大量的语文实践，主要是阅读和写作，很难靠"短平快"提升。有些学校与老师为了应对中考高考，出于功利目的，把语文"放逐"了，这是非常可惜、非常错误的。这需要克服急功近利的思想，从学生的长远发展这个"大利益"来考虑，重新认识语文的重要。

复旦大学原校长、数学家苏步青说过，如果说数学是理科的基础，那么语文就是基础的基础。无论是针对考试，还是长远发展，有什么理由不重视语文呢？

实际一点来说，若要高考取得好成绩，语文也不能被"边缘化"。现在高考语文命题有明显改进，那就是重视考阅读量、阅读面和阅读速度，甚至还考整本经典的阅读情况。

平时不读书、读书少、只会做题的学生，在以后的高考中肯定吃亏，语文会给他们"拉分"，影响整个高考成绩。有什么办法可以提升语文考分，我看只有从小学开始，重视语文，细水长流，多读书、多练笔，而不能像现在这样靠"刷题"突击来学语文。

三、创造语文学习的良好氛围

问：新教材是否考虑到为学生减负？

温儒敏：新的语文教材并没有刻意减负。现在中小学生学业负担的确很重，但这个问题要具体分析，笼统提减负无济于事。

这个时代发展迅猛、竞争加剧，人们普遍压力大，社会很焦躁，这种压力和焦躁辐射到并转移给了孩子。这种大环境下，就算学校把学业负担减少了，家长还会再给孩子补课。

现在中小学生学业负担重，但这个"重"不全是学校老师给的，是整个社会的紧张辐射给的。这个问题不太容易解决，发过多少红头文件给学生减负，好像效果不大，这需要整个大环境的改善。

但也不能无所作为，学校和教师，以及家长，要注意少把焦虑转移给学生，要想办法激发学生学习的兴趣。有兴趣就有效率有效果，负担也就不会那么沉重。

比如读书，你强制要求，甚至安排许多规定动作，孩子不一定喜欢读，也不会抓紧读。如果让孩子读书多一些自己的选择，甚至容许读些"闲书"，不要都指向考试或者写作，他们的兴趣来了，读起来就会很快，效率也很高，就不是什么"负担"了。

新教材很注意激发读书写作的兴趣，内容和思考题设计都尽量考虑学生的认知特点，往兴趣上靠，我们希望教学也能这样做。

问："部编本"小学语文教材里增加了"和大人一起读"的

栏目，为何考虑让家长正面参与到孩子的学习中来？

温儒敏：这是教材的亮点之一，实际上是在提倡亲子阅读。用意在于激发读书的兴趣，让孩子刚上学就喜欢语文，喜欢读书。

这也是幼小衔接的学习方式。幼儿园主要是听故事多，到了小学就开始使用纸质的阅读材料了，先和大人一起读，慢慢过渡到自己读，这个过程需要大人的引导。建议把这个栏目纳入教学计划，但不要上成一般的课，而应是课堂教学的延伸，延伸到课外和家庭。让家长多和孩子一起读书，这也等于创造了语文学习的氛围。

实际上家庭教育比学校教育更重要，把教育小孩的一切责任全部都放给学校教育交给老师就不管了，是不对的。

四、为基础教育"敲边鼓"

问：对于鲁迅作品在课本中的增减民间争议一直很大，在"部编本"中鲁迅作品依然占较大比重，是现代作家中进入教材最多的一位，为什么？

温儒敏：鲁迅是近百年来中国最清醒的知识分子，是民族精神的一个坐标。鲁迅能清醒地认识我们中国的传统与文化，批判传统中的糟粕和国民性中落后的部分。当今我们建设当代文明，强调继承优秀的传统文化，这继承不是照搬，而要有批判性的眼光与必要的选择，这才是真正的文化自信。从这个意义上说，鲁迅精神是极其宝贵、不可或缺的。

也许有人不喜欢鲁迅，甚至认为他批评得太苛刻了。这不要紧，每个人可以有自己的喜好，但不能否认自信往往来源于真实的自省，我们需要这种真实的自省。中小学生要适当接触文化经典，让他们读点鲁迅，是必要的，即使不完全理解，也会先留下一点印象，打个底子。

问：教育要培养担当民族复兴大任的时代新人，要实现这个目标，在日常教育中要强调什么？

温儒敏：如果要做一个以后能做大事且对国家社会有贡献的人，一个幸福的人，一定要拓宽视野，适当地摆脱流俗。

问：你说自己是在为基础教育"敲边鼓"，实际上你在中小学语文课教育改革方面作出了许多贡献，作为一个学者，为什么要参与这些事情？

温儒敏：我的专业是做现代文学史研究，大概十多年前，我从担任北大中文系主任开始，就想到要适当介入基础教育了。

2003年，我主持成立北大语文教育研究所，做了很多实事，包括：组织对全国中小学语文教育状况的9项田野调查，参与修订国家语文课程标准，参与高考语文改革的研究，在"中小学教师国家级培训计划"中连续多年培训20多万名中小学教师，组织编写中小学和大学的语文教材，培养语文教育研究生、博士生和博士后等。

但我还是把介入基础教育看作是"敲边鼓"。我希望更多师范大学重视"师范"的本分，也希望更多学界同仁能为基础教育出点力。2012年，教育部聘我为中小学语文教材的总主编。这件事是"风口浪尖上的工作"，太难了，有几次想不做了，但想到这是功德之事，是"大学问"，可以实践自己的学术理想，又能回馈社会，才坚持下来。

我深感在中国喊喊口号或者写些痛快文章容易，要推进改革就比想象的难得多，在教育领域哪怕是一寸的改革，往往都要付出巨大的代价。我们这些读书人受惠于社会，现在有些地位，有些发言权，更应当回馈社会。光是批评抱怨不行，还是要了解社会，多做建设性工作。

义教语文统编教材修订如何"稳中求进"

【题记】本文根据笔者在义教语文统编教材修订过程中的几次讲话整理。发言时间先后是2023年1月、2月、10月和12月，整理成文的时间是2024年3月中旬，2024年4月4日又作了整理修改。

义务教育（小学初中）语文统编教材是2016年秋季投入使用的，到2019年，在全国铺开。2022年，新的义教语文课程标准颁布，教育部要求义教语文统编教材按照新课标的精神进行修订。2023年1月14日，教育部教材局宣布成立义教语文教材修订的编委会，我和王立军教授被聘任为编委会主任，修订工作正式启动。从修订方案的确定，初稿形成，编委会、指导组、专家委员会和教材局的审查讨论，然后再修改，复审，呈送各有关方内审、外审、再修改、复审，要来回"折腾"四五轮。2023年12月，还将部分修改稿送几个省区的学校试教。经过一年多的修订，终于在2024年3月形成各方面大致认同的送审稿。按照既定的时间表，如果顺利的话，6月前后国家教材委员会将对三科统编教材修订稿终审，批准之后，才能正式发行。2024年9月新学期有望投入使用，也可能一、七年级先行使用，逐步推开。

虽然是修订，也经过一年多艰难的工作。光是编委会的会议就召开过六七次，"专家委员会"和其他相关的会议十多次，编写组的大小会议讨论更是不计其数。其中有研讨、争议，也有调查、协调、平衡，谋求较大的共识。教材，特别是统编教材的编写，绝非人们想象的只是几位专家关起门来鼓捣，也不是哪位领导或者主编就可以定夺，而是各方面参与的集体"工程"，上级领导部门的组织领导，以及一线教学反馈的意见，在其中起到关键作用。而以人民教育出版社中学和小学两个语文编辑室为主体的编写组，更是"干活"的中坚团队。他们最辛苦，日复一日，加班加点，先后拿出五六稿。对五六轮评审、复审和试教中各方面提出的上千条意见，要逐条研判，或吸收，或解释，毫不马虎，认真落实。说教材是"公共知识产品"，不只是指教材提供大面积使用，也指教材的形成是时代的产物，是相对稳定的知识的沉淀，也是各方面意见碰撞、协调，求得共识的产物。有意识形态属性的语文教材，更是如此。

我和王立军教授担任修订的编委会主任，也实际参与编写组修订各个环节的具体工作。其间我在编委会、编写组和审查复核等不同会议上有过多次发言。这里根据发言提纲和事后的回忆，整理了两篇文稿，收进本书，从中可以看到我对教材修订的想法，包括犹疑、妥协与决断。有些意见未见得在修订中得到采纳，但也可以引起一些思考，对于如何用好修订版新教材，总还是有所裨益。因为多是会上的发言，是在某种讨论或争议的语境中形成的"意见",难免杂乱,现整理成文,也想立此存照,为义教语文教材的修订工作留下某些历史的痕迹。日后若有人研究教材的形成,也许有某些资料价值吧。

2023年1月和2月,在编委会、编写组的发言

这次义务教育(小学初中)语文统编教材的修订,是2023年1月启动的。教育部教材局用了一个新词——"修编",来定义这次修订。我理解是因为三科统编教材都要修订,而道德与法治和历史两科改动的幅度可能较大,据说有些部分要重写,所以叫"修编",意思是修订中有重写的意思。但是语文的改动应当是比较小的,我还是习惯用"修订"这个说法。

教材局明确要求这次语文教材修订要"稳中求进"。这是修订工作的原则,我赞成。这次修订,应当是"小改",基本课文不动,基本结构不变,要保持原有的基本内容、特色和优点,做些调整,补充,稳步提升整体质量。

为何是"小改",而不是"大改"？因为原有的义教语文统编教材是一套堪称优秀的教材,投入使用的时间不长,不需要推倒重来,更不宜重编。这套教材2012年启动编写,2016年编成,并通过多重评审,陆续投入使用。2019年在全国铺开,到现在才三四年。一次编委会的会上邀请了几位一线老师参加,其中一位老师说,用统编语文课本刚进入"状态",尝到一些"甜头",怎么又要修订？可见一线老师很怕教材又有大变动,又要重新培训,备课,这对于教学是很麻烦的。我看现在教育界有"多动症"，有些政策朝令夕改，新词、新说法、新花样层出不穷，下边无所适从，有些人就只好躺倒，以不变应万变。守旧和形式主义都是当前亟待解决的问题。既然这套教材是优秀的，投入使用才几年，我赞成这次修订就是"小改"，稳步推进，在原有基础上提升质量。

说这套教材"优秀"，并非"老王卖瓜"，而是来自一线教学的普遍反映。根据调查，有93%的老师是认可这套教材的，认为符合立德树人的要求，也体现课程改革的成果，又比较好用，适合教学。这套教材整体质量是好的，得到中央领导批示的高度肯定："此乃铸魂工程，统编教材是基础，成功完成，功不可没。"2021年10月，国家教材委发布首届全国教材建设奖评选结果，我们这套义教语文统编教材获得"全国优秀教材特等奖"。这很不容易，我们要珍惜，要头脑清醒，把这套教材原来好的、有特色的方面保留，充实，在原有基础上精益求精。我认为这次修订用不着大动，更不要为修订而修订，搞形式主义，弄花架子、贴标签，增加太多"非语文"的东西，那样会适得其反。

我理解教育部要求统编语文教材修订，是为了更好地落实新颁布的《义务教育语文课程标准（2022年版）》的要求。这当然有其必要，但也要实事求是，不是推倒重来。其实这套教材的编写，一开始确定的思路，就和后来颁布的课程标准的精神相符。新的课程标准有很多新的概念，体现新的改革意图，但也不是横空出世，和之前的课程标准（比如2011年版）是有衔接的，基本的"标准"并没有变。而这套教材的编写是按照并没有变的基本"标准"来编的。

还要注意到一个事实，义教语文统编教材的编写，是预先体现了新课标的精神的。教材编写的启动是2012年春，到2015年前后，高中语文新课标也开始修订了。当时编写组与课标组是有交流的，我们几乎是在同步学习、了解并贯彻新课标的精神。虽然2022年版义教语文课标是在《普通高中语文课程标准（2017年版）》颁布后才着手修订的，但两个课标的基本精神一致，都在强调"语文核心素养"，提出"学习任务群"等新的概念。可以说，义教语文教材编写是先走一步，赶在义教课标正式颁布之前，就把新课标的基本精神与要求贯彻到教材之中了。

虽然义教语文教材没有明显标示"任务群"之类的新概念，但也体现了强调学生学习的主动性，强调多读书，强调语文综合素养的获取等理念。这些也都和后来颁布的义教课标相符。比如，采用人文主题和语文要素"双线"组织教学单元；在阅读提示和思考探究等设计中多考虑学生自主学习；在教学情境设计、综合性以及引导多读书等方面，其实都在实施"语文核心素养"，并落实"学习任务群"，只不过没有采纳诸如"任务群"之类的新概念，也没有要求全都实施现在弄得有些过火的"大单元教学"。就是说，义教语文教材已在相当程度上体现了后来颁布的义教语文课标的精神，无需重编，甚至不用大动，要做的，是让新课标的要求有更显性的体现。

当然，这次修订还是很必要的，那就是为了贯彻中共二十大精神，增强时代性，突出立德树人。原来这套教材也注重立德树人，我们强调并努力做到的，是润物无声，让德育化为语文的有机部分，很自然地融会到语文教学之中。语文课的立德树人，应当通过语文的方式，即熏陶感悟。这次修订我们应当注意维持这个原有的特色。

这次修订要"稳中求进"，我理解"稳"，就是维持原有的特色。最大特色是什么？就是多读书。大家都抱怨语文教学"少慢差费"，也就是"吕叔湘之问"。为何会这样？很复杂，主要是社会竞争加剧，应试教育很难避免，语文教学在相当程度上被应试绑架了。这很无奈。但要有所平衡，有所改革，那就是抓住语文教学读书少这个"死穴"，在这方面做点改变。不读书，读书少，任何语文课改措施都可能沦为纸上谈兵。所以这套教材特别重视培养读书的兴趣和习惯，以读书为本，读书为要。从小学开始就增加了很多阅读延伸，也就是"1+X"。每学一个单元，都延伸到课外阅读更多的相关内容；小学低年段开设"与大人一起读"，中高年段有"快乐读书吧"等栏目；初中有"名著导读"，也就是"整本书阅读"；还有，就是"精读""略读"与"课外阅读"三位一体的阅读教学体系，等等，我认为在修订时都应当保留。记得当初义教语文统编教材刚投入使用，记者采访我，发表时用了一个标题，说新教材"专治不读书"。我看这就抓住特色了。这个特色，在教学实践中是得到肯定的，修订时应当坚持和保留，力求做得更好。

教材的框架结构也不必改动。现在采用的是"双线组元"，即兼顾和融会人文主题与语文素养这两个方面，每个单元都承担语文学习的某些必要的知识和能力的训练。而整套义教语文教材还是有它的知识体系的，尽管这是隐形的，散落在各个学段、年级、单元的内容之中。教材的"双线组元"结构，修订时不必改动。当然，可以更加显著地体现新课标有关"学习任务群"的精神，在加强单元教学的综合性和实践性方面下点功夫。比如某些思考题后讨论的主题，活动任务等，可以多一些综合实践。

新课标提出课改的某些设想，包括"任务群"等教学理念与方法，是好的。但我认为教材没有必要规定全都用某种统一的教学方法。现有的单元结构，特别是初中语文的单元设计，也没有规定教师必须实施所谓"大单元教学"，没有要求一律都是"群文教学"。教无定法，怎么可能要求全国教学都采用同一种方法？搞那么多"活动"，而教学时间是有限的，实际上能做到吗？真有效吗？我希望这次修订也不做教学方式方法的硬性规定，尽可能留出一些空间，发挥教师主动性，让他们根据教学内容、学情来设计教学。

这次修订倒是应该重视一线教学以及社会上所反馈的某些问题，包括网上经常引起议论甚至炒作的一些问题。比如拼音教学是否内容过多太紧，许多读音统一之后（比如古诗词中某些字词的今读）留下的教学疑问，某些注释的规范与准确性问题，还有某些课文的争议，等等，都可以认真讨论，决定是否修改，如何修改。在原有比较好的基础上完善，改进，提升整体质量，更好地适应上上下下各方面的要求，我理解就是"稳中求进"的"进"。

教育部非常重视这次修订工作。调整了编写组，还是以原来的班子为主，以人教社的编辑为主，还增加了几位一线的优秀教师和教研员。编写组是实际"干活"的，而编写组上面，还专门成立了一个"编委会"。编委会是由一些领导、语文以及与语文相关的各方面专家,以及几位一线教师等组成。原来这套教材实施的是总主编负责制,实际上不可能一个人"负责"得了,现在成立编委会,是为了更好地进行质量和政治把关。教育部指定我和王立军教授担任编委会主任。王老师是文字学专家,北师大文学院院长,比我年轻能干,希望他能承担更多的组织和指导工作。如果我和他有不同意见怎么办?当然可以协商,最后以他的意见为主,听他的。我年纪大了,应当逐步退隐了。

这次修订,与编写组一道工作的,还有"指导组"和"专家委员会"。这两个机构的成员有些交叉,主要是义教语文新课标修订的几位骨干成员,还有原来参与教材编写审读的一些专家。这次修订将始终在"指导组"和"专委会"的指导、协助和监督下进行。可以想见,修改方案形成到初稿形成,将有很多讨论、争议、平衡、妥协,努力形成共识。反复修改,争论、折腾,恐怕都是免不了的。我们大家要加强合作,协力同心,完成这次修订工作。

这次修订是在教材局直接领导下进行,大致要用一年的时间。现在工作的程序更规范了,但也可能更"麻烦"。编写组是在编委会的直接指导下工作的。大致的程序是,修订方案与初稿出来了,呈送教材局和"专家委员会"评审;听取评审意见后,再修改,复审;认可了,批准了,还要在一些省市的学校试教,吸收一线老师的意见;之后,再修改,复审。最后形成送审稿,呈送国家教材委评定批准,才能出版发行,投入使用。

教材编写就是这样,各种要求和批评层出不穷,众说纷纭,要完全取得共识不可能。教材编写几乎不可能完美，只求相对较好，能通过各层审查，并为社会所接受。什么时候"到点"了，不签字付印就来不及了，这工作也才能告一段落。

2023年10月、12月，在教材编写与复审会上的发言

课程标准强调语文学习的综合性和实践性，这是必须的。在修订中，编写组也努力贯彻这一精神。但理解不能偏了。所谓综合性，不等于笼统组织活动，不宜动辄把不同的教学环节或者要点"合"在一起，也不是要排斥"分项训练"。所谓"实践"也不独指"活动"，学生自己的读书、写作等也有"实践"。

至于"情境化教学"，有其道理。建构主义主张知识在活动和交往中自我建构，"情境化教学"自然可以增进这种自我建构。但这也不是普遍性的学习或者教学方式。小学可以多一点，初中慢慢减少，高中没有必要搞很多。我的意思是，教材落实课标，要有"转化"，不是贴标签，不能在一些概念上绕圈子，要防止陷入形式主义，不顾教学规律。

这次修订，有人主张把小学语文的"口语交际"和"习作"归并入"语文园地"，认为这样更加体现"综合性"。我看还是维持原案为好。因为"阅读""口语"和"写作（习作）"，是语文教学的三大块，即所谓"听说读写"，彼此本来就有交汇与综合，在教学上，从来都是有分有合的。现在"阅读""口语"和"写作（习作）"并列，一线老师都习惯了，也好用。而"语文园地"是相对比较"杂"的栏目，其中有"字词句运用"、"交流平台"

（方法经验交流）、"日积月累"等多方面内容，"阅读""口语"和"写作"之外的学习要求，都在"语文园地"里完成了。原来的几个板块并列，有其道理，也比较好用。新教材使用7年来，从未有老师对这种分列的结构有过异议。至于说现在这种结构是"分项训练痕迹较重，不符合综合性要求"，我认为不必过虑。因为"分项训练"对于小学生是必要的，我们不必回避"训练"这个词。而分项训练的设计中也有"综合"，比如"口语"练习和"习作"在教学中是经常结合的，甚至"字词句运用"也和"口语""习作"有所交融，这是教学的常态。

的确，有许多水平较差的老师可能很死板地把几项绝对分开。那只能在培训中帮助他们提升教学水平，不能因为担心出现"分项训练"，而把教材结构全都搞成形式上的"综合"。

这次修订格外关注一线教学使用这套教材的反馈，在教材如何更好适应不同学段学生不同的认知特点，如何充分体现小学和初中语文学习的基础性、阶段性方面，是下了一些功夫的。其实课标也重视基础性和阶段性，有这方面相应的要求。有些同志可能会质疑课标所要求的语文素养落实不够明显，其实，从小学到初中，大致有80多个语文素养学习的要点或者要求，都体现在各个学段各个年级的教材中了。以后也可以在教师用书中提示。贯彻课标的精神，要考虑如何教的可行性，照顾到多数学校可能面对的教学实际。

修订之后的教材，教学的"梯度"会更加清晰。小学阶段要特别重视语言经验和语文知识的积累，打好听说读写的基础，在分项学习基础上，逐步培养综合学习和探究的意识和能力。初中则更加注重综合实践，加强分项学习的融会贯通，多做一些综合学习，培养实践探究能力。到了高中，就更加强化单元综合实践，更多尝试在学习任务引领下的综合性实践性学习。从现在修订稿来看，从小学、初中到高中的学段差异和彼此的逻辑关联更加清晰，是螺旋上升，彼此有机衔接。现在到处都搞"主题学习""大单元教学"，小学的中、高学段也全都这样去做，恐怕不合适，还是要讲梯度，讲教学规律。

原来为了更明显标示课标要求的"学习任务群"以及综合性和实践性，初中每个单元增加一个"单元学习任务"，小学五、六年级也这样设计，每个单元有一个"单元学习任务"或者"综合性学习"，试图和初中衔接。后来听取许多一线教学的反馈意见，决定还是不改，维持小学高年级原有的"语文园地"，把综合性和实践性的强化体现在这个园地的内容之中。原来小学的"综合性学习"单元，则更名为"专题学习活动"。初中每个单元后面的"单元学习任务"，改为"阅读综合实践"。

为什么不叫"单元学习任务"呢？因为"阅读综合实践"不只是本单元学习的总结，也是以往相关的学习内容的延伸和综合运用，而不局限于本单元。"阅读综合实践"突出了"阅读"，读书为本，但又不局限于"阅读"。"阅读综合实践"一般有三四道题，也就是"学习任务"吧。这三四道题（任务）的设计指向是有分工的。一般来说，第一道题主要结合单元课文探究思想内容和人文价值等，也就是往立德树人的思维训练靠。第二、三道题侧重语言文字学习或者阅读方法训练。这些题都起到反刍单元学习，延伸语文能力的作用，综合性和实践性得到加强。

在教学中，"阅读综合实践"到底是学完一个单元之后去安排，还是作为"任务"放到单元学习之前作为引导，我建议教材还是不做规定，让老师根据单元学习的性质以及学情去灵活运用，主动权放给老师。现在所谓"大单元"教学有很多争论，经验尚未沉淀下来，教材还是要有稳定性。

还有一些改动，这里也说说。

一是教材结构的微调。前面说到"阅读综合实践"等变动，还有其他一些调整，化繁为简，眉目更加清晰，也更好操作。小学低年段原有11个栏目，现在减少到8个，有些名称做了改动，"语文园地"的综合性加强了。

二是做好幼小衔接，适度降低小学一年级的学习难度，将汉语拼音由2个单元拆分为3个单元，将阅读单元由4个减少为3个，识字课由9课调整为8课，识字量由300减少为280。

三是注意完善小学单元主题的呈现方式，明确"单元主题"和"语文要素"的不同定位。

四是调整了部分课文，加强时代性，突出社会主义文化内容。

五是适当减少了初中"名著导读"的书目，降低了阅读要求。语文学习没有捷径，只能靠大量阅读积累，原来教材大量增加课外阅读，指定许多"名著导读"书目，应当说是一个很好的改进。但是社会接受程度可能达不到，普遍反映学业负担重（其实原因未必在教材），这次修订，决定减少"名著导读"的书目，也是不得已的权宜之计吧。

此外，修订中还要适当控制小学语文"梳理与交流"等栏目的活动量，有些活动或者探究过于强调综合性，难度过大，学时又不够，实际上完成不了，现在也决定略有减少；各个栏目与单元教学内容的匹配度则得到加强；还全面梳理了初中"语文知识补白"，强化语文知识与单元课文的关联；某些课文的旁批也增加了趣味和问题意识；部分注释，尤其是古诗文注释，也全部请专家认真把关；打磨了编写语言；完善了教材的插图和封面；等等。

教材编写是国家事权，教材是公共知识产品，这是不同于一般个人学术著作的，不可能由某个编委说了算，作为总主编和编委会主任，我的意见也是经常被否决的。这很正常。很多时候，要求放弃自己认为正确的观点，做出妥协和磨合，这种情况也是有的，虽然很无奈。为了寻求最大的共识，为了"过关"，需要稳妥，做各方面的平衡。这样编出来的教材，可能会"打磨"得很光滑，甚至失去原有的活泼与锐气。我开玩笑"这都快成了春节联欢晚会了"。教材肯定要适合时代的要求，要政治上把好关，要立德树人，但这些都需要通过熏陶和感染来实现，而不是生硬的"教化"和"宣传"。现在看来，修订过的教材时代性加强了，文化自信突出了，整体质量还是提升了。但我仍然希望教材的文化视野以及面向世界的胸襟能够更开阔一些，也更有趣味、更活泼一些。

教材编写的难处，在于"懂"孩子，了解不同学段孩子普遍的认知水平，能够与孩子"对话"，而不只是"灌输"和"教化"。成年人，老师和家长，特别是我们编教材的，要尽可能懂得一些当今孩子的"语文生活"，了解他们的兴趣和审美需求。比如，孩子们在课外喜欢读些什么书？为什么那么多孩子会迷上《哈利·波特》？所谓"二次元"绘本与动漫为何那么吸引小读者？我们编教材的对这些现象如果完全不接触，不了解，是没有理由替代孩子下结论的。语文教材是给孩子们编的，我们"大人"还是要多考虑孩子的接受，不能自以为是，硬是灌输。怎么让现在的孩子喜欢上语文教材，让教材尽可能贴近他们的"语文生活"，又起到积极的引导作用？是个难题，至今还不能说已经做得好。

比如，这次修订对教材的插图做了许多改动，主要是往健康、阳光的方面修改，但也可能比较单一，比较接近二十世纪五六十年代招贴画的风格，与现在坊间流行的儿童读物那些多元、活泼、新奇的画风不同，和孩子们的审美喜好会有距离，倒是可能比较符合许多家长那种传统的审美习惯。但也只能这样了，这就是妥协。

我的很多观点不一定对，在编写过程中，特别是评审的时候，曾和某些专家产生过激烈的争议。其实都是为了共同的目标，为了给孩子们编好教材，也就和而不同，把这件大事做好做完吧。若有"冒犯"，那肯定是对事不对人，敬请原谅。其实有争议很正常。我的意见也是经常遭到否决的，很多情况下，我和立军老师也拍不了板。这很正常，完全可以理解。

这次教材的修订原定"稳中求进"，做"小改"。现在看来，改动并不小，修订过程也比原来设想的要艰难。语文和其他学科不一样，有些问题没有绝对"正确"的唯一的答案，不同领域的专家考虑的角度还可能不同，社会上谁都可以迈过专业门槛随意评论语文，这就"众说纷纭"，漫无头绪，裁断需要眼光和勇气。

编写工作既有上级的要求,有各方面的批评诉求,有一线教学的呼声,还有网络动辄拿语文炒作,弄得提心吊胆,压力是非常大的。而三番五次修改,反反复复讨论,没完没了,真是"永远在路上",难免心理疲惫。但出于责任心,总还是坚持下来了。这也要感谢教材局任劳任怨的组织协调,感谢人教社中学语文编辑室、小学语文编辑室这两支坚强的专业团队。

中 辑

名著导读与整本书阅读方法举隅

《朝花夕拾》导读

鲁迅的《朝花夕拾》，是七年级上册"名著导读"的第一本。我们已经学过《从百草园到三味书屋》，七年级下册还有《阿长与〈山海经〉》，八年级上册有《藤野先生》，都是《朝花夕拾》中的散文。这些作品都非常有趣，有"童趣"，是鲁迅作品中最好读的，比较适合中小学生阅读。希望同学们从读《朝花夕拾》开始，对鲁迅这位伟大的作家能有初步的了解，以后有兴趣再多读一些鲁迅。

《朝花夕拾》一共十篇，文章不长，最好能够完整地读下来。《从百草园到三味书屋》回忆上学前后那一段童年生活，《阿长与〈山海经〉》怀念保姆长妈妈，《藤野先生》写日本留学生活以及师生情谊。这三篇语文课上都要学的，我这里先不去说，其他几篇多说一点，提示阅读时应当关注的问题，以及可能碰到的障碍。

一、比较难读的两篇

《朝花夕拾》中有两篇读起来可能比较难一些，会有阅读障碍，那就是《狗·猫·鼠》和《二十四孝图》，这里特别要说一说。《狗·猫·鼠》是第一篇，有些同学碰到这开头一篇，就觉得很难，读不下去了。难在哪里？因为一开头有些议论，用的是杂文讽刺的笔法。鲁迅写的文章中提到过要打"落水狗"，也就是对于虚伪的论敌要彻底揭露与批判，不留情面，这就"得罪"什么"名人或名教授"，要来分析鲁迅要打"落水狗"的言论如何不对。于是就从鲁迅的一些作品中分析出鲁迅所谓"仇猫"的心理——既然鲁迅是"仇猫"的，就和狗应当是同一立场，因为狗也"仇猫"嘛。鲁迅既然承认自己"仇猫"，那么就不应当打"落水狗"了，鲁迅打"落水狗"的言论也就不能成立了。这似乎有点"绕"，我们也不用去细究，大致知道是鲁迅与当时一些论敌论争，引起他写这篇《狗·猫·鼠》。这篇文章的前半部分几乎都是说鲁迅和他的论敌之间争论的，可以看到鲁迅的那种很犀利的批判性。但我们阅读时参考一些注释和材料，大致知道一些论争的背景就可以了。阅读的重点可以不放在前半部分，而放到后半部分。

　　后半部分写的是什么？是孩子眼中的宠物与动物世界，是鲁迅为何会"仇猫"，为什么会有这个心理暗影？这才是这篇作品最有趣的地方。

　　原来小时候鲁迅养过一只"隐鼠"，结果被猫吃掉了，他就很伤心，总想着要给老鼠报仇，而且终生都变得"仇猫"。这里写得好的是孩子的心理，非常真切感人。

　　我一边读，一边会想到自己童年。在大人看来不值一提的某些琐碎的事情，在孩子的心目中可能是非常重要的。很多人小时候可能都喜欢动物，童话中的动物往往都是通人性的。动物的世界和孩子的世界似乎没有什么界限，这种混淆容易被看作幼稚，其实又可能包含有某种人性的柔弱与善良。而到了成年，这些都会被改变。

鲁迅回忆自己小时候为什么会"仇猫"，写得那样感人，如果阅读时，也把兴趣放到这里，就会勾起自己的回忆，这也是很自然的。

这篇文章最吸引人的是鲁迅对自己童年经历的回忆。不过，鲁迅在叙说自己"仇猫"心理来由的同时，牵涉和当时一些所谓"名流"的论争，不时在回忆和叙事中插进一些讽刺与议论。鲁迅讽刺那些"名流"的虚伪，说他们做坏事的前后还要先啰唆许多堂而皇之的"理由"，甚至还比不上动物界"适性任情"。我们读到这些故事之外的议论，可能有些困惑。但如果同学们阅读理解力比较高，能在"仇猫"的故事之外，读出鲁迅议论的含义，他的"话中有话"，那就是更大的收获。要知道，鲁迅的文章常常这样，从事情本身延伸出去，联想或者思考某些更加深远的道理，使文章的思想性更加丰富。

有些同学读《狗·猫·鼠》，可能不太习惯那种比较随意的写法：说到哪里是哪里，读起来会觉得"散"。为什么会不习惯？因为我们的语文课一般都要归纳"中心思想"，要归纳"主题"。碰到鲁迅这种比较随意的写法，会觉得陌生，甚至怀疑：文章能这样写吗？其实这也是散文的一种，是随笔的写法。读的时候可以放松一点，就顺着鲁迅的叙述和议论去读好了，不必总想着要归纳某个"主题思想"。

《狗·猫·鼠》是《朝花夕拾》开头第一篇，可不能因为读起来比较难，不习惯，就不读下去了。

另一篇比较难的，是《二十四孝图》。这《二十四孝图》是元代开始流行的宣传儒家孝道思想的普及读物，有图有文，讲了传说中二十四位古人如何孝敬父母的故事。

孝敬父母本来是必须的，是一种基本的道德。但在封建社会，往往把这个道德要求极端发挥，变成可以牺牲子女的幸福去无条件服从父母，甚至有很多非常苛刻的毫无人性的做法，也成为要人们学习的楷模。

比如鲁迅这篇作品提到的"郭巨埋儿"，说的是晋代有一孝子郭巨，家贫，有个3岁孩子，还有个老母亲。因为要侍奉老母亲，怕老母亲照顾孙子而减少她自己的进食，居然要掘个坑把孩子埋掉。另外还提到"老莱娱亲"，说老莱孝养二老，自己72岁了，为了使老父母快乐，还经常穿着彩衣，做婴儿的动作，以取悦双亲。还有"卧冰求鲤"，讲晋代有一人叫王祥，他的母亲在冬天想吃鲜鱼，但天寒冰冻，打不到鱼呀，他就解衣卧冰求之。结果冰突然开裂，双鲤跃出，持归供母。总之都是这一类牺牲后代以孝敬父母的故事，是非人性的。现在你们如果读《二十四孝图》，会感到很恐怖，对不对？中国传统文化是过去那个时代的产物，有些东西在当时可能是被看作理所当然，但现在看则是荒谬的、难以理解和接受的。传统文化有优秀的成分，可以为当今所继承发扬，也有一些是腐朽的、过时的，比如过分的孝道就是这样，应当批判和抛弃。

五四时期那些改革的先驱者就激烈抨击儒家这些迂腐的思

想。鲁迅这篇《二十四孝图》，和其他几篇不太一样，杂文的议论比较多，批判性很强。开头就是这样一段：

> 我总要上下四方寻求，得到一种最黑，最黑，最黑的咒文，先来诅咒一切反对白话，妨害白话者。即使人死了真有灵魂，因这最恶的心，应该堕入地狱，也将决不改悔，总要先来诅咒一切反对白话，妨害白话者。

为什么这么激烈，因为鲁迅写这文章时，一些复古文人正在企图剿灭五四新文化运动所提倡的白话文，鲁迅要毫不留情地回击。

我们懂得了这个背景，就好理解为何鲁迅用许多笔墨来写自己小时候读《二十四孝图》的那种困惑与反感了。比如他回忆读"郭巨埋儿"的故事时，这么一段心理描写的回顾，也是带有讽刺与批判的：

> 我最初实在替这孩子捏一把汗，待到掘出黄金一釜，这才觉得轻松。然而我已经不但自己不敢再想做孝子，并且怕我父亲去做孝子了。家景正在坏下去，常听到父母愁柴米；祖母又老了，倘使我的父亲竟学了郭巨，那么，该埋的不正是我么？如果一丝不走样，也掘出一釜黄金来，那自然是如天之福，但是，那时我虽然年纪小，似乎也明白天下未必有这样的巧事。
>
> 现在想起来，实在很觉得傻气。这是因为现在已经知道了这些老玩意，本来谁也不实行。

阅读《狗·猫·鼠》和《二十四孝图》，也不要完全当作故事来读，要适当关注其中的批判性内容，这样，也就比较能理解，比较读得进去，而且会很有兴味。这两篇最难的如果都有兴趣读完，说明理解力和阅读能力相当不错了，那么阅读整个《朝花夕拾》也就没有什么大问题了。下一讲我会讲《五猖会》《无常》《父亲的病》《琐事》等几篇，比起《狗·猫·鼠》和《二十四孝图》，更加有趣。我做一些阅读的提示，看怎么来欣赏这些作品。

二、其他几篇更加精彩

首先是《五猖会》，这一篇比较短，也收到教材中作为"精彩选篇"。这篇作品前半部分写迎神赛会和五猖会，都是民间的风俗，离我们很遥远的，但读起来还是那么有趣。你看看鲁迅笔下的那种热闹情形：

> 记得有一回，也亲见过较盛的赛会。开首是一个孩子骑马先来，称为"塘报"；过了许久，"高照"到了，长竹竿揭起一条很长的旗，一个汗流浃背的胖大汉用两手托着；他高兴的时候，就肯将竿头放在头顶或牙齿上，甚而至于鼻尖。其次是所谓"高跷"、"抬阁"、"马头"了；还有扮犯人的，红衣枷锁，内中也有孩子。我那时觉得这些都是有光荣的事业，与闻其事的即全是大有运气的人，——大概羡慕他们的出风头罢。我想，我为什么不生一场重病，使我的母亲也好

到庙里去许下一个"扮犯人"的心愿的呢？……然而我到现在终于没有和赛会发生关系过。

写得多么有趣！

注意，这一切是通过孩子的眼光去看，通过孩子的心理去想象的。孩子多么想去看难得一见的五猖会呀！可是文章后半部分笔锋一转，写到这兴头上，父亲却如何让孩子背书。好不容易背完了，煞风景，兴味也全无了。以致鲁迅成年之后，一想起这事，"还诧异我的父亲何以要在那时候叫我来背书"。那么有情趣的一件事，却这样结束，留给孩子很尴尬无奈的记忆。

鲁迅为什么要写这件事？可能有些评论或者有些教师非得把这篇文章的主题说成是对于封建家长制和僵化的旧教育的批判。虽然这也可以自成一说，但我觉得也不必把"主题"提拔得这么严重。大概许多家长都没有意识到，孩子的心灵世界和好奇心是需要呵护和照顾的，但这是比较常态的，我们也不必去深究里面是不是有什么僵化思想。

我们读这篇作品，一是对诸如迎神赛会和五猖会这样的民俗多一分了解，另外对成长过程中很难避免的所谓"代隔"，也有所了解。这就够了。我觉得读《朝花夕拾》，可以放松一点，那才读得更加有味。

接下来，再说说另外一篇——《无常》。这是写民间传说与戏剧的，其中主要写"无常"这种传说中的"鬼"。现在提到"鬼"大家都会说是迷信，不存在的。但在老辈人那里，"鬼"是一种很普遍的似有实无，而且又时常对人产生影响，甚至让人惧怕的事物。

我读《无常》，很自然想起小时候，特别怕听却又特别喜欢听"鬼"的故事，那种刺激、那种想象，是你们现在所不了解的。鲁迅写"无常"，其实也是写他们那个时代童年文化生活的一个部分。我们来念一段吧：

> 人民之于鬼物，惟独与他最为稔熟，也最为亲密，平时也常常可以遇见他。譬如城隍庙或东岳庙中，大殿后面就有一间暗室，叫作"阴司间"，在才可辨色的昏暗中，塑着各种鬼：吊死鬼、跌死鬼、虎伤鬼、科场鬼，……而一进门口所看见的长而白的东西就是他。我虽然也曾瞻仰过一回这"阴司间"，但那时胆子小，没有看明白。听说他一手还拿着铁索，因为他是勾摄生魂的使者。相传樊江东岳庙的"阴司间"的构造，本来是极其特别的：门口是一块活板，人一进门，踏着活板的这一端，塑在那一端的他便扑过来，铁索正套在你脖子上。后来吓死了一个人，钉实了，所以在我幼小的时候，这就已不能动。

这段描写可以算是相当妙趣横生了。大家一定非常好奇，也非常喜欢读。当然，这篇回忆除了孩童的经历，也还有许多议论，很多关于人生的思考，也是值得去琢磨的。

现在我们来读《父亲的病》这一篇吧。鲁迅在文章中回忆庸医如何耽误父亲治病，是他少年时期一段很不幸的经历。我们知道鲁迅在日本曾经学过医学，自然是西医。他对中医是不太信服的，可能也和少年时期这段经历的阴影有关吧。但这篇作品并不是否定中医的，他批判的是不负责任的庸医。而且从中还思考中西文化的不同。

> 中西的思想确乎有一点不同。听说中国的孝子们，一到将要"罪孽深重祸延父母"的时候，就买几斤人参，煎汤灌下去，希望父母多喘几天气，即使半天也好。我的一位教医学的先生却教给我医生的职务道：可医的应该给他医治，不可医的应该给他死得没有痛苦。——但这先生自然是西医。
>
> 父亲的喘气颇长久，连我也听得很吃力，然而谁也不能帮助他。我有时竟至于电光一闪似的想道："还是快一点喘完了罢……。"立刻觉得这思想就不该，就是犯了罪；但同时又觉得这思想实在是正当的，我很爱我的父亲。便是现在，也还是这样想。

那么读到这里，恐怕你也一定会陷入沉思的，感觉自己一下子长大了似的。鲁迅的作品常常具有这种发人深思的力量。

《琐记》回忆离家到南京上学所接触的种种世态人情，《范爱农》怀念同乡好友。这两篇都是写得很有趣而且好读的。我就不展开来说了。

十篇散文可以分开来读，但彼此也有些联系，合在一起，就呈现了鲁迅对自己童年到青年生活的有些连贯的回忆图景。"这组散文是鲁迅作品中最富生活情趣的篇章，我们可以借此了解鲁迅从幼年到青年时期的生活道路和心路历程。"这句话是"名著导读"上的，可以看作学习《朝花夕拾》的一个目标。

我们学习这本经典，就可以了解鲁迅的少年和青年时期的经历，接触这位伟大的作家、思想家。我们容易有这样的印象：鲁迅是战斗的，批判的，总是那么严厉，文章也不好懂。学生中流传一句话：一怕文言文，二怕周树人。好像都有点"怕"鲁迅。这也反映一些实际情况。那么"高级"的鲁迅就这样被颠覆了。

不过不要紧，随着年龄与阅历增长，对鲁迅肯定会有更深的认识。就拿我们学过的《朝花夕拾》那些课文来说，现在重新阅读，肯定会有不同以往的新体会。读了《朝花夕拾》，你就会发现，鲁迅原来这么富于情趣，这么"好玩"，不像我们原来印象中的那么威严、难懂、难以接近。

三、如何消除阅读中的"隔"

之前已经讲《朝花夕拾》的核心内容，下面我们继续分享《朝花夕拾》的艺术，特别要说说如何消除阅读中的那种"隔"。

应当承认，鲁迅的文章和我们还是有些"隔"，也就是阅读的障碍，不容易懂。我们阅读《朝花夕拾》之前，要有这方面的思想准备。只有消除"隔"，才能更好地进入鲁迅的作品世界。什么"隔"呢？有两方面。

一是语言上的"隔"。大家都有这样的体会，鲁迅文章的语言和其他作家的语言很不一样，有时有点拗口，有些用词很特别，甚至不合常规，读起来不那么顺。比如我们已经学过的《从百草园到三味书屋》，开头一段：

> 我家的后面有一个很大的园，相传叫作百草园。现在是早已并屋子一起卖给朱文公的子孙了，连那最末次的相见也已经隔了七八年，其中似乎确凿只有一些野草；但那时却是我的乐园。

"现在是早已并屋子一起卖给朱文公的子孙了"，用如今通常的说法是"好多年以前这园子就连同房子一起卖给姓朱的人家了"；"连那最末次的相见也已经隔了七八年"，就是"最后一次见到这园子也已经过去七八年了"。

  鲁迅的语言带有二十世纪二十年代书面语的特点，有点文白夹杂，又有点欧化，是那个从文言到白话的转型时期的特点。当然，又还有鲁迅自己的特点，他特别重视用一些连接词或者转折词，让语言多一些张力，不那么直白，反而可以更好地体现思维的复杂性和丰富性。有些"不合常规"的语言，细加琢磨，又别有味道。例如"其中似乎确凿只有一些野草；但那时却是我的乐园"，怎么会用"似乎确凿"这样不合常规的说法？

  其实这很适合回忆中的思维状态，前一个"似乎"，那些回忆中的景象是遥远而模糊的，紧接着的"确凿"，并不矛盾，那景象那样鲜明地浮现在眼前了。

  让我又联想到鲁迅的散文诗《秋夜》开头一句："在我的后园，可以看见墙外有两株树，一株是枣树，还有一株也是枣树。"有些人认为啰唆，其实是有意在表达那种寂寞的心境，重复和单调的语感,加深了这种心境的表达。如果把这句话改为规范通行的语言:"在我的后园,可以看到墙外有两棵树,都是枣树。"怎么样?语感不一样了,虽然不重复,诗意却跑了。

让我们再举一个例子,就是《琐记》中的一段,说鲁迅对于家乡S城的流言蜚语已经感到腻味和绝望,他想尽快走出封闭的乡镇,到外边去。当时也就是十四五岁这个年龄,或者稍大一点,正处于青春期的叛逆,希望能离家到外面闯荡世界。作品这样写的:

> 好。那么,走吧!
>
> 但是,那里去呢?S城人的脸早经看熟,如此而已,连心肝也似乎有些了然。总得寻别一类人们去,去寻为S城人所诟病的人们,无论其为畜生或魔鬼。

注意这些用词和句式:"如此而已,连心肝也似乎有些了然。总得寻别一类人们去",如果按照现在通行的语言习惯来读,这是有些拗口的。但细读一遍又一遍,会感觉一般语言所没有的那种节奏、韵味。刚读有些不习惯,会不由自主慢下来品读,不只是读懂其意思,还能体会到那种语言背后的情感和思想。

如此看来,鲁迅的语言虽然有些"隔",这是鲁迅所处那个特定时代语言的特点,更是鲁迅自己语言运用的特色,理解这一点,才不怕这种"隔",不让这种"隔"妨碍阅读。

鲁迅语言是有张力,有诗意,有韵味的,要细心去读,一遍一遍读,体会那种语感。读多了,可能会感觉自己平常运用语言虽然通顺，符合规范，可是无味，没有分量。如果有了这种自省和自觉，你的语言水平也可能得到某些提高了。

阅读《朝花夕拾》可能有第二个"隔"，就是文化历史常识。鲁迅这些回忆写的是一百多年前中国的社会生活，牵涉很多历史、文化常识，如果不懂，的确会处处都是障碍。很多同学不喜欢读鲁迅文章，除了语言上的"隔"，还有这时代和知识上的"隔"。

也举个例子。如《无常》开头一段：

> 迎神赛会这一天出巡的神，如果是掌握生杀之权的，——不，这生杀之权四个字不大妥，凡是神，在中国仿佛都有些随意杀人的权柄似的，倒不如说是职掌人民的生死大事的罢，就如城隍和东岳大帝之类，那么，他的卤簿中间就另有一群特别的脚色：鬼卒，鬼王，还有活无常。

你看，像"城隍""东岳大帝""卤簿"等，都是民间文化和传说中的角色事物，文中还提到《玉历钞传》《陶庵梦忆》等多种典籍，对这些多少要有所了解才能读下去。

又如另外一篇《范爱农》，写到安徽巡抚徐锡麟、秋瑾、满洲、恩铭等等，都和辛亥革命前后的历史有关，如果不了解，读起来也会感到有些"隔"，甚至不懂，读不进去。

碰到这种阅读障碍怎么办？不要怕，也不要偷懒，就查字典词典或者相关的历史书，大致能懂，就读下去。这样会有意外的收获，那就是通过读《朝花夕拾》，读鲁迅作品，对中国传统文化以及近代文化、历史有了一定的了解，而且是感性的了解。这是历史书上也不一定学得到的。

如果读历史，可能比较概括，比较理论化、知识化，而结合着鲁迅作品来读，就可以获得鲜活的历史感受。认真读《朝花夕拾》，把那些相关的人物史事都大致弄清楚，哪怕是大致，就很不简单，人文学科基本的素养都在其中了。

正确认识为何读鲁迅会有些"隔"，不但不怕这种"隔"，还要力求打通这种"隔"，进入鲁迅的精神世界。这样，我们就提升了自己的语文水平和思想水平。

顺便提一下，教材中有关《朝花夕拾》名著导读这一课，其标题就是《朝花夕拾：消除经典的隔膜》。其中讲到现在是媒体时代，许多年轻人没有耐性读经典作品，经典似乎离我们越来越远。然而，经典是人类智慧的结晶，读经典可以加大文化积累，可以锻炼思考能力，可以丰富人生的感受，可以涵养性情，等等。要让自己聪明，最好的办法就是从经典中吸取智慧。但是由于时代的隔膜，语言的隔膜，年轻人读经典，是有困难障碍的，就是前面说的要消除"隔"。而且一般来说，对经典的不喜欢，也属于正常反应。怎么消除与经典的"隔膜"？前面也提到一些办法了，比如细读，了解相关的历史文化知识，等等。但消除对于经典的"隔"，主要还是认识问题。

年轻的时候，容易被流行的文化包围，所以还是要有定力，有毅力，适当远离流行文化，多读一些经典，读一些深一点的书。读《朝花夕拾》提示我们如何消除与经典的隔膜，在今后接触其他中外经典时，也是适用的。

四、《朝花夕拾》的艺术特色

最后我们讨论一下《朝花夕拾》最主要的艺术特色，或者说，我们阅读中应当抓住的整体感受，以及如何去把握和分析这些感受。在初中语文课上，我们学《朝花夕拾》中的三篇作品，是一篇一篇精学精讲的，那么我们阅读《朝花夕拾》整本书，就要有个整体把握。

第一，阅读时要注意感受那种大气。鲁迅的文章毫不拘谨，放得开，收得拢，这是大气度。鲁迅在叙说已往生活经历，时而沉湎回忆，时而感慨迸发，时而勾勒一幅景致，时而揣摩某种心理，时而考核故实，时而旁敲侧击……真正做到了作者所主张的"任意而说""无所顾忌"。然而细细琢磨，一篇仍有一篇的中心，各篇还都不脱离全书的基本线索。我把这叫作雍容大气。

比如《藤野先生》开头讲中国留学生油光可鉴的辫子，会馆里乌烟瘴气的跳舞，随便说到这些怪现象，却是自己离开东京去仙台的原因。接着写仙台的经历，藤野先生的热心和作者受到的民族歧视穿插表现，恩师的形象逐渐显示，仿佛就是闲聊，漫不经心，从容自然。这就是大气，是雍容。不像有些散文过分讲究结构篇章，反而显得拘谨、做作。

鲁迅曾经和一位青年谈到怎样写文章："要锻炼撒开手，只要抓紧辔头，就不怕放野马，要防止走上小摆设的绝路。"这提醒对于我们写文章应当是有帮助的。刚开始学写文章，可以有些模仿，有些章法结构的要求。但慢慢写得多了，就要注意文字背后的思维，让思维的变化去引领文章写法。只有思想放得开，不拘谨，文章才有大气度。

第二，幽默。我们可能都喜欢幽默，乐于和幽默的人在一起。网上很多段子也是有些幽默的。但这些幽默可能格调不一定高，那就是"搞笑"而已。

鲁迅的幽默是很"高级"的。阅读《朝花夕拾》，要欣赏鲁迅式的幽默。《朝花夕拾》中有很多顺手而来的讽刺。注意了，这种讽刺往往不是单刀直入，而是多少有点以开玩笑的方式去回敬论敌。这玩笑就像鞭子，给论敌以苦辣的抽打，叫论敌挨了打却有苦难言，这正显现了幽默的力量。

《朝花夕拾》中有许多议论，写得很幽默。比如《父亲的病》中揭露庸医行骗，开的方子用奇特的药引："最平常是'蟋蟀一对'，旁注小字道：'要原配，即本在一窠中者'。"（补充解释）鲁迅插入议论："似乎昆虫也要贞节，续弦或再醮，连做药资格也丧失了。"这很可笑，会让人联想到封建礼教。讽刺的意味就在幽默之中加强了。

另外一种幽默比较平静和善，读来有很好的逗乐愉情的效果。如《阿长与〈山海经〉》里写善良可亲的长妈妈那些可笑的缺点，是用仿佛很"严重"的口气说的"满床摆着一个大字，一条臂膊还搁在我的颈子上。我想，这实在是无法可想了"。但自从听了她讲长毛的故事之后，"对于她就有了特别敬意，夜间的伸开手脚，占领全床，那当然情有可原的了，倒应该我退让"。这幽默的表达，让人感觉怀念的真切，连缺点都可亲。

站在更高的阶段回顾过往，审视处在荒唐情境中的童年或有趣的弱点，有一些戏剧性的兴奋。我们和同学、玩伴回想往事，常有类似的情况吧。

再举个例子。《琐记》中记叙在日本留学生活，有这么一大段：

> 初进去当然只能做三班生，卧室里是一桌一凳一床，床板只有两块。头二班学生就不同了，二桌二凳或三凳一床，床板多至三块。不但上讲堂时挟着一堆厚而且大的洋书，气昂昂地走着，决非只有一本"泼赖妈"和四本《左传》的三班生所敢正视；便是空着手，也一定将肘弯撑开，像一只螃蟹，低一班的在后面总不能走出他之前。这一种螃蟹式的名公巨卿，现在都阔别得很久了，前四五年，竟在教育部的破脚躺椅上，发见了这姿势，然而这位老爷却并非雷电学堂出身的，可见螃蟹态度，在中国也颇普遍。

是不是特别可笑？这就是幽默的力量。

鲁迅的幽默是有力的、自信的，是一种智慧，一种语言的风格，更是一种气质的表现。欣赏《朝花夕拾》，要格外注意这种由幽默产生的美感。

读完《朝花夕拾》，鲁迅在读者心目中的形象可能有所改变：他不单是黑暗时代最勇敢的战士，不单是寂寞、忧虑、愤怒的，同时也是有温情的、淘气的、可爱的，幽默构成了鲁迅形象的一个重要侧面。在现代中国，极少有比鲁迅更有趣、更幽默的"老头"了！

第三，简单味。这个词有点生吧？是说《朝花夕拾》的风格，非常洗练、清晰，文字不多，印象很深。和文字表达也有关。

鲁迅的这些文章似乎在说"闲话"，也称"漫笔"，是一种比较随意的写法，要细细品味，才能充分体会到那种特别的情趣。每一篇集中勾勒一二个人或一二件事，既概括了这一历史过程中的几个社会侧面，也写了作者几十年生活的踪迹。

如《范爱农》写清末浙江发生的反清革命家徐锡麟被杀事件，心肝都被清兵炒了当菜吃。消息传到日本，留学生开会讨论如何应对，要不要发电报。

> 我是主张发电的，但当我说出之后，即有一种钝滞的声音跟着起来：
>
> "杀的杀掉了，死的死掉了，还发什么屁电报呢。"
>
> 这是一个高大身材，长头发，眼球白多黑少的人，看人总像在渺视。他蹲在席子上，我发言大抵就反对；我早觉得奇怪，注意着他的了，到这时才打听别人：说这话的是谁呢，有那么冷？认识的人告诉我说：他叫范爱农，是徐伯荪的学生。

几句话，把范爱农愤世嫉俗、耿介直爽的个性写出来了。提炼典型的细节，多采用白描的勾勒，也可以造成一种简单味，耐读，就像欣赏线条清晰简练而富于表现力的素描，着墨不多，余韵无穷，我们不能不佩服这种洗练的功力。

这对我们的写作也有启示：写某个人物，某件事情，如何在有限的篇幅中写出其特点？一个人，很有特点，你能用三两句话把他写出来吗?首先要观察,看这个人给人印象最深、最能显示其个性特征的是什么。写的时候就抓住特征,加以突出,而不是眉毛胡子一把抓,平铺直叙。

当然,要达到鲁迅那样的"简单味",可不容易。观察是一种思维能力,能抓特点,抓重点,这也是需要训练的。我们学习《朝花夕拾》时,多注意一点鲁迅行文的"简单味",让自己的作文更加简练,不啰唆,不繁杂,不记"流水账",这也是一个收获吧。

第四,"思乡的蛊惑"。这是《朝花夕拾》开头那个《小引》中的话。鲁迅说他写完这十篇回忆散文,要结集出版了,那时他的心情不太好,是四个字:"离奇"与"芜杂"。但还是想寻求一点"闲静"。鲁迅说:

> 我有一时,曾经屡次忆起儿时在故乡所吃的蔬果:菱角,罗汉豆,茭白,香瓜。凡这些,都是极其鲜美可口的;都曾是使我思乡的蛊惑。后来,我在久别之后尝到了,也不过如此;惟独在记忆上,还有旧来的意味存留。他们也许要哄骗我一生,使我时时反顾。

这段话对理解欣赏整个《朝花夕拾》很重要,特别是"思乡的蛊惑"那一句。一个人成年之后,特别是如果离开家乡,在外面漂泊多年之后,很容易回忆家乡与童年,在回忆中寻找一些安慰与快意。这种回忆可能是"过滤"了的,是选择性想象中的童年,带有成年人的感伤与怀旧,不再是原汁原味的童年了。所以鲁迅说他的《朝花夕拾》，不过是在回忆中"哄骗"自己，是满足"思乡的蛊惑"。我们现在还是少年，还比较难以理解成年人的复杂感情，但阅读《朝花夕拾》，也让我们感到，童年和少年在人的一生中是非常珍贵的，又是转瞬即逝的，有其不可重复之美。以后我们长大成人了，年少时期的那些快乐、哀伤、追求与无奈，都会成为一种绵绵不绝的思念。我们也许会像鲁迅那样，选择性地回忆童年和少年生活，满足"思乡的蛊惑"。读了《朝花夕拾》，不只是了解鲁迅那一代人的童年的悲欢，也可能会跳出来"打量"自己的生活，突然觉得自己成熟一些了。另外，从《朝花夕拾》中我们似乎看到了另外一个鲁迅，是一想起童年那些乐事和"糗事"，就变得那样柔和、幽默和亲切的鲁迅，是更"酷"、更可爱的鲁迅。也许这也是读《朝花夕拾》的收获吧。

《西游记》导读

　　语文统编教材七年级上册把《西游记》列为"名著导读",指定要整本书阅读。为何安排读《西游记》?应当如何引导孩子读这部"大书"?有关学生课外阅读"管理",从《西游记》的教学中能得到什么启示?我想和教师以及家长谈谈这个话题。当然,如果孩子们觉得对读《西游记》也有些帮助,那是我求之不得的。

　　阅读《西游记》这类小说,要放松一点,可以用游戏的姿态去读,而不是一本正经,精细阅读,还总想着如何完成任务,对付考试。那就太煞风景了。

　　孩子们没有不喜欢《西游记》的,即使不爱读书的孩子,也可能会迷上这部书。此乃天性也。事实上,绝大多数孩子在幼小时候就已经通过动画片、绘本或者白话简编本等熟悉并喜欢上了《西游记》。现在要求在语文课中阅读《西游记》原书,而且是整本读下来,是有难度的,但肯定受欢迎。语文教材中关于《西游记》有简短的说明,介绍这本书的内容和写作背景等。我这里稍微展开来多说几句,提供给教师教学和小读者阅读参考吧。

一、《西游记》是有趣的奇书

《西游记》是一部"神魔小说"(鲁迅语),写孙悟空等护送唐僧玄奘西天取经的故事。历史上玄奘真有其人,他在唐代贞观年间曾赴西域取经,途经一百多个国家地区,历时十九年,带回佛经六百五十七部。他的弟子根据他的口述经历写成《大唐西域记》一书。后来,玄奘取经的故事在民间流传开来,逐渐加进了孙悟空等许多神奇的传说,"神魔"的色彩越来越浓。坊间也陆续出现各种相关题材的话本、戏剧等,就是小说《西游记》的原型。至于《西游记》的作者是谁,历来无定论,近代学界考证认为是明代的吴承恩。流传下来的《西游记》版本很多,人民文学出版社出版的《西游记》是以明代金陵世德堂一百回本为底本,参校其他刻本整理的,比较完整稳妥,得到学界认可,也是目前最流行的版本。

《西游记》之奇,在于曼衍虚诞的情节和丰富怪异的想象,在文学史上可谓独树一帜。它以幻想创造出奇异的神魔世界,如天上的灵霄宝殿,地下的阴间阎罗,东海的水晶龙宫,取经途中的通天河、火焰山、狮驼洞、车迟国等;还有神佛仙道、鱼虫鸟兽、妖魔鬼怪,无所不有,无所不奇,读来让人匪夷所思,惊悚连连,又趣味迭起,欲罢不能。

当然,趣味还来源于那引人入胜的故事。唐僧师徒取经历经的九九八十一难,是一个完整的大故事,其中包含着七十多个小故事,环环紧扣,曲折惊险。阅读时要投入,顺着这条情节主线，设身处地，跟随唐僧师徒去历险。正是这故事的悬念控制和引领我们进入奇异怪诞的神魔世界，得以暂时超离现实，遨游天地，放任自由，这种阅读状态很诱人，也很治愈的。

《西游记》之奇，又在于人物（神魔化的）塑造，神仙妖怪都生动有趣，给人印象深刻。特别是孙悟空，已成为一个符号式的"共名"，一提到他，几乎所有国人都立马想到"神力无边"，小读者更是会"追星"般地津津乐道。孙悟空是英雄，神魔化了的英雄。他跳出三界，天马行空，有饱满的生命力，坚强的抗压力，蔑视权贵，桀骜叛逆，除妖伏魔，永不言败。这是个神化的"超人"，也是调皮、顽劣的猴子，却又让人感到如此亲切、可爱，既赞佩，又神往。孙悟空是自由的精灵，有七十二般变化，能翻十万八千里筋斗云，何等潇洒畅快！而这些都是人世间不可能实现的，人们喜欢孙悟空，这位梦想中的英雄解开了现实的束缚，弥补了人生的遗憾与无奈；这个精灵还可能悄悄钻进人的心底（潜意识），让我们对于自由的渴望得到宣泄与寄托。还有猪八戒，虽然笨拙、懒惰、好色、贪小便宜，令人讨厌，可是本分老实，亦不失可爱。他的存在让《西游记》增添了喜剧性。八戒的毛病也多是人性弱点，读者也可能从他身上"照镜子"。很多读者不喜欢唐僧，他的迂腐、偏执和软弱让人气闷，可是不能否认唐僧有虔诚、悟道的一面，还是整个取经团队不可取代的领袖。沙僧则是苦行僧，朴实、坚韧，在师徒四人组中常起到润滑剂的作用。多个神魔角色之间是有性格差异与矛盾的，又彼此对照，阅读时会感到某种张力，更鲜明地凸显不同的品性，看到人性的多面。《西游记》虽属神魔小说，又让人感到真实，无论奇异的情节还是神仙妖魔，仿佛都有人间的影子。

《西游记》之奇，还在于它对传统文章中常见的说教、功利与拘谨的超越，有意以趣味引发阅读的愉悦。读《西游记》，要的就是这种趣味。对于小读者而言，阅读更是为了好玩，以趣味为上，《西游记》充分满足他们阅读的欲望。

《西游记》的思想内容非常复杂，佛、道、儒都有所涉猎，诸如宗教、民俗、礼仪、体制、风土、地理、天文、历法等描写，布及全书，若全都要弄懂，几乎是要熟悉半部中国古代文化史了。"读小说，长知识"很好，有兴趣的同学也可朝这方面下点功夫，但作为整本书阅读的教学，无需提过多要求。

关于《西游记》主旨的阐释也是多种多样的。比如，有认为该书是对当时世态的讽刺揶揄的，有认为是宣扬佛法轮回的，有认为是讲"收其放心"儒家学理的，有认为是表现人性解脱的修持过程的……不同读者，特别是成年读者，阅读这部经典可能有各自不同的感悟与理解。但成年人的阅读不能取代少年儿童，应当尊重"少儿式"的阅读感受。对于中小学生来说，阅读时不必要求对此书的主题、思想、意义等做过多的关注和探究。

《西游记》是古代白话小说，小读者阅读开始可能有点"隔"，但读下去，慢慢习惯，就能体味到那种明快、诙谐、有韵律和节奏感的语言风格。其叙事多用简短、工整的句式，文白杂糅，散中有骈，又不时穿插趣笔，读来颇解颐消烦。欣赏《西游记》的语言艺术，初步感受古代章回小说擅长讲故事的魅力，也是语文课的题中应有之义。

二、如何阅读《西游记》

教材中有关《西游记》阅读的提示很简单，一是建议发挥想象力，感受孙悟空师徒取经的艰险，体会各个人物（或者妖魔）的性格、特征与命运。二是建议采取精读与跳读结合的方法。这样的设计和提示，目的在于让学生初步接触古典小说名著，进而借阅读这部书的势头，激发读书的兴趣，培养读书的习惯。这对于教师和家长如何指导孩子读《西游记》，是有启发的。下面，分四个方面展开来说说。

1.以读童话的姿态来读

《西游记》是好玩的书，也是一部奇特的童话。中国古代的童话很少，《西游记》是其中最有名也最受读者欢迎的一部，适合少年儿童，也可当作成人童话。读《西游记》，要采取读童话那样的放松、游戏的姿态，全神贯注去读，尽量放飞想象。著名作家和学者林庚先生说："动物世界、儿童的游戏性、天真的童心与非逻辑的想象，这一切形成了弥散在《西游记》中的童话气氛。"这段话非常贴切地说明了《西游记》的童话特点，也启示我们，阅读此书时要摆脱功利的束缚，发挥想象力，跟着作者在幻想的世界里自由驰骋。甚至想入非非，都是可以的。而这种放飞想象的阅读，本身就是在保护孩童的想象力和好奇心，发展形象思维和直觉思维能力。

稍微推展开来说，阅读文学书，特别是小说、故事之类的作品是要有相应的姿态的，那就是放松，调动感官与联想（包括直觉思维）去体验，对超离现实的想象世界不要较真，不要抗拒作品想象力带来的冲击与感染，也不要急于做理性的判断和逻辑分析，这些都等读完全书，有了整体印象之后再说。只要不去干预，孩子们读《西游记》会无师自通，采用他们适合和喜欢的阅读姿态。

2.鼓励跳读

再说说阅读方法。现在时兴的说法是"阅读策略"，其实就是方法。读一本书，根据书的类型以及自己的兴趣或阅读目的，采取的方法是不同的。刚才说读文学类书比如小说，应当放松投入，自然就会有相应的阅读方法。教材明确建议采用"精读"与"跳读"结合来读《西游记》，这值得注意。精读大家都很熟悉了，语文课基本上都要求精读。这里侧重说说跳读。

跳读是略读的方法之一，写进教材，是个突破。这也是传授小说阅读的一般策略，即快速浏览和通读，得其概要，大致了解情节，解开悬念，尽快知道故事与人物的结局。阅读要有较快的速度，顺势读下去，"跳"过与阅读目标关系不大或初步印象中觉得不大精彩、不感兴趣的章节。比如，书中有些渲染打斗场面、环境气氛的诗词联语，有些"说书人"为吸引听众而夸饰的言论，可以跳过去；少数降妖伏魔套路化的重复的叙说，扫一眼就行了；碰到自己不喜欢的人物描写，也可以略过；有不认识的生字或不理解的词语，也先跳过去，只要不妨碍了解故事大意就不间断读下去。

《西游记》是使用当时的白话写的，也带有文言，和现今的汉语表达是"隔"的，学生阅读会有困难。加上其文辞甚繁，很多掌故、词语都可能是阅读的"拦路虎"。若步步为营，一句一句"抠"，不认识字就查字典，断断续续，读得很慢，就可能不耐烦了。主张"精读"与"跳读"结合，特别是鼓励"跳读""猜读"，把握主干，弃其枝叶，是适合中小学生认知能力的，能让他们保持以较快的速度把这部厚书一气读完。这样的阅读对孩子来说，既喜欢，又有成就感。你看，这么一厚本古典小说都能完整读下来，了不起！于是就有了继续找书来读的信心和欲望。

　　教材对《西游记》读法的提示，肯定了跳读的必要性和合法性，这背后还有一个重要的意图，就是激发阅读兴趣，培养读书习惯。切忌把这么好玩的书的阅读，弄成僵硬的教学任务，败坏读书的兴致。

　　有人恐怕会质疑或者反对——读书怎么能不求甚解，怎么可以教学生跳读或者猜读？其实反躬自问，谁读书没有过跳读或者猜读？我在一些文章中提出过，要鼓励孩子"连滚带爬"地读书，那样才有兴趣，阅读面打开，阅读量上去，才有阅读能力。

　　其实，跳读是读书时常用的方法，在多数情况下，只需要浏览或检索式阅读，跳着读，挑着读，很管用。这和语文课要求的精读、细读并不矛盾，如果需要，可以结合进行。这在后文我还会谈到的。

　　3.重提快乐阅读

　　快乐阅读是语文教学应当重提的基本理念之一。我们年少时谁没有想过要摆脱繁杂腻味的功课？谁没有过天马行空的美梦？读书本是快乐的事，为何现在许多孩子不喜欢？浮躁的大环境不利于孩子读书，过于死板的语文课，加上应试，也约束孩子的天性。连课外阅读也有很多"规定动作"，设身处地想想，怎么会有读书的乐趣？当然，并非所有阅读都是快乐的，也不是所有的阅读都要脱离实际考量，考试也是不可能完全撇开的。我说的是孩童时期，可以多读点《西游记》一类比较贴近他们天性的书，起码能为孩子提供多一点自由想象的空间，享受那种无拘无束的阅读过程，保护和提升他们的好奇心和想象力。都说读书重要，如果连《西游记》这样好玩的书都完全纳入功利的计划，那怎么可能让孩子喜欢读书？他们的好奇心都被限制了。

现在的孩子太苦了，受束缚太多，成年人把生活的困扰与紧张投射到他们身上，这对孩子们很不公平，他们可能因此而得不到健全的精神发育，想象力受到抑制，甚至错过了本应当快乐的美好童年与少年。孩子们进入青春期后，会有他们的梦想、烦恼与叛逆，《西游记》这一类文学作品，大概也能为他们找到某些宣泄的渠道吧。

通过指导和观察孩子们阅读《西游记》，我们"管理"孩子们读书的观念应当有些改变了。现在有一种现象，凡是指定给孩子阅读的书目，孩子往往不感兴趣，他们要自己选择阅读。为什么会这样？因为指定阅读什么就加上规定怎么去读，甚至还没有开始读就布置一堆任务，比如要定时间表、写心得、做旁批、画思维导图之类，孩子自然会感到负担沉重。

我看到有些教师就用考试的目标去要求和催促学生读《西

游记》，而且考试真的就出一些"没意思"的题。比如《西游记》的作者运用了什么手法，水帘洞洞口的对联是什么，取经之后沙僧被封了什么名号，孙悟空师徒取经的故事说明什么人生真谛，等等。出这样一些考题也许有其"理由"，是为了考学生有无读过《西游记》，但对于激发阅读兴趣毫无帮助，还适得其反。

还有家长抱怨孩子不读书是因为学业负担过重，没有时间。但也要看到，兴趣是最好的入门老师，也是做事的动力。特别是孩子，精力无穷，只要有兴趣，就会有阅读的时间。很多孩子有拖延症，为什么？可能就是对所要做的事情不感兴趣，如果是有兴趣又可以自由发挥的事，他们会做得入迷，感到快乐，决不会拖延的。

而阅读兴趣的培养又必须伴随某些选择的自由。应当让孩子有自己选书的权利，也可以读"闲书"。适当的引导当然必要，但如果目的性、功利性太强，那只能败坏孩子的兴致，一碰到书就头痛反感。这些道理本来不用多讲，我们当教师或者家长的反躬自问，自己是否喜欢读书？采用过怎样的阅读方法，也就释然，该放手就放手了。

《西游记》的阅读现象对我们的教学应当有特别的启发。对于小学生和初中生而言，读书兴趣的培养非常重要，这是他们想象力、好奇心最丰沛的时期，"过了这村就没有这店"了。中小学语文统编教材安排了许多"名著导读"和"整本书阅读"，就是出于这一考虑。像《西游记》《伊索寓言》《哈利·波特》等有趣的书，孩子们阅读都会入迷，不用任何催促。何不利用这种契机，唤起孩子们读书的兴致与爱好。

4.实行目标管理,而不是过程监督

教材要求读《西游记》,主要是安排课外阅读。无须像一般课文那样来讲授,也不要预先布置什么任务。可以用一节课简要介绍一下《西游记》的简况,或者先让学生读一段精彩选篇,以斑见豹,引发兴趣。语文教材七年级上册有《孙行者一调芭蕉扇》作为《西游记》的"精彩选篇"。修订后的教材还会专门选用《小圣施威降大圣》一章做课文,在介绍《西游记》故事梗概之后,通过细读选篇或课文,唤起兴趣,再延伸到整本书阅读。最好还能够帮助学生把握全书情节发展的主线。可以要求学生大致多少时间内读完这部书,比如一个月之内。实行目标管理,不光是过程监督,还要认可跳读方法的合法性,对有些课外阅读的"不求甚解"不必责怪,还当鼓励和引导。在课上若能举些例子说明如何采用这些方法,那就会事半功倍。

至于整本书读后是否要组织探究式讨论,可以灵活掌握。这时候就需要精读了。可以让学生开展"读小说,讲故事"活动,练习复述。《西游记》中很多故事的情节曲折,扣人心弦。如大闹天宫、三打白骨精、车迟国斗法、女儿国遇难、真假美猴王、智取红孩儿、三调芭蕉扇等,让学生从中选择自己印象深的某一个,在班上或小组会上讲述一遍。要有讲述时间的限定和一些必要的要求。《西游记》的人物(无论神魔)描写很生动,每人的秉性、脾气、法力、命运不同。也可以组织"话说西游人物"活动,用自己的语言概括某一人物的特点,引用一些故事和细节来印证,说说喜欢或者不喜欢的理由。更重要的是,鼓励彼此交流阅读《西游记》的方法与经验。这些活动的要旨是训练阅读方法，提升语言表达能力。

教学设计要根据学情来定，也可以从更高层次去组织专题探究。比如，引用名家关于《西游记》的某些论点，作为"研究"《西游记》的话题，展开讨论。鲁迅评说《西游记》的一段话："虽述变幻恍忽之事，亦每杂解颐之言，使神魔皆有人情，精魅亦通世故，而玩世不恭之意寓焉。"[①]这是非常贴切的评论，有助于理解《西游记》的内容与手法，虽然比较难一点，也是可以提供给学生去讨论的。这样就把学生阅读《西游记》后的感悟上升一步，得到某些理性的省悟，语文核心素养所包含的语用、思维、审美和文化传承，就都融合其中了。

如果说，在《西游记》的"游戏"阅读之余还需要有些思想感悟，那也可以朝励志方面引导：为追求理想而奋斗前行，不畏艰难险阻，而重要的是勇气、毅力与本事。

---

① 鲁迅:《中国小说史略》,《鲁迅全集》第9卷，人民文学出版社2005年版，171页。鲁迅这段论说参考了胡适《西游记考证》。

《骆驼祥子》导读

《骆驼祥子》是初中语文指定阅读的一部现代长篇小说。此书读起来并不难，其内容丰富，可以浅读，即大致读完，了解基本情节、人物和思想价值；也可以深读，即从小说叙述的故事和人物命运中引发某些"为什么"，做更细致的探究性的阅读。当然，教材还建议通过这本书的阅读对现代小说有初步的印象，同时学习如何在阅读中做圈点、批注，写提要、心得。这都是扣紧语文素养的要求，可以尝试去做，但不必当成非得完成的任务，以免增加负担，减损读书的兴致。要紧的还是整本书阅读，在通读中体会小说的魅力，获取自己的感受，学习读小说的方法性知识。阅读现代长篇小说，会发现它与古典小说有明显区别，包括语言、结构、表现手法等的不同；艺术上彼此各有千秋，选择佳作阅读欣赏，都能益智增慧。

一、注意其情节故事所连带的文化描写

老舍（1899—1966），出生于北京一个满族贫民家庭，原名

舒庆春，字舍予，"老舍"是他的笔名。他生逢封建社会末世，清王朝内忧外患，濒临崩溃。还不满两岁时，他的父亲就在与八国联军的巷战中阵亡。全家靠母亲替人做杂工维持艰难的生活。老舍在老北京的大杂院中长大，从小接触从事各种职业的下层平民，这种出身经历对老舍创作的平民化产生了影响。

另外，五四新文化运动对老舍也是有冲击和启示的。用浅近的白话文和写实的手法表现社会人生，关注普通人的日常生活和命运，就顺应了五四以后新文学的创作潮流。在现代作家中，老舍是有鲜明的创作风格与辨识度的。老舍擅长写市民，特别是老北京的底层市民，全景式地呈现当时北京社会的人生百态与文化风情，有浓郁的京腔京调。一说到北京文化，往往就会联想到老舍笔下的文学世界。

老舍1924年开始创作，近半个世纪的创作生涯中写下了800万字的作品，有小说，也有戏剧，留下了《二马》《离婚》《骆驼祥子》《断魂枪》《月牙儿》《四世同堂》《茶馆》等传世名作。其中长篇小说《骆驼祥子》的名气最大，写于1936年，是老舍的代表作。

阅读《骆驼祥子》，应当多注意其情节故事所连带的文化的描写，包括生活习俗、市井景观、人际关系、道德观念，以及叙事的语言风格。在老舍的笔下，老北京的市民生活中有典雅、善良、淳美，也有丑陋、灰暗、压抑，应当注意老舍是采用批判分析而又有些眷恋的眼光去观察和表现的。他并非一味颂赞老北京。小说写到市民社会某些复杂的现象，触及社会与人性的复杂性，与小读者的阅历与想象会有隔膜，也有个别情节似乎儿童不宜。应当引导学生尽可能采取批判分析的眼光去看待，他们的成长也需要逐步了解社会与人生的复杂。即使暂时不那么理解，也属正常。像《骆驼祥子》这类优秀的现实主义小说，要用比较严肃认真的姿态去读，这和读一般童话故事或流行读物是不大一样的。

阅读时先不用考虑如何找出这部小说的主题思想之类的问题，也无须带着讨论的题目作为任务来读，就顺着小说的情节发展读下去，完整地通读。阅读长篇小说一般都要关注情节和人物。下面我们就来梳理并分析一下《骆驼祥子》的故事情节和祥子的性格命运，先有个粗略的印象，阅读时再根据自己的兴趣决定哪些部分细读，哪些部分可以略加浏览。

二、通过祥子的经历揭示劳苦社会

祥子是一个来自农村的健壮朴实的青年。小说开头有对这个小伙子体魄外貌的描写，作者并不吝啬他的赞美："他没有什么模样，使他可爱的是脸上的精神"，"很像一棵树，上下没有一个地方不挺脱的"。（第一章）再看看他买上了自己的车后拉车的模样吧："那辆车也真是可爱，拉过了半年来的，仿佛处处都有了知觉与感情，祥子的一扭腰，一蹲腿，或一直脊背，它都就马上应合着，给祥子以最顺心的帮助，他与它之间没有一点隔膜别扭的地方。"（第二章）类似这些段落的描写虽然故事性不是很强，但对于人物性格心理的刻画很重要，应当细读，体味，感受祥子的朴实和健康，还有那劳动者的力之美。

而读完小说后回过头看，祥子的变化太大了，简直判若两人。在小说末尾，祥子的身体垮了，精神崩溃了，不能拉车了，只好乞讨，有大户人家出殡，替人举着花圈挽联游街："不知道何时何地会埋起他自己来，埋起这堕落的、自私的、不幸的，社会病胎里的产儿，个人主义的末路鬼！"（第二十四章）

前后对比，令人震惊：原来人生的变化莫测，环境改变人的力量如此巨大！虽然这是成人社会的事情，小读者也是可以有所了解的。

祥子挺可怜的。他从农村来到城市谋生，没有什么奢望，要的无非是基本的生存条件。他的生活目标是卑微的、本分的。祥子"带着乡间小伙子的足壮与诚实，凡是以卖力气就能吃饭的事他几乎全作过了"。（第一章）他把买一辆自己的车作为奋斗目标，幻想着有了车，就如同在乡间有了地一样，能凭自己的勤劳换取安稳的生活。可是处处事与愿违，三次买车，三次挫败，连遭打击，生活无以为继，精神日益萎靡。其间还发生一件出其不意的事，就是他不得不与车厂老板的闺女虎妞结婚，不幸的婚姻使祥子的命运坠入谷底，最后又失去了他喜爱的女孩小福子。祥子只好"认命"，得过且过，身体和精神被彻底摧毁，成了行尸走肉。

祥子的毁灭，当然是有社会原因的。他是底层市民，他的悲剧发生在巧取豪夺的社会之中，这部作品对不合理的社会是持严厉的批判态度的。老舍写祥子接连不断的不幸遭遇，是那样深表同情：

一个拉车的吞的是粗粮，冒出来的是血；他要卖最大的

力气,得最低的报酬;要立在人间的最低处,等着一切人一切法和一切困苦的击打。(第十二章)

老舍想通过一个车夫的经历,"写出个劳苦社会",怀着深切的人道精神去观察底层市民的悲苦无告的生活,揭示社会的不公。

关于老舍的这部代表作,已经有很多的研究和评论。比较有代表性的观点认为,这部小说的成功,在于真实地反映了1920—1930年代北京底层市民的苦难境况,展现了老北京民俗生活的真实图卷。这是一种反映论的阅读方式,所得出的结论也是符合事实的,这部小说确实有很强的社会批判性。在中学语文课上,一般都是偏重这个角度来引导这部小说的阅读的。中学生阅读《骆驼祥子》,也可以多注意这个创作的立意,也就是主题思想。如果能从这一层面去认识这部小说的主要内容和文学价值,整本书阅读的要求就基本达到了。

三、想想祥子故事中的那些"为什么"

一部成功的杰作,往往具有丰富的内涵,不是一个主题、几句话就可以概括的。我们还可以根据自己的阅读感受和理解,多想想祥子的故事中的那些"为什么"。比如,祥子的堕落除了社会压迫,跟他身上那些"老中国的儿女"的弱点是否也有些关系?祥子所处环境如此恶劣,他的堕落是否也意味着恶劣的城市社会环境对于人的善良本性的摧残?如同前面所说,老舍笔下的北京有典雅、古朴、美丽的一面，也有灰暗、丑陋的一面，作者为何这样来写？换个角度来阅读分析《骆驼祥子》，理解和认识可能又深入一步：老舍在写一个穷人的故事，同时也探讨了城市文明病和人性的问题。老舍这样说过，他写《骆驼祥子》是"由车夫的内心状态观察到地狱究竟是什么样子"。（老舍《我怎样写〈骆驼祥子〉》）他写的"地狱"，是城市化过程中产生的道德沦丧，是金钱所腐蚀的那种畸形的人伦关系。老舍写作的重点放在精神摧残这方面了。虎妞的变态，夏太太的勾引，还有二强子逼女儿卖淫的病态行为，以及小福子自杀，等等，对祥子来说，都是他的心狱。这比一次次买车的挫折要严重得多。

阅读《骆驼祥子》，要注意体会和分析祥子的心理感受，他的人生旅程就是被物欲横流、道德堕落的城市所吞噬的过程，而祥子自己最后也变成城市丑恶风景的一部分。

当然，这样换角度做深层次的阅读思考，对于初中生来说，有难度。教学上也未必要在这方面去要求，更不宜在这方面出考试题目。只是提示同学们阅读时注意情节发展的逻辑，不能只满足于了解故事悬念，也不能只满足于一般性的主题概括，还可以多一些思考，问问"为什么"。这样才能更充分理解作品丰富的内涵，体会作品特有的艺术观察力和感受力。

四、对女一号虎妞该怎么看

《骆驼祥子》比较容易读，也好读，但有些方面描写其实又挺深的，对于仍然缺少人生历练的中学生来说，其中涉及的某些成人社会的现象，不是很好理解的。比如虎妞这个女一号，写得很真实，即使在当今生活中，也会有类似的人物。虎妞给人印象很深，但也比较复杂，小读者理解起来有些困难。老舍对虎妞这个人物持否定态度，他是用一种市民的眼光来塑造虎妞这个大胆、泼辣和粗俗的丑女的。不只是祥子讨厌虎妞，老舍的描写中似乎也有"女人祸水"的想法，这自然是陈腐狭隘的传统观念。这观念多少在颠覆作品的社会批判主题，可能给人这样的印象：祥子悲剧的主因，是娶了一个坏老婆。

围绕虎妞这个人物，同学们的阅读感受可能是有点复杂的，这很正常，可以讨论，尊重孩子们阅读的感受与初步的思考。前边提到的对祥子和虎妞的分析，也并非定论，只是一种看法。总之，要通过《骆驼祥子》的阅读，认识到经典作品之所以能穿越时代，长期引发不同的解读，是因为其内涵丰厚，有思考的空间。优秀的作品经得起各种解读。认真细读、寻求新解的过程，是很有趣味的。而那些比较简单的定论，虽然对于经典的解释起到基本的理解和普及的作用，但也不必受其束缚，有时可以根据自己的阅读感受与思考，跳出来，用另外的角度看问题。多做尝试，不为定论（那往往只是为了考试或其他功利目的）所束缚，读书就可能更有获益，思维能力和审美能力也能得到提升。

《骆驼祥子》的整本书阅读，可以尝试深入文本的细读，以此带动问题的探讨。这是比较高的要求。不建议全都要安排专题讨论。而一般性要求，能大致读完，对作品内容和意义有所了解，能意识到经典作品有很多思考探究的空间，那也就很好了。

五、北京风情与京腔京韵

下面,我们把问题集中一下,侧重分析《骆驼祥子》的语言艺术。这倒是语文课的重点之一。

这部小说可读性很强,得益于它的语言功力。老舍是对语言的审美功能有高度自觉的作家,对现代汉语写作的语言艺术贡献非常大。老舍是曹雪芹和鲁迅以后,真正有自己成熟的语体风格的语言大师之一。

欣赏《骆驼祥子》的语言,主要看它使用语言的"白"与"俗"。白,就是用纯粹的白话,去除五四以后文白夹杂的毛病。俗,就是用通俗的鲜活的口语,易懂明白。读《骆驼祥子》,能感觉到北京话的原汁原味。

这里给大家提供一个有趣的数据。用计算机统计,《骆驼祥子》一共107360字,不同的字是2413个,只要认识常用的621个汉字,就能读懂95%,大概小学四五年级就可以读。很多外国留学生学习汉语,也都采用《骆驼祥子》作为教本。因为这部小说是可以朗诵的,纸上写的和口中说的差不多。《骆驼祥子》用的大都是浅近的、字频高的词,形容词用得少,即使要形容,也多是作为谓语来用。句式短,长句少,而且叙述、描写、对话的语体是统一的。

《骆驼祥子》大量使用北京口语,将市井百姓的语言提纯,"把顶平凡的话调动得生动有力"(老舍《言语与风格》),烧出白话的"原味儿"来,满带"京腔京调",你好像能体味到它的响亮顿挫甚至说话的神态；同时又追求那种精致的美，写出"简单的、有力的、可读的而且美好的文章"（老舍《我怎样写〈二马〉》）。老舍语言的通俗性和文学性是统一的，干净利落，鲜活纯熟，平易不粗俗，精致不雕琢。语词、句式、语气以至说话的神态气韵，都有他的创造，都渗透着北京文化，有鲜活的气息。你读他的小说里那些话，就感觉这就是北京，是"京味儿"的重要表现。我们来读几句普通市民的日常说话：

"得，明儿见；甭犯牛劲，我是直心眼，有一句说一句！"（佣人高妈劝说祥子，见第七章）

"一块钱就可以立折子，你怎么不立一个呢？俗言说得好，常将有日思无日，莫到无时盼有时；年轻轻的，不乘着年轻力壮剩下几个，一年三百六十天不能天天是晴天大日头。这又不费事，又牢靠，又有利钱，哪时掣住还可以提点儿用，还要怎么方便呢？去，去要个单子来，你不会写，我给你填上，一片好心！"（方太太劝祥子到邮局办理一个存折，见第八章）

"京味儿"当然也是《骆驼祥子》的风格，除了它的语言，还包括对北京特有风韵、人文景观、文化趣味，以及地域文化心理的描写。这些描写是那样精细、到位，又无不浸透了北京特有的气息，以及作为地道北京人的老舍的感觉与温度。我们来读小说第二十四章的一段描写，体会浸透着老舍"温度"的"京味儿"：

天这么一热，似乎把故都的春梦唤醒，到处可以游玩，人人想起点事作，温度催着花草果木与人间享乐一齐往上增长。南北海里的绿柳新蒲，招引来吹着口琴的少年，男男女女把小船放到柳阴下，或荡在嫩荷间，口里吹着情歌，眉眼也会接吻。公园里的牡丹芍药，邀来骚人雅士，缓步徘徊，摇着名贵的纸扇；走乏了，便在红墙前，绿松下，饮几杯足以引起闲愁的清茶，偷眼看着来往的大家闺秀与南北名花。就是那向来冷静的地方，也被和风晴日送来游人，正如送来蝴蝶。崇效寺的牡丹，陶然亭的绿苇，天然博物院的桑林与水稻，都引来人声伞影；甚至于天坛，孔庙，与雍和宫，也在严肃中微微有些热闹。好远行的与学生们，到西山去，到温泉去，到颐和园去，去旅行，去乱跑，去采集，去在山石上乱画些字迹。寒苦的人们也有地方去，护国寺，隆福寺，白塔寺，土地庙，花儿市，都比往日热闹：各种的草花都鲜艳的摆在路旁，一两个铜板就可以把"美"带到家中去。豆汁摊上，咸菜鲜丽得像朵大花，尖端上摆着焦红的辣椒。鸡子儿正便宜，炸蛋角焦黄稀嫩的惹人咽着唾液。天桥就更火炽，新席造起的茶棚，一座挨着一座，洁白的桌布，与妖艳的歌女，遥对着天坛墙头上的老松。锣鼓的声音延长到七八小时，天气的爽燥使锣鼓特别的轻脆，击乱了人心。妓女们容易打扮了，一件花洋布单衣便可以漂亮的摆出去，而且显明的露出身上的曲线。好清静的人们也有了去处，积水滩前，万寿寺外，东郊的窑坑，西郊的白石桥，都可以垂钓，小鱼时时碰得嫩苇微微的动。钓完鱼，野茶馆里的猪头肉，卤煮豆腐，白干酒与盐水豆儿，也能使人醉饱；然后提着钓竿与小鱼，沿着柳岸，踏着夕阳，从容的进入那古老的城门。

到处好玩，到处热闹，到处有声有色。夏初的一阵暴热像一道神符，使这老城处处带着魔力。它不管死亡，不管祸患，不管困苦，到时候它就施展出它的力量，把百万的人心都催眠过去，作梦似的唱着它的赞美诗。它污浊，它美丽，它衰老，它活泼，它杂乱，它安闲，它可爱，它是伟大的夏初的北平。

老舍对"京味儿"的表现，牵动了他全部复杂的感情：浓郁的古都风情，市井气息，下层劳动者的生活场景，大杂院的生活，这些特有的北京风情加上京腔京韵的叙述，为本书增加了不可替代的艺术魅力。其中充满了对北京文化不由自主的欣赏、陶醉，以及因这种美的丧失而产生的感伤与怅惘。《骆驼祥子》里的"京味儿"正是这种主观情愫与对北京市民社会文化心理客观描绘的统一，这是这部小说能够成为北京文化名片非常重要的原因。

《昆虫记》导读

　　《昆虫记》这本书有些特别，不是小说，不是故事，却又有极生动有趣的描写，甚至还有"情节"。不过作品的"主角"不是人物，而是昆虫，对各种昆虫不同的习性、繁殖、生死等情况进行翔实观察与记录，是该书的目的。孩子们翻开这本书，会被深深地吸引：原来我们平时常见的那些小昆虫，居然各有各的本事，有适应环境的不同的绝招，还有它们的家庭与社会。阅读时，我们不知不觉间会把自己设想成某个虫子，去感受它们神奇而似乎有灵性的生活。那些虫子改变了我们原先的印象，变得如此可爱，就连讨厌的食粪虫都那样妙趣横生。读完后如果再想想，我们对世界的看法也有变化，原来世界之大，不光指人类社会，动植物都有它们特异的生存方式，彼此相生相克，生生与共，组成地球这个共同的家园。这就是《昆虫记》这本书特殊的魅力吧。本来这是一本关于昆虫研究的书，属于科学知识类读物，却用了文学的表现方式，处处充满情趣，令人遐想。

　　阅读此书，就是要发挥想象力，跟着作者的描述去"历险"，去体会虫子的"生活"，进入到我们似乎熟悉但又很陌生的昆虫世界。这就如同读小说、故事。但是，这还不够，因为毕竟不是小说、故事，而是我们以前接触较少的科学论著、科普读物。那么就必须另有一套接受和学习科学知识的阅读姿态与方法。

一、领略科学家求真务实的精神

不妨先了解一下《昆虫记》的作者，看看这位了不起的科学家，是如何求真务实，写成此书的。

作者法布尔（1823—1915），出生于法国南部的一户农家。年幼时已显示出特别的好奇心，对蝴蝶、萤火虫等昆虫有特殊的兴趣，而且这种兴趣伴随一生，就是要弄清楚昆虫的各种奥秘。可见兴趣、专注力与毅力，对于科学家的成长是有决定性影响的。据说上中学时，法布尔的学习成绩一般，还受到过师长的批评。他因而发奋，用两年的时间修完了三年的学分。剩下一年他就自由了，学习自己喜欢的博物学、拉丁语和希腊语。可惜中学毕业后未能继续读大学，他硬是靠自学成才，用了多年时间先后取得了多个学士学位和自然科学的博士学位。30多岁时，法布尔发表了关于"节腹泥蜂"习性的研究论文，修正了当时昆虫学权威专家的错误观点，虽然得到认可，却也未能因此拥有更好的研究条件。他的职业只是一名普通的中学教师，还要谋生养活全家人，生活是艰苦的。后来他研究用茜草制作染色剂，获得专利，家境略有好转。1870年，法布尔毅然辞去教师工作，集中精力研究昆虫，并开始《昆虫记》的写作。后来，他干脆买下塞利尼昂的一个荒园，因为那里适合各种昆虫生长，是昆虫的乐园。他与昆虫为伴，把家也安在那里，建起了实验场，长期过着清苦、平静的生活，心无旁骛，投入到对昆虫的观察、实验与研究中去。历时近30年，法布尔终于完成了十卷本《昆虫记》的写作。

　　法布尔晚年时，《昆虫记》的成功为他赢得了美誉，获得了许多科学头衔。其实取得这些实利并非初心，他无非就是为了求真，弄明白昆虫生活的许多"为什么"。法布尔的才华受到当时文人学者的仰慕和赞誉，其中包括英国生物学家达尔文，以及世界知名的作家与学者罗曼·罗兰、梅特林克、柏格森、马拉美等。但法布尔与世无争，我行我素，始终踏实谦逊，坚执地从事他的科研，终于成为享有世界声誉的昆虫学家、博物学家和作家。如今，他的故居已经成为博物馆，供人们参观。

　　读《昆虫记》，我们会惊叹法布尔对于昆虫研究的痴迷，强烈的好奇心驱使他孜孜不倦地揭开昆虫世界的奥秘，了解昆虫的生态。是追求真相、真理的钻劲儿，那种求真务实的精神，让法布尔数十年始终保持研究的专注力和毅力，不计功利，坚持探索。设想一下，若法布尔在乎名利得失，或者处处受各种外在的钳制与干扰，失去安静专注的心态，是不可能耗费毕生心血去做昆虫研究的，何况当时他的科研条件那么简陋，又没有什么"项目"资助。读《昆虫记》，可以悟得一个道理：科学就是追求真理、探求真相。有好奇心，有兴趣，又有求真务实的精神，才能坚持对未知世界和有待科学揭秘的事物做长期持续的探究，最终对人类科学事业做出贡献。

　　阅读《昆虫记》时，我们还能体会到，在外人看来艰苦枯燥的科学探索过程，对科学家来说又是一种求真的生活方式，充满乐趣，科学发现所带来的惊喜与成就感，超越任何世俗的享乐，是普通人难以了解也不会享有的。阅读《昆虫记》，让我们对于科学家求真务实的精神有所领悟，便是一大收获。或许有些同学就会从阅读《昆虫记》开始，意识到要保持对生活与大自然的热情与好奇心，甚至有意识去发现自己的兴趣与特长，培养专注力、毅力以及求真务实的精神，说不定以后也能在科学领域一展身手！

二、从观察、实验和推理中学逻辑思维

读《昆虫记》会被昆虫世界的诸多趣事所吸引，感受到"天工造物"的神妙，同时，对这本书所体现的逻辑思维和创新思维方法，也会有所领略。

法布尔不是通过对标本的观察和解剖分类来研究昆虫的，他主要是到野外跟踪考察活生生的昆虫，研究它们的生命历程，包括行为、习性、繁衍、死亡，以及它们与环境的关系，不同昆虫之间相生相克的生态。这只是科学研究的方法之一。我们可以从《昆虫记》中读到法布尔研究各种昆虫的过程，了解和学习在他的研究中体现的思维特征，主要是观察与论证。

比如《蝉出地洞》一章，写蝉如何在地下长期生活，包括如何进食、排泄、繁殖、打洞等等。其中有一个谜，也是研究的问题导向，即蝉"刨洞的土哪里去了"？"为何蝉洞的洞壁那样光滑坚固"？法布尔小心挖掘许多蝉洞，经过反复、仔细的观察、比较、试验，加上科学推理，终于解开了谜团。原来蝉是从地下

的树根吸取养分，而排泄的尿则用作装修洞壁的涂料。法布尔未能直接跑到蝉洞中去看蝉是如何进食、排泄和装修洞壁的，他进行个案的实验，观察幼虫蜕变的过程：把一只正在从洞口爬出的幼虫捉住，放到试管中，用几公分的干土把它埋上，看它几天后能否从装满土的试管中爬出来。结果发现，这只"尿袋"干瘪的幼虫没爬出来，死掉了。又用另一只"尿袋"鼓的幼虫做相同的实验，则爬出来了。于是推理：蝉是用尿液制作泥浆，固定爬动时身边和身后的泥土，以使自己能慢慢从干土中钻出去。这个观察实验就提供了证据，推论幼虫如何出洞。上述谜团解开了，蝉如何打洞，以及如何进食、排泄等问题也得到论证。

关于螳螂的那一章也特别精彩，可以看到作者如何通过实验，靠观察的事实说话。法布尔曾试图用金属罩子"关押"喂养许多螳螂，结果发现许多雄性螳螂被雌性螳螂吃掉了，这个观察让他震惊，问题也由此产生：雌性螳螂为何会吃掉雄性螳螂？它们到底如何繁殖？法布尔带着问题反复仔细地观察，发现雌雄螳螂交配之后，雌螳螂都要"残酷"地把新郎雄螳螂吃掉。作者的观察和推论证实，这就是螳螂生存和孕育后代的特殊方式，是这种生物物竞天择存留下来的生活方式，并非用人类道德可以理解的。

接下来，法布尔又通过反复观察发现更有趣的事实：螳螂总是要产下数量极多的卵，才能传宗接代，因为绝大多数虫卵都会夭折。有一种小蜂科的昆虫，便是它们的天敌。小蜂科的绝招就是把它的卵产在螳螂的卵囊里，孵化后的小蜂科幼虫即以螳螂的卵为食。作者说这样的暴行在昆虫界毫不稀奇，让我们联想到

《西游记》《封神演义》等故事中的所谓"一物降一物"。读到类似这些有趣的描述，不能满足于好玩，也要想想其中作者对于万物生命所形成的相生相克的生态的思考。

《昆虫记》让我们看到科学家观察事物的那种极其认真、细致和耐心的态度，以及其中体现出的求真务实的精神。比如《螳螂》一章关于这种昆虫如何捕捉其他小动物的观察描写，一些关键的细节给人印象极深。文中写螳螂表面"典雅优美"，可是有一副极具杀伤力的"杀器"，就是大腿和小腿，像"双排刃口的钢锯"。"小腿末端有一硬钩，其尖利可与最好的钢针相媲美，钩下有一小槽，槽两侧是双刃弯刀或截枝剪"。它在遇到危险的时候，可以选择多种方法来自我保护。"比如，这家伙用修枝剪挠你，用尖钩划你，用钳子夹你，让你毫无还手之力，除非你用拇指捏碎它，结束战斗，那样的话，你也就抓不着活的了。"而那些"小硬钩"在猎取其他小动物时总是能抓得很牢："捕捉器的那三段长构件突地伸展开去，末端伸到最远处，抓住猎物后便收回来，把猎物送到两把钢锯之间。老虎钳宛如手臂内弯似的，夹紧猎物，这就算是大功告成了：蝗虫、蚱蜢或其他更厉害的昆虫，一旦夹在那四排尖齿交错之中，便小命呜呼了。"关于昆虫诸如此类的特征，没有耐心的细致入微的观察是发现不了的，更不能区别分类。如何观察事物？如何抓住特征进行比较辨识？这种思维方法也可以从书中领略一二。

要注意书中对观察、试验和推理的叙写，在发挥形象思维与直觉思维的同时，要让逻辑思维跟上去，互为一体，更好地从这本书的阅读中得到综合的思维训练。阅读《昆虫记》，关注科学的理性的思维，质疑问难，举一反三，同时也就学会如何阅读科学知识类、科普类读物了。

三、体会科学与艺术结合的美妙

一般印象中科学是严谨的，艺术（包括文学）则是浪漫的，两者好像拉不到一起去。其实，科学与艺术是相通的。因为在人类大脑的活动中，实证、逻辑的思维与形象、直观的思维各有所长，经常都是彼此配合、交错进行的。语文课程标准在提出语文核心素养时，特别提及逻辑思维、直觉思维、形象思维等几种思维方式的综合培养，也是根据这种学理。比如科学家往往从生活中某个事物突然得到灵感，从而推进了科学的研究发现，这样的事情并非罕见。牛顿从苹果掉落得到启示，发现并论证了万有引力定律，就是人尽皆知的例子。《昆虫记》中到处都有科学与艺术结合的例子，法布尔常常在观察与实验中突发联想，再进一步去验证和推论，他总是像诗人一样去感受和表达他所观察研究的昆虫世界。

关于《昆虫记》的文体和语言艺术，也许我们会有较多的关注。毕竟这是语文课指定的必读书。该书的可读性高，是因为科学与艺术的结合，用了文学的叙事笔法，形象生动地描述科学观察与论证的事实。这也是值得欣赏与模仿的。举些例子来看。书中写道：

> 4月过完，蟋蟀开始歌唱，先是一只两只，羞答答地在

独鸣，不久便响起交响乐来，每个草窠窠里都有一只在歌唱。我很喜欢把蟋蟀列为万象更新时的歌唱家之首。在我家乡的灌木丛中，在百里香和薰衣草盛开之时，蟋蟀不乏其应和者：百灵鸟飞向蓝天，展放歌喉，从云端把其美妙的歌声传到人间。地上的蟋蟀虽歌声单调，缺乏艺术修养，但其淳朴的声音与万象更新的质朴欢快又是多么地和谐呀！它那是万物复苏的赞歌，是萌芽的种子和嫩绿的小草能听懂的歌。在这二重唱中，优胜奖将授予谁？我将把它授予蟋蟀。它以歌手之多和歌声不断占了上风。当田野里青蓝色的薰衣草如同散发青烟的香炉，在迎风摇曳时，百灵鸟就不再歌唱了，人们只能听见蟋蟀仍在继续低声地唱着，仍在庄重地歌颂着。

多么优美的描写，简直就是绝妙的散文！把围绕蟋蟀的生态活灵活现地呈现出来了，把对万物生命尊重与热爱的情感带到科学的叙说之中。这不就是科学与文学的交融？

　　毫无疑问，科学家法布尔具有很高的文学天赋。《昆虫记》中常用比喻、拟人、对比等多种修辞手法，加上幽默的聊天讲故事一般的口气，使严谨的科学叙述变得绘声绘色，如此活泼有趣。比如，上文紧接下来的两段：

　　　　现在，解剖家跑来啰唆了，粗暴地对蟋蟀说："把你那唱歌的玩意儿让我们瞧瞧。"它的乐器极其简单，如同真正有价值的一切东西一样。它与螽斯的乐器原理相同：带齿条的琴弓和振动膜。蟋蟀的右鞘翅除了裹住侧面的皱襞而外，几乎全部覆盖在左鞘翅上。这与我们所见到的绿蝈蝈、螽斯、距螽以及它们的近亲完全相反。蟋蟀是右撇子，而其他的则是左撇子。

在说明蟋蟀的两个鞘翅的"镜膜"如何构成发声部位时，既准确地说明其功能与原理，又不时以人们熟知的事物做比喻，叙说的语调是富于感情和节奏的：

> 那确实是精巧的乐器，比螽斯的要高级得多。弓上的一百五十个三棱柱齿与左鞘翅的梯级互相啮合，使四个扬琴同时振动，下方的两个扬琴靠直接摩擦发音，上方的两个则由摩擦工具振动发声。所以，它发出的声音是多么雄浑有力啊！……蟋蟀的鞘翅各自在体侧伸出，形成一个阔边，这就是制振器；阔边多少往下一点，即可改变声音的强弱，使之根据与腹部软体部分接触的面积大小，时而是轻声低吟，时而是歌声嘹亮。

看来法布尔绝不是死板无趣的书呆子，他是科学家与诗人的合体，他心中充满对生命的关爱和对自然万物的赞美之情，才能写出如此动人的句子。

法布尔的才华还不止于科学与文学，他还拥有哲学家的超越性思维，在生态哲学研究领域也堪称前驱。阅读《昆虫记》时除了欣赏美妙的文笔，看法布尔是如何抱着极其有趣的心态去想象与描述多彩的昆虫世界的,最好还能跟着法布尔的叙说思考一下生态哲学问题。法布尔笔下的昆虫世界与人类的世界也差不多,既有美好、善良、和谐,也有战争、残酷、丑陋。当然,我们不能以人类道德的眼光去观察与评论昆虫世界,自然界的生物不会受人类道德观念的约束,它们主要受生命规律与生态平衡规律的规制。这当然就涉及一个更高层次的哲学问题了。法布尔对各种生物生命的敬畏与尊重,对大自然神奇生态的崇仰,对人与自然复杂关系的思考,无不灌注可贵的人文精神。毫无疑问,我们阅读《昆虫记》后获得的不只是关于昆虫的知识,我们还会浮想联翩,对地球、自然、生命、生物和人类等"大"问题有许多新的感悟。

多才多艺的法布尔留下了许多动植物学术论著,其中包括《茜草:专利与论文》《阿维尼翁的动物》《块菰》《橄榄树上的伞菌》《葡萄根瘤蚜》等。他还用法国普罗旺斯语写下了许多诗歌。法布尔作品中篇幅最长、地位最重要、最为世人所知的仍是《昆虫记》。

后来,为方便普通读者阅读,十卷本《昆虫记》多以节选本形式出版,有《昆虫的习性》《昆虫的生活》《昆虫的漫步》等多种,在世界各国成为大受欢迎的畅销书。《昆虫记》传入中国也有上百年了,译本很多,现在坊间流行的就有多种。陈筱卿的译本(人民文学出版社2015年版),即从上述后两种选本中选译的。这个译本的译笔优美,很符合法布尔闲聊式的随笔体风格。译文讲究信、达、雅,即翻译要准确、通顺、优雅。选择阅读外国的名著,选本和版本也是需要考虑的。

《经典常谈》导读

朱自清的《经典常谈》写于1938年，旨在介绍普及中国经典文化，是配合当时的国文课教学写的，拟想读者是受初中教育以上的青少年。自1942年初版以来，这本书不断重版，很受欢迎。现将《经典常谈》收到语文统编教材八年级下册，而且要求整本书阅读，教师和同学会感到困难较大。不过，比较"深"的书也是可以"浅"读的，若纳入教学，要求就不妨降低一点。应当鼓励学生适当读一些高于他们认知水平的书，他们跳一跳"够"得着，这叫取法乎上。读深一点难一点的书，更考验阅读能力，拓展眼界，增加读书的成就感。

通常我们提到传统文化，很快就想到中小学诵读的唐诗宋词、古文，还可能想到诸子百家、四大名著等，印象是零散的；再细究，就难免有些惘然。这不奇怪，很正常。然而，在学过许多古诗文之后，想对传统文化有比较清晰而简明的了解，怎么办？一种办法是读一些普及的文化史、哲学史、思想史等，然后顺藤摸瓜，再找一些感兴趣的经典来读。另外，就是反过来，从一些经典的阅读入手，从点到面，逐渐拓展开去，更为具体地了解传统文化的理路和历史状况。两种办法都行,可结合进行。而朱自清的《经典常谈》就是指导阅读传统文化经典的。他在《经典常谈·序》里说,写此书是为希望读些经典的中学生做"向导",介绍古代主流的文化典籍,指点阅读门径,让年轻人面对浩如烟海的古籍不至于"望而生畏"。

当然,对于现今多数中学生来说,他们不一定还有机会去读那些经典,但这种向导式的普及读物,起码可以带领他们走进古代文化博物馆,对代表传统文化的那些主要的书籍,有一个粗略的巡视。《经典常谈》入教材,已引起社会上的注意,有些家长也找这本书来读,对于普及传统文化典籍的常识大有助益。

一、《经典常谈》是什么样的书

《经典常谈》的"常谈",让人想起"老生常谈",意思是挺普通常见的说法。这自然是谦辞,其实《经典常谈》对于引导普通国民的经典阅读而言,是一本很简明实用的书。

《经典常谈》选择古代最有代表性的经典做简要的介绍,以斑见豹,一窥古代文化现象和古人的思想智慧。全书共分十三篇,涉及的经典和文化常识包括:《说文解字》《周易》《尚书》《诗经》、三《礼》、《春秋》三传(《国语》附)、四书、《战国策》《史记》《汉书》、诸子、辞赋、诗、文。这个排列大致依照传统典籍分类"经史子集"的顺序,其中也略有变通:把《说文解字》放在首位,将"小学书"即文字考据置前;末尾作"诗""文"两篇,不是集中讲书的,而是梳理作家作品源流,类似文学简史。《经典常谈》讲述重点是古代典籍,以"书"为"点",以"点"带"面",再将若干的"面"联结,呈现中华传统文化的基本样貌。读《经典常谈》,要注意这个结构特点。

朱自清对每部经典的介绍,不是面面俱到,而是根据普通读者需要掌握的国学基本常识,去讲清楚经典的内容。比如,《四书第七》一章,就从人人皆知的"四书五经"这个说法讲起,先介绍包括哪几种书,古人是怎么把这些书当作私塾教材用的,科举考试与"四书"有什么关系,"四书"的版本有过哪些变迁,又怎么升格为"经",等等。接着,介绍古人怎么读这些"必读书",把书的内容及文化史上的位置讲清楚,同时又把现代人读这些书如何入门和进阶带起来。朱自清建议,可先读《大学》,因为《大学》提纲挈领,所谓格物、致知、诚意、正心、修身、治国、平天下等内容,是循序渐进的,都切近民生日用,适合初学者入门。而《论语》《孟子》可以下一步读,因为多是应机接物的"微言",记述顺序比较散,初学者领会比较难。《中庸》更是"孔门心法",难一些。这就交代了读这几部书的顺序和各自特点、要点。接着,多一点篇幅更具体介绍《论》《孟》,提示阅读时多注意做学问做人的"节目",诸如"君子""仁""忠恕""择善"等;点明《孟子》的要津是"修养"与"哲理",与《论语》比较,更有善辩的"英气"。最后简单交代版本变化,着重讲朱熹在"四书"的考订和阐释方面的得失。其余各章大都是采用这种"述学"的方式:择其要点,概述有关经典的必要知识,交代读法。

《经典常谈》是通俗的知识类读物,深入浅出是一大特点。

而"深"是底蕴,其处理古代典籍的思想方法,以及很多观点的提出,多"采择新人近说",是站在学术前沿的;对前贤、同辈的不同观点亦有权衡、抉择,并融入自己的研究和判断。这样一本小册子的学术价值并不因其"文化普及性质"而降低水准,"果无深切著明的了解是不能写出这种深入浅出的文字的"。①

二、对传统文化有"了解之同情"②

《经典常谈》讲述古籍,引导学生读经典,是"认祖归宗",增强对自身所处文化的了解与自信。传统文化是古代社会的产物,适应古代人的生活与情思,成分复杂,要传承和转化为今用,必须选择其中优秀的部分,扬弃不适合的部分。这个工作有难度,前提是对传统要先了解,带着温情与敬意,又用分析与辩证的眼光,也就是陈寅恪所说的"了解之同情"。《经典常谈》在做示范:对传统经典是尊崇的,但并非盲从膜拜,而是联系古代社会生活和思想潮流,再结合人情物理,去说明经典形成的原因、得失与影响。这种梳理、辨析和探究之中,就有"了解之同情"。比如论及儒家与礼教时,就从"人情"的视角去评说:

---

① 吴小如:《旧时月色:吴小如早年书评集》,北京大学出版社2012年版,21页。
② 语出陈寅恪的《冯友兰中国哲学史上册审查报告》,其中说:"凡著中国哲学史者,其对于古人之学说,应具了解之同情,方可下笔。"见《陈寅恪集·元白诗笺证稿》,生活·读书·新知三联书店2001年版,279页。

王道不外乎人情，礼是王道的一部分，按儒家说是通人情的。既通乎人情，自然该诚而不伪了。但儒家所称道的礼，并不全是实际施行的。有许多只是他们的理想，这种就不一定通乎人情了。(《三〈礼〉第五》)。

以人情物理的常识去论道儒家和"礼"这样的"大"题目，举重若轻，不见粗暴的批判，而有贴近历史与生活的解释，让普通读者能心领神会。在论及朱熹注释"四书"时，同样贯彻了分析的眼光，既指出其初衷"一大半还是为了建立道统"，但也承认其对后世有巨大影响，有些影响是沉淀下来了的。朱自清顺应五四新文化批判"道统"的潮流，但对于传统文化所持态度是审慎的，实事求是，取其精华，又不复古泥古。如今强调加强对传统文化的学习和继承，读《经典常谈》本身就是一种响应，应当学习这种实事求是的态度和方法。

三、如何阅读知识类读物

读一本书，要学会读"这一类书"的基本方法。读人文学科类或科学类知识类读物，和读小说、历史，或者其他流行读物的"姿态"不一样，应当以精读为主，以知识的获取为主，认真理解、记忆和思考。

阅读时，可以先看看序言、目录，对该书的主旨、章节与基本观点有粗略的了解。然后通读全书，大致读懂即可，先不急于深入探究，无须带着某个预设的"项目"去读。当然，也可以根据自己的兴趣，选择其中几章细读，其余则涉猎一下。

阅读《经典常谈》可以有不同的目标，"小目标"是只读此书，获取有关古代文化典籍的知识；更高一点的目标，是在本书指导下顺藤摸瓜，找此书所引导又有兴趣的若干典籍来读。多数同学达到"小目标"即可。《经典常谈》所论涉的文化知识很多，每一章都有主要的基本的知识，阅读时就聚焦于此。特别是那些平时可能听说过（或者之前语文课上学到过），但又不甚了解的文化知识，例如古代礼俗、信仰、观念、思潮等，在书中往往都有论涉，可以多花一点精力去了解。在论述人文社科书籍或论文时，会凝聚提出某些关键词，《经典常谈》各章的关键词往往就是基本的文史知识，阅读时要努力梳理并理解掌握。

比如《三〈礼〉第五》一章，从许多人家中堂里供奉"天地君亲师"这个礼俗说起，讲到儒家的"礼"，以及"认礼为治乱根本"的思想。一个知识点或核心概念就是"礼"，几大段落也围绕"礼"而展开。诸如"礼治"如何叫人节制与平和，为何要在居丧、婚嫁、孝亲、事君、敬师等许多人事处理上有规制，为何社会治理要讲究礼乐刑政，等等。水到渠成，最后才用不多的篇幅讲《礼记》本身，而这部书的内容和功能，在前面几段的背景叙述中都大致说清楚了。这一连串讲述中，涉及很多古代文化知识，应当尽量去理解、掌握，不懂的也可以查词典。

其他各章写法大抵相同，都采用这种"述学"的方式，即在介绍某种书的内容时，让人家明白该书形成的背景，以及书内书外的文化现象，用某些概念去"定格"所评述的内容。阅读时，多注意那些"定格"的核心概念，当然，有时概念不只是一个词，而是一种说法、一句论断。

读一遍可能还"拎不清"，可以来回浏览比照，寻找论说的逻辑线索，让核心概念浮现出来。这种读法的好处是纲举目张，把书的主要内容用几个词或几句话浓缩到自己脑子里，对古代经典的样貌就有大致的印象了。《经典常谈》是小册子，但可以试一试"厚书"读成"薄书"的方法，以后再接触人文社科类、知识类的论著，也可采用这种概括与浓缩的办法，也是一种思维训练。

《经典常谈》谈论古书，说着说着，就联系到了现实生活，让人感觉古书并不遥远。这倒是挺有趣的。有时会恍然大悟：语文课学过的很多古诗文，现在都找到了"源头"，知道了背景，有了较系统的反思与梳理；对某些平时习焉不察的文化现象或常用词语，也可能有了新的发现。比如，"阴阳""八卦""五行"等，生活中常接触这些词，有的还延伸出去，形成另外的语义。例如说人家"八卦"，意思就是说三道四，是是非非，"无厘头"等。读了《周易》一章，才知道"八卦"原来和古代巫术占卜有关，且不宜轻易断言此乃迷信，其实是古人的一种信仰和文化。《周易》也是早就听说过的，印象深奥而神秘，读了《经典常谈》，对《周易》的形成及内容有基本的了解，原有印象就会上升到一个比较理性的认知层次。特别是文章后面那句结论性的"定格"的话——"儒家的《周易》是哲学化了的，民众的《周易》倒是巫术的本来面目"，让人醍醐灌顶，也许就想找《易经》来翻翻看了。

四、借鉴怎样说话写文章

《经典常谈》作为语文课的必读书，阅读时自然要多关注语文要素。其论说的是学术，是关于古籍的艰涩的学问，却采取一种讲故事、聊天式的"闲话"笔法，让人易懂而且能有滋有味读下去，其中就有如何述说更生动的技巧。

例如，《〈说文解字〉第一》的开篇解释"天雨粟，鬼夜哭"：

> 人有了文字，会变机灵了，会争着去作那容易赚钱的商人，辛辛苦苦去种地的便少了。天怕人不够吃的，所以降下米来让他们存着救急。鬼也怕这些机灵人用文字来制他们，所以夜里嚎哭；……

这述说多么生动！注意那种接近日常说话的口气，学术性的文章表达方式通俗、朴实和自然，贴近普通读者的认知，令人印象颇深。如《辞赋第十一》讲屈原创作《离骚》时走投无路，满腔委屈，无人可诉说：

> "离骚"是"别愁"或"遭忧"的意思。他是个富于感情的人，那一腔遏抑不住的悲愤，随着他的笔奔迸出来，"东一句，西一句，天上一句，地下一句"，只是一片一段的，没有篇章可言。这和人在疲倦或苦痛的时候，叫"妈呀！""天哪！"一样；心里乱极了，闷极了，叫叫透一口

气，自然是顾不到什么组织的。

然而在陈述学术观点时，《经典常谈》的语言不只是通俗，而且是非常严谨，往往一语中的。如叙说唐代诗风流变（《诗第十二》），很简练的几句，精准确当，把繁复的文学史线索厘清了：

> 唐代以诗取士，诗原是应试的玩意儿；诗又是供给乐工歌妓唱了去伺候宫廷及贵人的玩意儿。李白用来抒写自己的生活，杜甫用来抒写那个大时代，诗的领域扩大了，价值也增高了。而杜甫写"民间的实在痛苦，社会的实在问题，国家的实在状况，人生的实在希望与恐惧"，更给诗开辟了新世界。

读《经典常谈》是有难度的，但读进去，就会被深深吸引。这跟朱自清作为散文大家的语言艺术有关。尤其是修辞，书中多用譬喻，既生动，又饶有趣味。还擅用"顶真"，如"他们大概是乐工，乐工的职务是奏乐和唱歌，唱歌得有词儿……"。这是否很接近讲故事的口吻？阅读《经典常谈》，多欣赏其"切实而浅明的白话文"（叶圣陶语），注意如何在书面语中不时掺入口语，体味那平易、晓畅而又有节奏的语感，想想怎么让自己的语言表达也更"有味"。

借鉴名家怎样写文章，是读《经典常谈》的目的之一。这本学术论著在"述学"中掺入了随笔的笔调，艰深的学问转为亲切可读的文字。这是一种功夫、一种境界，不容易的。但我们可以欣赏、体味、模仿。还可以多琢磨《经典常谈》的思路和表述策略，也许自己就用得上的。比如，面对比较复杂的问题或者现象，如何先厘清大概，然后根据讲述对象或场合，化繁为简，用简要的语言去表达；作文或者讲话如何突出中心，点面结合，有理有据；如何围绕主线，又有旁枝斜出，让叙说的节奏有变化，不那么僵硬；如何做到尽量不说、少说"套话"，就用自己的直白的语言讲清楚，等等。只要用心去品味，都可以从《经典常谈》的阅读中得到意外的收获。

《乡土中国》导读

统编高中语文教材把费孝通的《乡土中国》列为整本书阅读单元，要求通读。估计有些同学拿起这本书，翻几页，会觉得难，读不下去。以前课文是一篇一篇地学，现在要读整本，又是很少接触过的学术专著，感到难，属于正常反应。

《乡土中国》的确有点难。这是社会学的经典论著，学术性强，即使这方面的专家，读起来也要费一番心思的，何况我们中学生？书中所写的乡土中国，对于当今许多城市里长大的孩子来说，是那样遥远，农村的学生也未见得就不感到陌生，这也会造成阅读障碍。经典阅读总会有困难，却又是充满乐趣的。

下面围绕《乡土中国》，讨论一下如何阅读社会科学论著。

一、书的类型决定读法

选择某一本书，必须先确定是什么类型的书，希望从中得到什么，以及应当采取怎样的阅读姿态与方法。像《乡土中国》这样的学术性论著，一般有两种读法。第一种是专业阅读，目的性强,往往要带着专业的问题去和书"对话",吸收或者质疑其中的观点。这是学术探究的读法。第二种是普通的非专业的阅读,主要是充实知识,拓展眼界,提升素养。两种阅读并非截然区分,有交叉,但各自的阅读取向与方法有所不同。教材中"整本书阅读"所要求我们的,主要是第二种读法:旨在初步接触社会科学论著,扩展知识面。因此,标准不宜定得太高,只要坚持读完,对书的内容及表达方式有大致了解,对社会科学研究有些体验和印象,就可以了。如果还能探索一下阅读这类书的门径,甚至引发对某些问题的思考探究,那就更好。网络阅读容易碎片化,而整本书阅读可以"磨性子",祛除浮躁,培养毅力,涵养心智。教师可以给一些阅读方法的建议,主要让学生课外自主阅读,没有必要像单篇课文教学那样精雕细刻,也没有必要布置很多"活动"和"任务"。阅读可以促进写作,但读书又不能处处指向写作,也不要老是想着考试,那会败坏读书的兴趣。好的办法就是在教师指导下给自己设定一个大致的计划,打"歼灭战",集中一段课外时间读完,即使在一些具体的论述上不是很懂,也不要紧,不必死抠,无须步步为营。

二、读书宜先"粗"后"细"

社会科学是用科学的方法研究人类社会现象的学科,主要包括经济学、政治学、法学、伦理学、社会学、人类学等。阅读社会科学论著宜粗读与细读结合,先"粗"后"细"。第一步,先了解作者的意图,知道全书的主旨。可以看序跋,看出版介绍及相关评论,大致清楚作者和写作背景,看他为何要做这项研究,要解决什么问题,提出了哪些基本观点。这是粗略的"预读"——做准备的。

费孝通在《乡土中国·后记》和1985年版《重刊序言》中把这本书的背景、写作经历以及写书的目的说得很清楚了。原来费孝通在二十世纪三十年代所从事的学术工作是"实地的社区研究",目标是"社会结构的分析",属于社会学的范畴。《乡土中国》就是这种研究的结果。后记比较长,叙述了社会学的学科史,涉及的流派众多,名词术语不少,我们不必感到畏难和紧张,大致了解其学术源流就行。费孝通梳理学术史,是为了说明他的研究是在跟进当时社会学研究重视个案切入(即所谓聚焦于某个群体的"社区研究")的趋势,目标是"在一定时空坐落中去描绘出一地方人民赖以生活的社会结构"。这种研究的意义,是从农村来观察中国社会及文化,加深对国情的认识。除了看出版介绍、读序跋,还应当看看目录。社科类著作的目录一般都比较明晰,主要的观点往往会出现在章节的标题或目录中。看一遍《乡土中国》的目录,可能对其中有些名词或者问题是不怎么明白的,也可能有些是感兴趣的,回头再想想后记中交代的研究背景,我们对这本书的主旨便有粗略的了解了。

接着,就要浏览全书,不求深入,但求有整体感觉。既然是粗读,那就可以采取跳读的方法,把全书快速过一遍。每个章节的开头或者结尾可多留意,那里往往会提出观点;看到那些阐述观点或者定义概念的句子,要有意识地顺手圈画下来;其他部分则可以一目数行,"扫描"过去,大致的意思能懂,就往下读,别停留。这样蹦蹦跶跶读完全书，第一印象有了，有些疑点和兴趣点呈现了，阅读的期待自然也发生了。粗读是必要的头道"工序"，为整体阅读做准备的。如同到一个陌生的地方，先看看地图，确定方位，有什么景点或者生活设施，心里有数，游览的计划也就慢慢形成了。

三、要紧的是抓概念

粗读之后，就进入了细读，主要是分析性阅读，要花更多的精力。不能像读小说那样放松随性，社科论著的阅读要有计划和步骤，多动脑筋，多一些理性思考。

细读时最要紧的是抓概念。在科学研究中，把某些现象或者事物所体现的本质特点抽象出来，加以概括，形成一种说法（往往是某一个词句），这就是概念。比如，《乡土中国》中就有"乡土社会""礼治秩序""差序格局""无为政治"等概念，细读时要作为重点去"抓"。抓概念就是抓观点、抓重点、抓关键，特别是那些核心概念，抓住了才能纲举目张，把握全书的主要内容和学术创见，理解其研究的价值。

问题是，概念怎么去"抓"？像《乡土中国》的《后记》、目录中都提到一些核心概念，要留心记下。社会科学论著一般都附有内容简介，刊物上发表的论文前面也会有摘要和关键词，其中都会标示出核心概念，方便我们去"抓"。更重要的，是要在正文的阅读中时时留意概念。碰到概念，就要停留一下，琢磨这么几点：这些概念是在哪些部分、什么"语境"中提出的，其内涵如何，属于一般概念还是核心概念，行文如何围绕概念展开论析，等等。一般来说，论著的绪论、每一章（或者论文）的开头、结尾要特别留意，这些地方往往会提出概念，要先抓住，然后再到正文中去寻找和琢磨前面说的那几个问题。凡是提出概念或者定义概念的句子，有画龙点睛作用的，要顺手圈画下来。读完全书，回头再看那些圈画和琢磨过的概念，可以把它们排列在一起，这就如同有了一张阅读的线路图。语文课经常提醒抓住关键词，对社科论著的阅读来说，抓关键、抓概念是必备的能力。真正学会抓关键、抓概念，并不容易，这里提供的也只能是一些基本的操作办法。只有多读，阅读速度快了，语感强了，归纳提取信息的能力强了，会一目数行跳跃检索了，抓概念的经验也就逐步形成了。

抓概念的"抓"，还带有辨识内涵的意思。要多想想：概念，特别是核心概念，其所提出的上下文是什么，是借用过来的，还是作者自己在研究中提炼的。这也是细读的重点。有时候要前后来回读几遍，反复琢磨概念的"来路"和内涵。《乡土中国》并非一开篇就提出"差序格局"这个核心概念，而是先用五篇的篇幅做许多"垫底"。费孝通先讨论乡下人如何划分"群己""人我"的界限，结合分析古代传统中的伦理道德问题，发现中国人是以"己"为中心，和别人的关系就像石子投入水中的波纹一般，一圈圈推出去，愈推愈远，也愈推愈薄。这种集体无意识的习惯或者文化，就决定了农村社会格外重视人伦关系的基本结构。于是水到渠成，到第六篇，作者才归纳："中国乡土社会的基层结构是一种我所谓'差序格局'"，这是个核心概念，把这本书的要旨"定"住了,是费孝通的独特发现,是他的理论建树,后来成为社会学界广泛认可的定论。阅读《乡土中国》前五篇,我们注意其论述中几个概念的层层推进,抓住"差序格局"这个核心概念,等于抓住了全书论述网络的纲。在《乡土中国》中,几乎每一章都提出一二个概念,其层级可能比体现主旨的那些核心概念层级要低,但也都从不同侧面论证乡土社会的特点,最终完善对乡土社会特质的论说。阅读时要注意把握好每一章提出的概念,在理解这些概念的含义时,想想各个概念之间的区别与联系。

阅读社科类论著,还会经常碰到专业术语。术语是用来限定或表达科学概念的约定性语言,主要在所属专业领域内使用,行外的读者如果不懂其特别含义,就难以理解用它来展开论述的内容。所以阅读社科论著,要努力弄清楚其中专业术语的意思,扫除阅读的障碍。

《乡土中国》在论述农村社会的"结构"时,就用了许多社会学、人类学、政治学等学科的术语,比如"团体格局""权力结构""文化范型""血缘"和"地缘"等。要注意这些术语各自特定的专业含义。多数术语在文中会有所解释,联系上下文,用心推敲,就可以明白它的意涵。实在不懂的,也可以查找相关的资料(比如词典、百科全书等工具书),看怎么解释其意义。某些术语在工具书中的解释可能比较规范,但和书中使用的意思有出入,这就需要比较辨析,理解作者在用法上的特殊含义。也有些术语是作者为了论述的方便而发明的专用语,专业领域不一定通用,比如"感情定向""男女有别""无为政治""无讼"等。术语不能只从字面上去理解,特别是那些作者的专用语,似乎一看就懂,但书中可能另有所指,或者转换了词语原有的意思。哪些是专业术语,哪些是作者的专用语,很多情况下论著并没有提示和解释,读者只能自己去找,并且推敲它所传递的意义。

四、厘清论证理路:对话与命名

阅读社科类论著,最费功夫的,还在于要厘清其论证理路。《乡土中国》十四篇,每一篇都有一个分论点,诸多分论点汇聚并支撑起层级更高的主旨论点。每读完一篇,合上书,把内容过过脑子,想一想这一篇的论点是什么,最好还能用书中的一两句话或者自己的语言小结一下。对于初学者来说,小结不容易,这需要化繁为简,把一本厚书读成薄书。但这种训练对于思辨性思维的养成很有效。我们不妨举第一章为例子看看。

《乡土中国》要论证"中国乡土社会究竟是什么样的社会",并不是直接提出问题,而是从人们熟悉却未必关注的现象说起。那么就先谈乡下人的"土气",接着引向对中国传统社会小农经济完全要依靠土地这一现象的描述,导向一个论点:因为"土"的滋养,才有了"面朝黄土背朝天"的传统农业,有了聚村而居、与世无争的传统生活,有了生生不息的中国传统文化。进而又做理论升华,论证乡土社会结构为何是稳定的。最后才引申出一个重要的学术论点,指出乡土社会"是一个'熟悉'的社会,没有陌生人的社会"。《乡土中国》在貌似平易的叙说中层层推进论述，入情入理。阅读这样的学术论著，提炼把握分论点和主旨论点，把整本书论证的脉络梳理清楚，自己也得到了锻炼，从中学到如何让思维和表述更有条理，更讲逻辑。

　　顺便还要说说"论述"和"陈述"的区别，这在阅读社科论著时也要注意。《乡土中国》是作者上课的部分讲稿，带有"通论"性质，但没有写成面面俱到的教科书，也没有满足于陈述一般知识，而把重点放在与学术界既有观点对话上，带出问题与新的见解，这就是论述。其论述特别重视做的是两件事：一是质疑与对话，对既有的观点提出不同意见；二是命名，在阐述自己的发现或见解时，给出一个定论，或者是自成一说的说法。比如第八章讨论乡土社会的"秩序"，认为维持中国乡土社会运转的既不是"人治"，也不是"法治"，而是很特别的"礼治"。所谓"礼治秩序"的说法，就是独有的学术命名。类似这样的论述书中很多，可以挑选一二，重点琢磨分析，主要看其论证的逻辑推理。

五、材料上升为现象分析

　　《乡土中国》的研究属于社会学中的社区分析，目标是剖析"社会结构的格式"。社会分析可以从不同的角度进行，比如经济的、政治的、制度的等，也可以是宏观研究，但费孝通采用的是社会学的社区分析，从微观入手，达到宏观的认识。1936年费孝通曾对家乡的一个村庄做田野调查，在此基础上完成了题为《中国的农民生活》的博士学位论文（后翻译成中文出版，取名《江村经济》）。在写作《乡土中国》之前，费孝通又到广西、云南等地做过长期艰苦的蹲守式的田野调查，了解乡民的生活，感受他们的情感与文化。《乡土中国》深深植根于社会生活土壤，非常"有料"，非常"接地气"，这也是本书能够成为经典，影响远远超出所属学科范围的原因。阅读《乡土中国》，我们对社会科学研究的特点有了一些了解，社会科学家那种扎根现实生活、务实求真的科学精神值得我们学习。

读《乡土中国》一般都会对其中大量的民俗调查案例感兴趣，但不要满足于猎奇，还应当注意观察作者是如何处理这些材料的。费孝通的"拿手好戏"是筛选案例材料，提炼为可以印证乡村社区结构特征的"现象"，并和其他不同"文化格式"进行比较，以凸显乡土中国的特殊性。材料一经筛选提炼，典型性和代表性凸显，就往"现象级"提升，以便进入理论分析的层次。该书非常巧妙地、不露痕迹地吸收融合政治学、经济学和文化人类学等相关学科的方法，具有很高的理论站位和厚重的学术分量，而一切都是那样自然，没有任何理论的炫耀。如何观察社会的文化的现象？如何用科学的理论解释现象？有各种不同的角度，费孝通用的主要是社会学的角度，然而在方法论上的启示则"溢出"社会学范围，具有普遍意义。

《乡土中国》重在客观论证，我们依然感觉得到其中流淌着浓郁的传统文化意识以及乡土中国情结。通过这本书的阅读，我们加深了对于中国社会特别是农村社会的认识，也加深了对传统文化的认识。《乡土中国》论析的是旧中国的农村，从它问世至今，大半个世纪过去了，农村发生了天翻地覆的变化，但"变"

中又有哪些"不变"?传统与现代的转换和融合,乡村与城市的碰撞和交流,给社会带来哪些利弊?我们会想到当今的农村,想到农民工,想到社会习俗与风气,想到传统文化,想到中国的过去与未来,等等。好书就是这样,总能引起无尽的思考。

六、语文学习能从《乡土中国》中获得什么

阅读《乡土中国》是需要一些社会学知识的,不过对中学生来说,也不必在专业知识方面花太多精力,结合语文学习来阅读《乡土中国》,可能是更加必要的。《乡土中国》以调查和科学论证为主,但写得很有文采,充满人文关怀。文中渗透着对历史学、哲学、政治学、人类学等相关学科的深刻认识和精辟见解,是"杂"而化之。能做到科学、严谨而又好读,这种文体风格背后,需要学科整合的开阔视野,也需要深厚的文化底蕴,这是写作学术论著的一种境界。从语文学习的角度看,也是一部可圈可点的美文和范文。

这本书的论述非常简洁有力,有几点很值得借鉴。一是论点鲜明,每一篇集中解决一个问题,而且尽量把论点凝结为一种说法、一个概念。二是论证有很强的问题意识,强调对话,和学界不同的看法对话,以此凸显自己的观点。三是论证的求实,靠材料说话。四是大量引证传统典籍材料,有些引文是人们所熟悉的,但纳入本书的论述系统,就可能"翻新"出新的涵义。此外,还有许多写作经验也富于启发。比如议论文在论证推理的同时怎样能更生动而且有可读性,观点与材料如何结合,叙述和论

说如何平衡,以及如何摆脱从概念到概念的"八股味",等等。

《乡土中国》其实未必那样遥远。读完了,也许就从中学到如何阅读社科论著,如何分析思考社会现象,如何做一个有头脑、有见识、有担当的青年。

《红楼梦》整本书阅读的教学要点与难点

【题记】高中语文指定《红楼梦》为"整本书阅读"选目。本文系杨伟与笔者合作撰写，发表于《语文学习》2020年第1期。文章认为，《红楼梦》作为高中语文"整本书阅读"内容，要求不宜过高，不必深入讨论专题。能大致读完，对这部经典有初步的印象，就可以了。学生依靠自己的阅读经验去理解小说时，可能会有偏颇，但个人经验在《红楼梦》整本书阅读教学中，是十分重要的。

《普通高中语文课程标准（2017年版2020年修订）》（以下简称"《课标》"），《课标》制定了18个学习任务群来统筹高中语文教学。其中，第一个任务群便是"整本书阅读与研讨"，"本任务群旨在引导学生通过阅读整本书，拓展阅读视野，建构阅读整本书的经验，形成适合自己的读书方法，提升阅读鉴赏能力，养成良好的阅读习惯，促进学生对中华优秀传统文化、革命文化、社会主义先进文化的深入学习和思考，形成正确的世界观、人生观和价值观。""整本书阅读与研讨"任务群的学习贯穿于高中语文必修、选择性必修和选修阶段，包括经典名著、学术著作等的阅读与研讨，成为高中语文教学的热点。

《红楼梦》是我国古典小说的最高峰，以贾、史、王、薛四大家族的兴衰为背景，讲述了贾宝玉和林黛玉的爱情悲剧故事，展现了四大家族由鼎盛至衰颓的过程，批判了腐朽的封建统治阶级和封建制度。《红楼梦》是《课标》推荐的课外阅读书目，也是"整本书阅读与研讨"的对象之一，在高中语文必修下册教材中便设了《红楼梦》的整本书阅读与研讨。《红楼梦》的整本书阅读应该如何进行，具体教学内容是什么，难点是什么？我们可以根据《课标》"整本书阅读与研讨"学习任务群的学习目标、阅读要求，来寻找答案。

一、《红楼梦》整本书阅读的教学要点

《课标》指出"整本书阅读与研讨"任务群的学习目标与内容有五项。一是"在阅读过程中，探索阅读整本书的门径，形成和积累自己阅读整本书的经验"。二是"在指定范围内选择阅读一部长篇小说。通读全书，整体把握其思想内容和艺术特点"。三是"在指定范围内选择阅读一部学术著作"。四是"利用书中的目录、序跋、注释等，学习检索作者信息、作品背景、相关评价等资料，深入研读作家作品"。五是"联系个人经验，深入理解作品；享受读书的愉悦，从作品中汲取营养，丰富自己的精神世界，逐步形成正确的世界观、人生观和价值观"。就《红楼梦》这部长篇小说的阅读而言，具体学习目标涉及第一、二和五。因

此，我们根据以上三条教学目标来设定《红楼梦》整本书阅读的教学内容。又因为如上第一、二两个学习目标，涉及整本书阅读教学的方法，以及对小说思想内容、艺术特点的把握，都可以从小说人物、场景、语言等方面入手考查，所以，这里把第一、二两个教学目标结合在一起论说。

学习长篇小说的阅读门径。这部分主要涉及《红楼梦》整本书阅读方法。语文教学多选用短篇小说，在此方面，教师教学也有了成熟的教学方法。《红楼梦》属于长篇小说，语文教师对此比较陌生，会出现不知如何教的困境。事实上，长篇小说的教学也有相应的教学方法。关于如何阅读《红楼梦》，应把握六个方面，即"把握前面五回的纲领作用""抓住情节主线""关注人物形象的塑造""品味日常生活细节的刻画""了解社会关系与生活习俗""鉴赏语言"。这也就是说，在做《红楼梦》的整本书阅读时，教师应提醒学生从小说的前五回、情节、人物形象、细节描写、生活习俗、语言等方面来进行。如此做的原因就在于，小说前五回具有纲领作用，第一回为楔子，铺垫宝黛爱情悲剧，暗示贾家的结局，第二回交代小说人物，第三回通过林黛玉对贾府做了一番描写，引出重要人物，第四回介绍了小说的社会背景，第五回为全书总纲；再加上小说情节、人物、语言是十分重要的元素，《红楼梦》的细节描写、生活习俗又很具有特色。因此，在进行《红楼梦》整本书阅读教学时，教师可以着重从以上六个方面入手。

在明确了具体教学方向后，还应给予学生方法指导。这也可以从如下几个方面入手。第一，在人物方面，"绘制小说主要人物关系图表"。《红楼梦》这部经典中有名有姓的人物有400多个，包括荣国府、宁国府的主要人物，以及相应的仆人，还有之外的妃子、王爷、尼姑、道士，等等。为了使学生更容易读懂此书，教师可让学生自己绘制主要人物关系图表，从而使他们清楚小说主要人物之间的关系，理清小说的脉络。

在人物方面，还应让学生"体会人物性格的多样性和复杂性"。这也就是说，教师教学时应重视小说人物性格的多样性、复杂性分析。《红楼梦》的很多人物性格都是十分复杂的，如薛宝钗、王熙凤、袭人等人，即便是贾宝玉、林黛玉也是如此。例如，薛宝钗虽然容貌美、天资聪慧、博学，但是又成熟世故、善于忖度、功利无情，最终与宝玉结合，但也埋葬了自己的幸福。教师在具体讲读过程中，要注意让学生体会人物性格的多样性。

带学生"品味日常生活细节所表现的丰富内涵"。《红楼梦》涉及的内容非常广泛，包括诗词曲赋、音乐绘画、酒令笑话、饮食起居等等。为了能够很好地理解小说，教师可以鼓励学生把小说中的日常生活片段写成短文。

"欣赏小说人物创作的诗词。"《红楼梦》中有很多诗词曲赋，成为小说一大特色。这些诗词曲赋也能够从一定程度上反映小说人物的性格。教师可以对学生进行分组，带学生品味小说诗词，并撰写短评。

让学生发挥想象力，"设想主要人物的命运或结局"。教师可提示学生根据小说的诗词来完成推断。比如，小说在写到王熙凤时，给出的诗词是："凡鸟偏从末世来，都知爱慕此生才。一从二令三人木，哭向金陵事更哀。"这几句诗也就道出了王熙凤这个不平凡的女强人，生在了贾府大势将去的末世，最后落得个被休弃的结局。像这样的诗词，小说还有很多。教师可以通过这些诗词，或者小说中具有暗示性的语言来推断主要人物的命运、结局。

写研究综述，"体会《红楼梦》的主题"。小说阅读教学的目的之一，是要理解它的主题。学界对《红楼梦》主题的研究涉及很多方面，包括封建制度、家族衰亡、宝黛爱情、人情世态、女权觉醒等等。鲁迅先生说，一部《红楼梦》，"经学家看见《易》，道学家看见淫，才子看见缠绵，革命家看见排满，流言家看见宫闱秘事"。针对此种情况，也为了使学生更深刻地理解《红楼梦》的主题，教师可引导学生写作《红楼梦》主题的研究综述，以培养学生查阅资料、写作文献综述的能力，获得对《红楼梦》更深刻的认知。

如上六个方面，也不一定面面俱到，而应有所侧重。在"绘制小说主要人物关系图表"方面，只有学生对荣国府、宁国府主要人物关系有所了解了，才能更好地读懂此书，这是进行《红楼梦》整本书阅读的基础。从其重要性与学生学习能力方面来看，学生是可以完成这部分内容的学习的。人物形象是小说的关键内容。对人物性格多样性的探讨，是我们教学的一个重点，也是学生学习的重要内容。在欣赏小说人物创作的诗词并写作短评时，要考虑每个学生对诗歌的鉴赏是否有兴趣，或者是否有能力地完成。同样，在品味小说日常生活描写并写作短文时，也要考虑学生的学习能力。特别是小说在描写生活时，涉及很多说明文内容，这也要考虑学生是否有兴趣。而"体会《红楼梦》的主题"是我们教学的核心内容，应强调学生完成。如上六方面内容的完成不能死板，只有灵活，才能更加调动学生的积极性，更顺利完成学生对《红楼梦》整本书阅读的学习。

联系个人经验阅读作品，或者尽可能沉浸阅读，获取个人印象最深或者最有兴趣的方面，去深入体会。这也就是说，在读《红楼梦》时，要联系个人经验，深入理解作品，那么就能获得审美愉悦，以及精神性的熏陶，逐步形成正确的世界观、人生观和价值观。也因此可以说，整本书阅读教学十分重视阅读者个人经验、感受。

另外，还应重视学生独特的审美感受。《课标》提出的语文核心素养包括四个方面，"语言建构与运用""思维发展与提升""审美鉴赏与创造""文化传承与理解"。"审美鉴赏与创造"是其中的一个方面，把审美纳入教学中。这就要求教师在教学时，不能少了审美分析。

《红楼梦》有大量关于建筑、饮食、服饰、诗词、音乐等的描写，由此读者能够看到当时的文化现象，感受小说表现出来的多种艺术美，获得极为丰富、深刻的审美体验。教师在《红楼梦》整本书阅读教学中，应带领学生对小说的艺术美进行感知、鉴赏。但是，教师也不能做具体的规范要求，在对小说进行审美鉴赏时，要发挥引导作用，尊重和培养学生个性化的审美感受。只有这样，才能使学生真正投入到阅读中，发现整本书阅读的乐趣。

二、《红楼梦》整本书阅读教学难点

在对《红楼梦》整本书阅读教学内容有了了解之后，我们还应思考其中的诸多难点。

一是学生的阅读心理障碍。高中生未必理解和喜欢这部表达人生体验的深刻而博大的书，他们有心理上的"隔膜"。《红楼梦》是一部很深刻的书。小说写了贾府的丑恶，例如贾敬追求长生，贾赦骄奢淫逸，贾政深受八股戕害，贾府年轻子弟纨绔堕落，等等。在这之上，小说又写了四大家族由兴盛到衰败的过程，由此揭露封建家族的腐朽，批判封建制度，并展现了当时封建贵族在政治、经济、文化、思想等方面的状况，刻画了贵族与平民之间的矛盾、封建社会的阶级斗争。因此，《红楼梦》是一部具有巨大社会意义的小说，不仅写了爱情悲剧，更是写了封建社会的方方面面，对社会制度、政治历史、封建家族、婚姻自由、女权等问题进行了思考，展现了社会日常生活的细节。因此，《红楼梦》是有一定高度的。

高中生对情感、对社会的认知上还很不深刻，与《红楼梦》的内容之间存在一定的心理距离。高中生还不到十八岁，他们面对的群体是家人、老师、同学，他们对社会的认知，更多的是在与家人师长的聊天中获得，还缺乏自己对社会真正的理解。像《红楼梦》这样一部高深的作品，高中生是不能够完全理解的。虽然小说有众多审美描写，学生们也能够从多个方面进行审美体验，但是鉴于他们的认知水平，他们对作品中人、事、物有一定的距离，不能够完全进入作品。因此，这成为《红楼梦》阅读教学的一个难点。学生与作品保持了一定的距离，会造成他们并不能够真正进入小说阅读状态中，不能够顺利理解小说的主题。

这就需要发挥教师的引导作用了。一是需要教师对小说涉及的封建社会的政治、思想、经济、文化等内容，进行介绍，适时点拨，循循善诱地带学生进入《红楼梦》的整本书阅读状态中去。二是需要引导学生学习资料的查阅。三是可以借助影视资料来讲解，便于学生理解小说。

二是《红楼梦》情节描写比较平淡，有点散文化，与学生普遍阅读的流行读物有很大的落差，审美上也会"隔膜"。《红楼梦》打破了中国章回小说的窠臼，改变了章回体小说中说书人叙述的体例，以散文化描写为主，对社会生活进行着全景塑造。小说的情节多写情爱、宴饮、看戏、作诗、死亡等，少了古代章回小说的传奇性、惊险性情节描写，从而显得平淡。

这同样会加大教师教学的难度，审美的隔膜是《红楼梦》整本书阅读教学的一个难点。学生的阅读习惯、阅读品味与《红楼梦》的风格有"隔膜"，会很难进入《红楼梦》的阅读状态中，很有可能出现学生不爱读、不爱学《红楼梦》的情况。这需要教师通过多种形式来培养学生的兴趣，只有建立起了最基本的阅读兴趣，学生才能顺利进入学习状态；然后指导学生阅读《红楼梦》，消除他们内心的"隔"；最后强调《红楼梦》整本书阅读的重要性，以此促使学生认真阅读此书。

三是《红楼梦》部头大，节奏慢，学生也可能不适应。《课标》将整本书阅读与研讨任务群安排在高中语文的必修课中，学

18课时。《红楼梦》是部长篇章回体小说，一共120回。把《红楼梦》纳入教学中，对学生来说，小说部头大，学习时间长，难度大，可能不适应。这对教师教学而言，也是一个难点。学生对《红楼梦》整本书阅读的不适应，会减弱学生的学习兴趣，从而使教学不能顺利展开。面对这种情况，教师可以在一开始选择能引起学生阅读兴趣的章节进行讲述，比如宝黛初会、黛玉葬花、刘姥姥游大观园、宝玉出家等内容，让学生对《红楼梦》有初步了解，理解《红楼梦》的艺术特点，由此改善学生不适应的情况，引起阅读的兴趣，增强阅读《红楼梦》的自信心。

下 辑

语文统编教材是怎样"炼"成的

我与人教社的三度合作编写教材

【题记】本文为祝贺人民教育出版社成立70周年而作，发表于《中华读书报》2020年7月16日。文中回顾了笔者与人教社三次合作编写教材的经历，介绍笔者如何及为何"介入"教材编写，让读者对教材编写某些背景有一个大致的了解。

1952年我上小学，读的语文课本就是人民教育出版社的。当时年纪小，不太注意谁编的教材，后来才意识到，自己的童年生活与精神成长竟然和一个出版机构有如此紧密的联系。我们这一代，以及我们的儿孙两代，都是读着人教版教材长大的，如今人教社七十大寿了，饮流怀源，受施勿忘，请接受我诚挚的感恩与祝贺。

五六十年代读人教版教材的学生，万万想不到，几十年后居然能参与这个出版社的教材的编写，这工作一做就是十七年。

2003年1月，人教社中学语文编辑室的顾之川和顾振彪两位先生来找我，说打算编一套新课标高中语文教材，希望我促成此事。虽然编教材在大学不算学术"业绩"，却是淑世之举，我二话不说，就答应下来。又提出请袁行霈先生领衔主编，顾之川和我来做具体工作，当"执行主编"。我出面请了北京大学中文、哲学、新闻等院系的十多位教授参加编写团队。他们中有陆俭明、何九盈、苏培成、曹文轩、陈平原、刘勇强、何怀宏、常森、沈阳、姜涛、张辉、陈昌凤等；还请了清华大学中文系系主任徐葆耕和首都师范大学文学院院长吴思敬加盟。一批优秀的语文教师，包括程翔、翟小宁、管然荣、邓彤、郑晓龙等，也鼎力参与。中语室更是热情高涨，全力以赴，顾之川、顾振彪、张厚感、熊江平、朱于国、刘真福、李世中、王本华、贺敏、王涧、赵晓非等等，都曾参与编写，担任责编，或者审稿。以前编教材主要靠出版社的内部运作，邀集社外这么多专家教授联袂勠力，大概是头一回。

  记得在启动会上，我提出要"守正创新"，按照课标的精神来编写，内容与方法上推进改革，但不是颠覆，过去教材编写的好的经验也应当吸收进来。要总结课改实践的得失，还要充分考虑大面积使用的可行性。从2003年启动，到2006年完成，编写团队先做大量的调查，认真学习新课标，研究中外母语教材的经验，然后拟定框架体例，选择课文，设计教学，每一步都充分发挥大家的才智，团结协作是非常好的。这也因为有中语室在其中起纽带和核心作用。不到3年，人教版的"普通高中课程标准实验语文教科书"就通过审查投入使用，其中必修5册，选修15种，既有"基本口粮"，又有自主学习选择的空间。我本人是很看重这套教材的，它的课文选得好，经典性、可读性兼顾，读写教学的设计有许多创新，又稳妥实用。选修教材是个尝试，也深入浅出，各有特色。在几个版本激烈竞争的情况下，这套教材脱颖而出，获得广大师生的肯定，全国的使用率最高。

十多年过去，我还常想起和人教社同人一起编教材的情形。在景明园、西郊宾馆和金台饭店等处，封闭式工作，有时一住就七八天，虽然辛苦，却又充实并快乐。

后来又有第二次合作，编小学和初中语文统编教材，是教育部布置的任务。记得是2012年2月26日，在人教社会议室，教育部基础二司转达了部领导的意见，聘任我担任义务教育语文统编教材的总主编。为何会选上我？可能因为此前我主持过义务教育语文课程标准的修订，也因为人教社申报义教语文统编教材的方案时，推举我担任主编。后来教育部从全国遴选，就确定了让我来担纲。编写团队是由人教社主导的，邀请了社内外许多专家和一线教师，小学与初中两个组加起来有40多人。曹文轩、李吉林、崔峦、顾之川、张笑庸等分别担任小学与初中的主编，陈先云、王本华任执行主编。人教社参与编写团队的主要有：徐轶、朱于国、郑宇、何源、刘真福、李世中、王涧、胡晓、张立霞、熊宁宁、常志单、韩涵、陈尔杰、陈恒舒等。列出这么长的一个名单，是想说明人教社小语和中语两个编辑室在这套教材编写中起到的中坚作用。从小学到初中，9个年级18册教材，工作量巨大，虽然框架体例和课文都是整个编写组设计和论定的，但很多具体的文字操作，包括导语、习题、注释等等，都得依仗小语室的同人。他们默默耕耘，贡献最大。

因为是统编本，全国就这一套，审查非常严格，前后有20多轮审查。最后一关是中央的审查，2次进中南海直接听取领导的指示。刘延东副总理把我们送出会议室时，握着我的手说："语文编得不错。"这回真体会到教材编写作为"国家事权"的分量了。2016年秋季，小学和初中语文统编教材投入使用，社会反响很大，央视《新闻联播》也做了报道。回头看，这套教材强调"立德树人"和"读书为要"，小学学拼音之前先安排几课识字，设计了"和大人一起读""快乐读书吧"等延伸阅读的栏目，初中实行"教读""自读"与"课外阅读"三位一体，等等，都是特色。有报道说这套新教材专"治"不读书，说到点子上了。这几年的试用反馈的意见是充分肯定的。

特别值得提到的是，小学、初中语文统编教材完成后，有中央领导的批示，给予高度评价和褒扬。后来又被评为首届全国教材建设奖特等奖。

编完小学和初中语文教材后，接着要编高中，2017年6月启动。这是我与人教社的第三次合作。那时我济南、北京两地跑，又刚动过一次手术，有点疲惫；再说2017年版高中语文课标颁布前我看过送审稿，感觉改革的力度很大，教材很难编，自感力不胜任，就向教育部表示不打算再接高中的编写任务了。但教育部副部长郑富芝同志（时任教育部教材局局长）两次纡尊登门，来家里说服我继续担任总主编，说这事中央定了，换人不太好办。人教社韦志榕总编辑也来看我。他们的诚恳让我感动，就还是勉为其难，接着做下去吧。

高中语文的编写果然和前两次不一样。以前都是由人教社主导，小语和中语两个编辑室人员从编写、编辑到出书一条龙做下来。而高中的编写是教材局直接领导的，大事小事都过问很细。教育部组织了编写组,有各方面的专家、语文特级教师,还有以前几个不同版本的主编,包括刘勇强、过常宝、陈章灿、杨九俊、柯汉琳、王荣生、王立军、郑桂华,等等,有二十多人,阵容豪华。大概考虑这是统编本吧,一开始有意识要"淡化"原人教版的"色彩",中语室的编辑基本上只管编辑,不参加编写。我向领导提出,教材编写的专业性很强,若只靠我们这些外请的专家,人教社不全程介入,显然是不行的。编写的事务的确非常繁杂,后来领导也只好同意中语室的编辑参与编写。王本华、朱于国、李世中、尤炜、王涧、胡晓、韩涵、陈恒舒、陈尔杰、曹眤、覃文珍等,都是既参与编写,又负责编辑,还有各种繁杂的编务,包括安排会议、试教、培训、教师用书,以及应对网络舆情、作总结、写报告等等,教材局一个电话,中语室就得行动。

高中语文的编写可谓举步维艰。因为社会关注度高,网上不时拿教材来炒作,压力很大。要严格落实新课标的规定,比如以"学习任务群"组织单元,实施以活动为主线的"自主性学习",以及特别强调立德树人,政治上把关,等等,要求非常高。而我们学习领会也需要有一个过程,如何体现改革,如何把课标的精神转化为教材,如何满足大面积使用的需要,要不要安排习题,"学习任务"如何避免蹈空,等等,都是很具体的,真是绞尽脑汁。教育部要求实施编审结合,课标组和指导组除了审查教材,几乎全程指导并参与部分编写。因为角色不同,观点有异,有时会有一些争议,甚至还比较激烈。但教材毕竟是公共知识产品,最终都要求同存异,达成共识。"绳墨以外,美材既斫"的遗憾也是难免的。

编写高中语文统编教材真是好事多磨。熔裁洗漉，权衡益损，光是框架体例就改动五六遍，有的单元稿子重写二三十遍。编写组人员分布全国各地，聚会不容易，不能一有问题就召集讨论，很多时候只能把领导或者专家的意见转给我，我和中语室再研究处理。好在我们彼此的合作很默契。最后定稿，时间非常紧，要消化或回应各方面提出的数百条意见，甚至还要调整单元，也是以中语室为主，加上编写组部分成员，教材局的领导和人教社总编辑郭戈同志亲自督战，夜以继日，突击完成。经过反复打磨，层层把关，前后花了近3年时间，到2019年底，全部书稿才得以杀青。

人事倥偬，指顾之间，与人教社合作编书已经十七年。感谢人教社给我机会，让我学到很多书本上和学校里学不到的东西，体会到为社会做实事并不容易。编教材更是如履薄冰，责任重大，而人教社的同人年年月月都在做这难事，这支任劳任怨的专业团队真令人赞佩。

不能以"认知方式"取代"筹划问题"

【题记】本文根据笔者2020年12月12日在人教社教材研究论坛上的发言整理，发表于《课程·教材·教法》2020年第1期。文中提到，不能简单地以"认知的方式"来取代"筹划问题"，否则很容易导致对现实问题的视而不见，使我们的研究工作沦为"坐而论道"。无论制订课标，改革课程，还是编写教材，都是复杂的系统工程，必然牵涉方方面面，要靠某些"合力"来最终完成。

与人教社三次合作，编了十七八年教材，总有一些体会或者感想，这里不妨说说，也许以后能给研究教材编写提供一些材料。

一、教材研究，不能只看结果，更重要的是过程

特别是语文教材，不能只对出版了的教材进行研究，还要看这个教材是如何形成，为什么最终是这个样子。编写过程有过哪

些矛盾、争议和波折，有过哪些行政的或者社会舆论的干预？既定的教育状况又如何制约教材的编写？有哪些错漏在评审过程中得到纠正，又有哪些本来是必要的符合教育规律的内容在反复折腾中不得不放弃？有政治干预是必然的，每个时期都会有它的政治指向及要求，但这种"必然"可能会付出哪些代价？等等。只有了解这些编写的背景和复杂的过程，才能理解为什么教材最终是这个样子，它的得失优劣有哪些前因后果。

我看有些研究教育史、教材史的文章，只注重对已经出版的教材的分析评价，顶多加上一些大的社会背景，或者编者的教育观念之类，那是远远不够的。如果研究民国时期的教材，可能比较简单，因为当时是私人编撰为主，出版社邀请几位作者，根据他们自己的学养、教育观和经验去编就可以了。也会有政治和商业因素的干预，但不一定是决定性因素。但现在编教材和民国时期完全不同，现在的教材，特别是语文、历史等意识形态属性较强的教材，它的编写属于国家事权，这一点越来越明确。因此，对于教材编写的政治要求非常高，很多情况下，首先要服从政治的要求，相关的管理部门也会有很多指示与干预。还有，就是时代不同了，现在是信息社会，教材编写会时刻受到社会舆情的左右。从大局考虑，政治考虑，这些都非常必要而且无需讨论的，教材编写只能执行。但是否因此而存在"绳墨以外，美材既斫"的情况呢？以后的教材史研究，是必须把这几个方面充分考虑进去的。现在提出教材是公共知识产品，是国家事权，你不考虑这些决定性的影响，如何能理解教材编写的变化？所以，我建议人教社有意识地记录收集上述几个方面的资料，建立档案，保留下来。这是以后研究教材史的重要史料，也是人教社重要的文化资产。

二、教材研究，要认真调查研究大面积使用的情况

现在统编教材刚刚开始使用，也已经有一些关于教材使用的调查。这是非常必要的。这种调查最好能上升为对于普遍性问题也就是所谓"现象"的学理性探究，而不只是为了向上报告的经验总结。我看语文学界的研究水平较低，就是因为大都停留于经验总结，而没有上升到理性分析，更缺少对于普遍存在问题的"现象"分析。现在的情况是，每一阶段的经验总结都很多，都头头是道，但不一定经得起推敲，时过境迁，这些所谓经验性的总结文章就毫无价值。所以研究教材，必须实事求是，先做好跟踪调查，直面现实，而不是先入为主，还没有怎么做，经验就出来了。要看哪些问题是真实的、大面积存在的，是难以解决的，也就是所谓"现象级"的，然后以问题为导向，去构设研究的思路和框架，努力提升到教育科学的层面。

三、教材研究，要结合研究课改实施的真实状况

要正视目前整个教育改革的"瓶颈"，实事求是总结课改的成绩、经验与缺失。当前课改的实践经验以及所需解决的问题，是教材研究的出发点和生长点，也是研究的"归宿"：我们的研究终究还要解决教材编写以及语文教学的实际问题。目前有两

样基础性的工作必不可少：一是弄清"家底"，百年来尤其是最近二十多年来我国语文教学的历史经验，就是"家底"。尽管人们对语文教学的现状有这样那样不满，甚至有些愤激，但无可否认，以往的语文教学还是成绩巨大，经验丰富。当我们进入研究，就必须对此保持一种温情与敬意，当然还要加上分析的态度，守正创新，把以往语文教学好的东西继承下来，不能搞虚无主义，不是推倒重来。还要放开眼界，广为借鉴外国的先进教育理论与实践经验。不是照搬人家的理论，而是结合国情，让异域文术新宗，真能落地生根，为我所用。应当说，如何结合语文课程与教材的改革来清理"家底"，借鉴域外理论，这样的工作才刚刚开始。

我提出以上三点，主要是关于语文教材研究的，其实也牵涉学风问题。现在的学风不太好，很浮躁，形式主义的东西比较多，毛泽东同志批评的"钝刀子割肉"的"党八股"也不少。现今关于语文课程和教材的很多讨论文章，都是公说公有理，婆说婆有理，争论难以"聚焦"。翻开各种语文刊物，大多数论文仍然停留于经验描述，通常就是观点加例子，很少有严密细致的量化分析与科学的论证。几十年了，有许多基本问题还是糊里糊涂的。比如现在中学语文的文言文是多了，还是不够？已经争论很久，看法可能完全相反，彼此都有它的"理由"。可是至今很少有人用科学的方法去跟踪调查，靠数据分析，来认定社会学意义上的当代"标准公民"，高中毕业后到底需要怎样程度的文言修养，就可以满足他们生活与工作的需要；而体现在教学上，又应当有怎样的层级标准与措施。又比如，语文知识特别是小学语文的必备知识,现在讲的是"随文学习",那么教材编写是否还要当有知识系统?类似的课改中需要解决的问题很多,如果停留于经验层面,光是靠"观点加例子"争来争去,是解决不了的。我们学中文出身的老师,长处可能在感性,会写文章,短处是缺少科学的方法训练。所以语文课程与教材的改革的确任务很重,除了激情,还需要实事求是的态度,以及科学的方法,特别需要相关学科研究方法的介入。

十多年前,我曾经给洪宗礼同志主编的《母语教材研究》写过一篇书评。我在准备这篇发言稿时重新翻出来读了,感到有些悲哀。十多年过去,我本人没有什么长进,而多年前写的文字,现在照搬出来,也还是不无针对性。说明什么?我的话等于白说,如一箭之入大海。十多年前我到底说了些什么呢?

就是不能简单地以"认知的方式"来取代"筹划问题",否则很容易导致对现实问题的视而不见,使我们的研究工作沦为"坐而论道"。无论制定课标,改革课程,还是编写教材,都是复杂的系统工程,必然牵涉方方面面,要靠某些"合力"来最终完成,这和写几篇痛快文章,或者搞个什么显示政绩的"工程",完全是两回事。有些东西很理想,但碰到现实,可能是"可爱而不可行"的;有些经验在某一地区或某一类学校实行得很不错,到了其他地区或学校,就可能走不通。所以说不能以"认知的方式"来取代"筹划问题",不能以经验主义遮蔽科学的态度,重要的是既实事求是,脚踏实地,又有高远开阔的胸怀,以及必要的理论观照。

人教社不是一般的出版社,它在教材编写上的地位、功能和权威性远超出一般出版社,应当珍惜人教社的优势条件,重视编教材和研究教材这两手。人教社有两块牌子,一块是人民教育出版社,另一块是课程教材研究所。但愿后一块牌子能够很好地得到利用,得到充实。左手编教材,右手搞研究,这是一举两得的好事,人教社是完全有能力做到的。

在义务教育语文统编教材编写启动会上的讲话

【题记】2012年2月,教育部启动编写义务教育(小学和初中)语文统编教材,从全国选拔一批专家、作家、一线教师和人教社编辑组成编写团队,聘我担任总主编。2012年3月8日,教育部召开义务教育语文统编教科书编写启动会,我在会上做了这篇发言,表述对教材编写的一些设想和担忧。教材编写是国家的事权,兹事体大,要贯彻立德树人精神,还有各方面的要求和制约,需要寻求必要的平衡。事实上,有些设想在后来的编写中并未能得以实现。

编写义务教育语文教材这件事,酝酿已一年多,最近才决定下来,基础司(指教育部基础教育二司,后改为教材局)要求9月份就要使用新教材,确实非常紧急,困难很多。按照常规来说,这样仓促编写,有点不可思议。一套教材怎么也得打磨二三年才能出来。几年前我参与编写人教版普通高中课程标准实验教科书语文(2003年前后出版),也磨了差不多两年,还有人批评说太着急。何况很多人并不赞成统编教材,他们眼睛都盯着这件事。我们接这个任务，压力是非常大的。但既然是国家的任务，而且是这么重要的一件事，兵临城下，容不得去过多议论，也不应当去考虑个人的得失了。接了任务，无论如何就要按期、保质保量完成。我们还是要有信心，只要下功夫，一定可以在短时间内编出一套高质量的教材。说这话不是虚的表态，是有根据的。

根据之一，就是10年课改，积累了许多宝贵的经验；已有的小学12套、初中8套教材使用多年，其得失也可以参照。我们编的是所谓"国编本"，可以充分吸收全国各种同类教材的经验，来充实丰富自己。我们并非一无所有，从头做起。事实上，这套新编教材所拥有的资源是任何一套教材都没有的。虽然时间短，但这套教材的标准定位要高，起码应当超越既有多种版本的水平。大家要有这个信心。

编好这套教材，指导思想上要明确，就是要把十年课改沉淀下来的经验吸收进来，要以新颁布的语文课程标准[1]来确定教材编写的思路。下面，先讲讲我对课改与课标的认识。

一、通过教材把课改的经验沉淀下来

课改10年了，效果怎样？现在有很多批评，但我认为成绩要肯定，也要承认课改的确举步维艰。一种趋向是，把课改片面理

---

[1] 指《义务教育语文课程标准（2011年版）》。本文所说"新课标""课标"如无特殊说明，均指这一课标。

解为颠覆性的，不顾实际条件，一味追求课改的形式与声势，语文课上成了思想教育课，掏空了语文。"花架子"并不可能提升教学质量，反而把新课程"名声"给败坏了。但更令人担心、更普遍的现象是，很多地区和学校我行我素，仍是老一套。学生的学业负担减不下来，甚至比10年前加重了。课改在竭力反对竞技式教育，可是"竞技"在不断加剧与提前，提前到小学、学前班，甚至"胎教"。于是很多批评又指向课改，认为不改还好，越改越糟。

十年课改举步维艰，到底是怎么回事？是课改本身有问题吗？可能有些问题，但责任主要不在课改本身。主要是这十多年来，经济发展了，社会财富分配差距拉大，竞争加剧，社会心理紧张。最近十多年大学扩招，本来可以让更多青年上大学，可是对优质教育资源的竞争反而加剧。所以，课改提出的那些先进的教育理念，在这种非常紧张的社会心理面前，被虚化了。我们的确应当正视这种现实，看到课改所面临的巨大困难。也要看到，老百姓对现行的教育状况是很不满的，他们希望改革。课改实施是有巨大的潜在动力，势在必行。课改不可能再走回头路，只能从长计议，调整步伐，坚持下去。

我们的新编教材，应当看作是这次课改的直接产物，是对课改的总结与支持。课改中提出的很多新的先进的教学观念，如"以人为本"，重视学生整体素质发展，注重学生身心健全发展，以学生为主体，启发式学习，引导学生学会学习，注重基本能力培养，等等，在课改中得到集中强化提倡，成为普遍的社会共识。新编教材应当把这些东西吸收体现出来，教材编写是有些理想主义的事业,我们要力求摆脱平庸,让这套教材在众多同类教材中显示出特别的光彩。

二、依照语文新课标来编

围绕语文课的争议特别多。这次课标修订,也注意到各种争议,吸纳那些比较切合实际的意见;但更主要的工作,是针对长期以来语文教育方面存在的普遍性问题,总结这十多年来课改的经验,同时按照国家教育规划的总体要求,面向未来,提出语文课程的基本标准。我介绍修订过程和相关的理念,也许对于教材编写是有参照意义的。

这次修订,在如何让社会主义核心价值观渗透到语文教学中,下了很大功夫。比如课程性质,这次修订明确说明:"语文课程是一门学习语言文字运用的综合性、实践性课程。义务教育阶段的语文课程,应使学生初步学会运用祖国语言文字进行交流沟通,吸收古今中外优秀文化,提高思想文化修养,促进自身精神成长。"这样,就把工具性与人文性统一起来了。我们编教材要做这种统一的工作,做得自然一些,不去刻意突出人文性,更不要把两者割裂开来。

关于语文知识的问题,也是有些争论的。现在老师们受制于应试教育,很注重做题,注重讲授和操练所谓系统性的语法修辞知识,这并不利于学生自主学习,发展个性,而且容易让学生对语文产生厌烦。课程标准特别强调要摆脱对语法修辞等概念、定义的死板记忆,必要的语文知识的学习可以保留,办法是随文学习，不必刻意追求系统性。这次修订将原来的附录《语法修辞知识要点》内容扩充了，增加了关于汉字、拼音、阅读、写作、文学等方面的知识，不过并没有完全采纳将语文知识"细化、系列化"的建议，因为过分细化和系列化，有可能使课程标准显得烦琐，并对教师造成束缚。但教材编写还是要有自己的语文知识体系，要有把得住的教学要求，下面我还会谈这个问题。

还有，就是"三个维度"问题。新课标要求关注学生的全面素质，为语文课程标准的目标系统建立了"三个维度"的模型，即：知识与能力、过程与方法、情感态度与价值观。语文课程需要结合本学科的特点和内容，促进学生整体素质的发展。课标这样表述，是有针对性的。过去，语文课程的基本目标曾经是"语文知识"，后来则突出"语文能力"，关注点集中于语言文字运用的技术层面。我们新编教材肯定要体现"三个维度"的思想，但目前很多语文教材对"知识与能力、过程与方法"这两个维度如何体现，是不明晰的，甚至可以说是有些混乱的。这次新编教材要认真考虑这个问题，重视知识与能力、过程与方法的落实。

与此相关的是"语文素养"，这是新课标中比较引人注目的核心概念。所谓"语文素养"，是指中小学生具有比较稳定的、最基本的、适应时代发展要求的听说读写能力以及在语文方面表现出来的文学、文章等学识修养和文风、情趣等人格修养。过去语文课一般只讲语文能力，比如"听说读写能力"，现在提出"语文素养"，涵盖面大一些，既包括听说读写能力，又不只是技能性的要求，还有整体素质的要求。就是说，语文课程在语文基本能力培养的过程中，必然要注重优秀文化对学生的熏染，注重学生的情感态度价值观，以及道德修养、审美情趣得到提升，良好的个性和健全的人格得到培养。同时让语文教育在继承和弘扬中华优秀传统文化、增强民族文化认同感，增强民族凝聚力和创造力方面，发挥不可替代的优势作用。语文素养是在"双基"基础上的丰富与发展，而且包括了对"双基"的重构。

教材编写应当把提升学生语文素养作为主要目标。但提出"素养"不等于不要"双基"，不等于不要训练。教材编写是很具体的，我们的课程设计，包括教学提示、思考题、综合性学习，都要遵循课标，倡导启发式、探究式、讨论式、参与式，帮助学生学会学习，激发学生的好奇心，培养学生的兴趣爱好，营造独立思考、自由探索的良好环境，但同时也需要"训练"，语文学习肯定还是要有不断训练的过程。

教材编写中要关注一下这次课标修订的情况。有一些变动值得注意：有的部分原先设定的目标难度过高，这次适当降低了；有的地方需要补充说明，要强调改变烦琐的教学过程和过于理性、抽象的要求；有的地方要修改对"目标""建议"的表述，力求使各学段目标的梯度和层次及有关表述更加清晰；在"课程目标"和"实施建议"中，还有必要进一步强调关于语文学习的关键性要求，补充相应的措施和说明。下面再具体说说几处修改。

一是适当减负。这个"减负"不完全是学习负担的"量"的减少，更是追求学习效率的提高，以及激发兴趣，教学生学会学习。比如小学生的识字、写字教学，过去一二年级就要求会认

1600—1800字，会写800—1000字。现在减少识字量，改为认识1600，其中会写800。提倡"多认少写"，希望扭转多年来形成的每学一字必须达到"四会"要求的做法。还请专家对儿童认字写字做了专门的字频研究，从儿童语文生活角度提出先学先写的300个"构形简单，重现率高，其中的大多数能成为其他字的结构成分"的字。这些字应当作为一二年级教科书中识字、写字教学的重要内容。

二是更加重视写字与书法的学习。从小学一年级到初中三年级都有相关规定，强调"写字姿势正确"和"良好的写字习惯"，强调书写的规范和质量。明确写上"要在每天的语文课中安排10分钟，在教师指导下随堂练习，做到天天练"。

三是阅读教学也有新的理念，那就是强调阅读是个性化行为，尊重学生的阅读感受，教师应加强指导，但不应当以教师的分析代替学生的阅读实践，不要以模式化的解读代替学生的体验与思考。这些意见对当前某些教学倾向是有针对性的。教材的阅读提示和练习题设计，都要参考这些意见。

课标还特别注重学生读书的问题，提出"学习语文必须注重读书，注重积累和语感培养，注重品味、感受和体验，注重语言文字运用的实践"。针对学生不读书、少读书的现象日趋严重，课标特别写上这样一句："要重视培养学生广泛的阅读兴趣，扩大阅读面，增加阅读量，提高阅读品位。提倡少做题，多读书，好读书，读好书，读整本的书。"对于课外阅读，课标也格外重视，阅读量有具体要求，九年课外阅读总量达到400万字以上。如何做到课内课外阅读的链接，如何关注学生的语文生活，是我们编写时应当重视的，这可能是个突破点，是教材有新意的地方。

四是写作教学。这次课标修订特别注意引导、鼓励学生自由表达和创意表达，写真话、实话、心里话，不说假话、空话、套话。平时作文和中高考作文有区别，不能以后者取代前者。所以课标提出的这些精神也要想办法体现在作文教学的各个环节中。

针对目前语文教学中出现的某些新的偏差，课标也有意提示纠偏。如阅读教学中就明确要求改正和防止"以教师的分析代替学生的阅读实践""用集体讨论代替个人阅读""逐字逐句的过深分析或远离文本进行过度发挥"。教材思考题设计应当考虑这些提醒，不要偏。

这次语文课标修订，总的是要尽量摆脱应试教育的束缚，向素质教育靠拢，同时遵循语文学习的规律，特别注意激发兴趣，保护天性，这样也可以更好地体现社会主义核心价值观的引导，为学生打好"三个基础"：培养学生语文素养，为学好其他课程打好基础；为学生形成正确的人生观、形成健康的个性与人格打好基础；为学生的终身发展打好基础。这"三个基础"也是新的提法，对语文课性质与教学总体目标有简练到位的表述。我们教材编写应当吃透课标的精神，站位高一些。

下面讲一讲总的工作思路。

这套新教材，应当是在十年课改基础上、按照新课标要求重新编写的有新的思路、新的内容、新的风格的新教材。不是在原有某一种教材基础上修修补补。可以吸纳各种教材的优点与经验,但她是全新的。我们这套教材是在教育部基础教育司直接领导下编写的新教材,不是人教社的教材。但以后给人教社出版了,她就会被看作是人教版的了。我们这个编写班子,虽然以人教社为主,但集中了全国的力量。

基本思路,要按照课标来实施。这次课标修订对于教材编写也提出一些建议,其中提到教材要符合学生的心理发展特点,有助于激发学习兴趣,选文要文质兼美,有典范性,还要给地方、学校、教师留有开发、选择的空间,等等。这些提法都是有现实所指的。现在的教材普遍不够重视教学梯度,有些教材很"说教",都应当改一改。还是要从实际出发,认真调查总结一下使用情况。

现在所有新出的教材都往人文素质教育靠拢了,有的并没有脱离语文教学规律,有的就可能走得过远,把语文的含量稀释了,甚至把教学秩序打乱了。还是要注重教学规律。控制一下篇幅。如果内容过多,课时有限,而很多教师还习惯固守着教材,不敢有一点儿遗漏,这就使得课时紧张的问题更显突出。好的教材应当留出教师与学生的空间,多一点弹性。在新课标指导下,教材编写还是要"守正创新",既要听取各方面意见,吸收中外教材编写的经验,又要沉得住气,不搞颠覆性改动,毕竟还要考虑教学的连续性,以及一线教师如何使用。那种动不动把现下教材视为"垃圾",甚至鼓吹要"对抗语文",颠覆一切的思路,以及"翻烧饼"的做法,是不可行的,既不能解决问题,还可能制造混乱。

再具体一点,说说编写的思路。作为建议,不是定论,还可以讨论调整。

一是体系结构问题。现有教材所采取的框架有两种。一是按照人文主题（或者其他因素）划分若干单元，如人教版小学一共86个专题，北师大版130个专题，每个单元4篇课文。师大版则采取传统"文选式"编排。初中的，人教版、语文版、江苏版都是"主题单元"方式，而长春版是"文选式"。现有的调查报告并没有很清楚地表明哪一种方式更好。为什么课改之后的教材大多数都采用主题单元框架？主要是为了体现人文性。的确有这方面好处，学生比较喜欢；从教学来说，这样比较有节奏感。但最大的问题是，往往只照顾到人文性，而考虑不到语文性。语文教学的梯度被打乱了。有些版本意识到这个问题，如人教版，做了些补救，每个单元都适当讲一些语文知识或技能训练。这是加插进去的，并没有一个通盘考虑，也体现不出梯度。这次重编教材，要首先解决框架结构问题，实际上也是语文教学体系问题。我原来是不赞成主题单元框架，但看了几种教材，有新的想法，决定仍然采取单元结构，但这个单元，不是主题单元，而是语文知识能力的单元，即把语文素养划分为若干因素，然后以这些因素来组合单元。比如阅读教学，是贯穿全部的，但可以划分为若干因素，包括：如何精读，如何快读，如何迅速把握关键词，文学阅读的涵泳、想象，等等；文体可以分为小说，诗，散文，戏剧，传记，游记，等等。古诗文可以分为诗、词、古文等几个方面的欣赏；写作可以分为：记事、状物、抒情、议论、续写、改写、缩写、仿写，等等。还有很重要的，是语文基本知识，包括语法、修辞常识，也可以划分若干单元。我的意思是把这些构成小学、初中语文学习的基本的因素或要件，作为组合单元的主要依据，但同时适当考虑选文的类型集中。两者兼顾一点，但突出的是语文要素。那么选文就要尽量往语文因素这方面靠，实在靠不了，不要紧，在思考题下功夫。所以，单元因素要在阅读提示以及思考练习题上多体现，教师用书也往这个方向靠拢。小学的情况比较复杂一些，一开始不必考虑单元，后面的单元组合，也可以松散一点，但每个单元的语文学习要点必须体现。单元的前面提示语要简洁明了，重点突出，指向性就是语文素养。特别说明，不是回到历来语文教学都习惯地围绕知识点展开的教学，而是在教材中让"字、词、句、语、修、逻、文"等基本知识和技能要求更清晰，教师教学有章可循，具体到教学，还是要避免死记硬背、题海战术。教材的结构要充分考虑到教学，各个单元重点突出，单元与单元之间的衔接也注意由浅入深，不断积累提升，反复落实基本训练。

二是选文。现有的各种版本选文都比较放得开，凸显人文性，照顾到学生兴趣。要吸收和保持这个优点。但也有的版本比较粗糙随意，特别是时文的选择，量比较大，语文性不见得那样强。传媒对语文教材的批评，往往集中在选文上。我建议选文还是：第一讲求经典性，是文学史上有好评和代表性的作品；经典性非常重要，那些沉淀下来、得到广泛认可的作品才有资格进入课文。有些传统的选文虽然经典，可是不太适合中学生学习，也不一定要选。有些当代的文章好读，学生也有兴趣，但经典性不够或者不太适合教学，不一定选。所选必须是美文，思想格调高，语言形式优美的。可以借鉴一些坊间语文读物，如《新语文读本》《青春阅读课》，都编得很好，可以参照选用。第二是语文性，适合相关年段学生的接受能力，有利于教学的发挥。能多少扣住单元需要就更好。小学低年段课文有的要自己编写，要非常重视这一工作。现在编写得并不好。不要太多说教。思想情感教育是必须的，但不等于说教，要讲究童心童趣。深浅程度问题，现在普遍比较浅。如今的学生一上小学，就知道很多东西，知识比前辈的童年要掌握多得多，要考虑这个特点。在课标要求的框架内，小学初中都要稍微提高一点难度。不要低估学生的接受水平，不要只考虑让学生能懂，都懂了就不用学了。我们请了曹文轩当主编，还有金波先生，可以多向他们请教。

三是关于语文知识。课标对语文知识的处理比较小心，努力避免体系，强调随文学习。这主要是针对应试教育的题海战术，自然有其道理。教学中不必过于显示语文知识体系，不能照搬大学那一套，要去除烦琐哲学，降低难度。但编教材一定要有自己的知识体系。这个体系的呈现方式可以是隐性的。前面讲到单元组合，如果用语文素养的若干因素来组构，那么我们的工作就一定要先罗列一下到底小学、初中要掌握哪些基本的语文知识，要在哪些方面进行必要的训练，具备哪些基本的语文技能？都要有个明确的安排。所谓梯度，所谓螺旋式提升，都要先有这种安排。现有教材中，人教版在这方面做得较好，初中几册的补白，都有精要的语文知识、技能的说明提示。可惜放到补白。我希望大家在这方面多下点功夫，很可能这就是我们教材的特色。

四是关于阅读。现有教材比较偏重思想内容分析，以及字词句分析。这有必要。但好像普遍不太重视阅读技能的习得。比如精读、快读、浏览、朗读、默读，都有技巧，要在教材中体现。还有，学习阅读和写作都是思维训练，小学初中开始就要注重思维训练问题。还有，就是注重学生的语文生活，重视课内阅读与课外阅读的链接。这也可能是突破点。

五是关于写作。写作教学是难题，是否应当有体系？我觉得还是要有体系，但不一定作为体系呈现。语文版很有特色，其做法是扣紧每一单元，布置一次写作，比如写人，如何抓住特征；写一件事，写一个人，还有仿写一首诗，缩写、续写，写童话、寓言、科幻故事，等等。小学高年级习作，仿写童话、寓言，是个好办法，保护和培养孩子的天性与想象力。每一单元的作文要求要明确，有简洁可用的提示，有操作性，还要考虑学生的兴趣，启动他们的潜能。写作部分的编写应重新强调语言运用的评价，对有新意的表达多加鼓励，但不要过分追求"文笔"。"文笔"不是写作教学的第一要义。语文教学包括作文教学主要培养表达能力，特别是书面表达能力，能写通顺、清晰的文字，这是最主要的。

这次会是工作启动，学习课标与相关文件，领会教材编写的方向与指导思想。大家可以各抒己见，可以有各种不同意见。但进入编写工作后，不要再争论，时间来不及。然后，有大致的日程表，以及工作分工，拿出小学和初中的编写体系、框架。如果划分单元，要整个都设计出来。每一单元对选文的要求，以及如何与语文训练对应，都考虑好。分工进入工作程序，可以分几个方面，如选文、练习、写作等等。先保证小学一年级和初中一年级的具体设计。

  整体推进，先保开头。按照日程表，有分有合。在最后有必要集中时间集中人力来做。方案出来后，可以征求专家委员会意见，还有基层教师的意见。

语文教科书编写（修订）的十二个问题

【题记】本文系笔者在2013年9月12日教育部召开的义务教育教科书编写（修订）会上的主旨发言，刊载于《语文教学通讯》2013年第11期。收入本书略有修改。参加会议的是原有各个版本教材的主编和部分编写人员。统编本小学和初中语文是2016年才陆续在全国铺开使用的，此前全国许多省市的学校仍然使用老教材，所以当时教育部要求各出版社对原有教材进行修订。发言中所讲12个问题，是原各版本教材修订或部编本教材的编写都会碰到的。对于教材编写中如何结合一线教学落实课标要求，也提出了一些建议。

现在语文教材要启动修订，是适逢其时。现有各个版本的语文教材，都是十多年前语文课程标准实验稿出台、课改刚推进时组织编写的，经过多年课改的实践，《义务教育语文课程标准（2011年版）》已正式颁布，教材修订有了更成熟的理论指导。这次修订最重要的，就是以语文课程标准来确定思路，同时把课改的经验吸收进来。

现在全国已获审定通过发行的小学语文教材有12套，初中语文教材有8套。总的来看，这些教材在体现课改精神、落实课标的理念和目标方面，都做出各自的努力。和课改之前的同类教材比较，现有各种版本的语文教材，都有更加丰富多样的人文内涵，在内容选择和编排方式上也更活泼，都能注意到以促进学生的发展为中心，注重情境性、趣味性、综合性，练习设计也力求开放、多元，口语教学得到空前的重视，综合性学习成为一个新的亮点。这些都是成绩，凝结着在座的诸位主编和专家的心血，应当充分肯定。

但是对照新课标的要求，还有就是站到十年课改之后所达到的新的认识高度来观察评价，也会发现现有各种版本语文教材的问题与不足。最大的问题是彼此趋同，个性不足。本来，"一纲多本"就是要发挥各个地方的主动性、创造性，形成不同风格特色的多种教材的竞争。现在"竞争"是有，但那是发行推广方面的竞争，而非教材本身特色、质量的竞争。

另外，现在多种教材都往人文素质教育靠拢了，这是个进步，也是课改推进的结果，应当充分肯定。但是也有两种情况，有的教材往素质教育靠拢，并没有脱离语文教学的规律；有的则轻视甚至违背了语文教学的规律，把语文的含量稀释了，甚至把教学秩序打乱了。

所以修订教材还是要全面理解课标，尊重教学规律。我主张努力做到四个字——守正创新。要听取各方面意见，吸收中外教材编写成功的经验，又要沉得住气，不搞颠覆性改动，毕竟还要考虑教学的连续性,以及一线教师如何使用。

现在社会上对语文教材有很多批评议论,媒体每隔一段时间就会把语文拿出来炒作,弄得语文教材的编写者很紧张。我们修订编写教材,不能完全受社会上的批评炒作左右。那种动不动把现下的教材视为"垃圾",甚至鼓吹要"对抗语文"的颠覆一切的思路,以及"翻烧饼"的做法,是不可行的,既不能解决问题,还可能制造混乱。

下面我想结合对课标的理解,讨论语文教材修订编写可能涉及的十二个具体问题。

一、识字、写字教学

课标对此非常重视,论述的分量加重了,但其精神又是在减负。这个"减负"不应当理解为只是学习负担"量"的减少,更是要求学习效率的提高,以及激发兴趣,教学生学会学习。学习有兴趣,又得法,效率就高,负担相对也就小。课标对课业负担"量"的减少是有规定的。比如小学生的识字写字教学,过去一二年级就要求会认1600—1800字,会写800—1000字。现在减少了,规定识字1600字,其中会写800字。请注意,课标对识字和写字还分开来提要求,提出"多认少写"。多年来语文教学习惯的每学一字必须"四会",这个标准过高,课标提出要降低,"多认少写",不要再要求"四会"。

识字和写字分开要求,是符合语文学习规律的。传统语文教学的识字和写字也分开。课标这样规定,除了减负,还为了让识字写字教学更科学。根据"汉字效用递减率",使用频率最高的1000个字,使用覆盖率达到90%;再增加1400字,合计字数2400,覆盖率是99%。小学低年级认字,应当是先学使用频率最高的字。课标附录有《识字、写字教学基本字表》和《义务教育语文课程常用字表》,其中"基本字表"的制订,依据儿童语文生活用字的调查,又考虑"构形简单,重现率高,其中的大多数能成为其他字的结构成分"。这些基本字如何先进入低年级的教材,是首先要考虑的。

二、汉语拼音

请注意课标在第一学段目标中,是把汉语拼音放在"识字与写字"里边的,并没有独立列出一条。学汉语拼音为的什么?为借助拼音认读汉字和查字典,提高识字效率。就这个功能。学拼音不是为了掌握拼音阅读的能力。因此编教材给汉语拼音的地位要适当,不要摆得过高。另外,要降低难度。对于刚上小学的孩子来说,学拼音的确太难了。过去要求《汉语拼音字母表》必须"背诵"和"默写",还要写得如何工整好看,有点为难孩子,也没有这个必要。课标现在不再这样要求,只要求那个字母表能"熟记"和"正确书写"就可以了。拼音和认字问题是小学语文教材的一个难点,应当有新思路,处理好,不要让小学生负担太重,不能一上来就给"下马威",扼杀了学语文的兴趣。

三、写字与书法的教学

课标对这方面的要求明显加强了,从小学一年级到初中三年级,都有相关规定,强调"写字姿势正确"和"良好的写字习惯",强调书写的规范和质量。课标还明确写上这样一句话:"要在每天的语文课中安排10分钟,在教师指导下随堂练习,做到天天练。"对此教材修订时应有所体现。按照教育部要求,有的出版社正在编书法教材,它与语文教材什么关系?那是补充教材,语文教材应当也可以适度包容写字书法教学。在多数学校,限于师资、课时等条件,很难开出专门的书法课,那么语文课就应当适当增加这方面内容。

四、阅读教学

课标关于阅读教学提出了新的理念,鲜明地强调阅读是个性化行为,尊重学生阅读的感受,老师应加强指导,但不应当以教师的分析代替学生的阅读实践,不要以模式化的解读代替学生的体验与思考,防止用集体讨论代替个人阅读、或远离文本进行过度发挥。这些要求都有针对性,针对目前语文教学中出现的某些新的偏差。设计教材思考题应当考虑这些提醒。要多引导整体感受,涵泳体味,鼓励展开想象与思考,不要把课文分析搞得很琐碎、技术化。

现有教材比较偏重思想内容分析,以及字词句分析,这有必要，但好像普遍不太重视阅读技能的习得。比如精读、快读、浏览、朗读、默读，都有方法技巧，要在教材中有所交代。现在许多教材都频繁地要求"有感情地朗读""结合上下文理解""抓住关键词"，或者"整体把握"，等等。但是最好能给出方法，有示范，让学生把握得住，能举一反三。学习阅读和写作其实都是思维训练，小学高年级开始就要注重思维训练问题。还有，阅读教学要特别注意结合学生的语文生活，重视与课外阅读的链接。有的教材在拓展课外阅读方面是不错的，好的设计应当保留。

五、读书问题

读书也是阅读教学的一部分，课标特别加以重视。这些年学生不读书、读书少的现象日趋严重，为此，课标特意在教学建议中写上这样一句："要重视培养学生广泛的阅读兴趣，扩大阅读面，增加阅读量，提高阅读品位。提倡少做题，多读书，好读书，读好书，读整本的书。"我认为这句话很精要，可以当作一个口号。现在语文教学的弊病之一，就是学生读书太少。课上读得少，课外读得更少，还是停留于做题，中学毕业了，没有完整读过几本书，也没有养成读书的习惯，这样的语文教学是失败的。课标对课外阅读是有要求的，九年课外阅读总量必须达到400万字以上。如何激发读书兴趣，养成读书的习惯，做好课内课外阅读的链接，如何关注学生的语文生活，过去的教材注意不够，修订时应当作为一个要点来加强。

六、写作教学

课标特别注意引导写真话、实话、心里话，不说假话、空话、套话，鼓励学生自由表达和有创意地表达。平时作文和高考中考作文是有区别的，不能以后者完全取代前者。现在的作文教学问题很大，只考虑面向高考中考，教的基本上是"套式作文"和应试技巧，特别是到高中，作文教学沦为敲门砖，可以说是"全线崩溃"了。课标强调自由的有创意的表达，是有现实针对性的，尽管实行起来会有困难，但这是方向，教材编写必须坚持。

写作是教材编写的难题，难就难在不知道如何结构，以及是否应当有体系。我觉得还是要有体系，或者叫"系列"也可以，总之要有一个计划、流程。现在有的版本有些特色，其做法是扣紧每一单元布置一次写作。比如写一件事、一个人，仿写一首诗，缩写、续写，写童话、寓言、科幻故事，等等。要有一定的梯度，不要随意搞"提前量"。课标指定小学低年段是"写话"，高年段是"习作"，初中才是"写作"或者"作文"。名称上的区别，表示了教学的梯度。如何让学生不怕写作，对写作有兴趣，这是个大问题，教材编写应当想办法，在读写结合上多下点功夫。有的小学高年级和初中教材设计了让学生仿写童话、寓言，我觉得很不错，保护和培养孩子的天性与想象力。如果是结合单元来设计写作教学，要求要明确，有简洁的提示，有操作性，还要考虑学生的兴趣，启动他们的潜能。写作部分的编写应聚焦语言文字运用,对有新意的表达多加鼓励,但不要过分追求"文笔"。我在很多场合都强调"文笔"不是写作教学的第一要义。语文教学包括作文教学主要培养表达能力,特别是书面表达能力,能写通顺、得体的文字,这是最主要的。

七、单元结构

现有的教材所采取的框架有两种。一是按照人文主题(或者其他因素)划分若干单元,如人教版小学一共86个专题,北师大版130个专题,每个单元4篇课文。北师大版则采取传统"文选式"编排。初中人教版、江苏版是"主题单元",语文版是"文体单元"形式。

为什么课改之后的教材普遍采用"主题单元"?主要是为了体现人文性。从教学来说,这样设置单元也可能比较有节奏感。但最大的问题是,"主题单元"框架往往只照顾到人文性,而较少考虑到语文性。以人文主题组织教学,语文教学的梯度往往被打乱。人教版意识到这个问题,想做些补救,每个单元都适当讲一些语文知识或技能训练。但并没有通盘考虑,梯度体现得不够。这次修订教材,要解决框架结构问题,实际上也是语文教学体系问题。

可以把构成小学和初中语文学习所要达到的知识点和能力训练点梳理一下,安排到每一学期各个单元之中,能做到每课一得就更好。这些都应当作为组合单元的要素之一。如果还是以人文主题来结构单元,那么也把这些要素往里边靠一靠,选文能紧密结合就最好，实在结合不了，那就在单元导语、阅读提示以及思考练习题上多体现，教师用书也往这个方向靠拢。这不是开倒车，不是回到以前（其实现在也有）那种完全围绕知识能力点展开的教学，而是让各类语文基本知识和技能要求更清晰，使教学有章可循。教材的结构要充分考虑到教学需要，各个单元重点突出，单元与单元之间衔接也注意由浅入深，不断积累提升，反复落实基本训练。

八、课文

现有的各种版本选文都比较放得开，凸显人文性，照顾到学生兴趣。但也有的版本比较粗糙随意，特别是选择时文的量比较大，语文性不强。媒体对语文教材的批评炒作大多集中在选文上，不必过多关注那些炒作，但确实要高度注意选文的质量。课标也提出选文要有经典性。那些沉淀下来、得到广泛认可的作品才有资格进入教材，因为语文教学必须培养对文化的尊严感。当然，经典也在流动，而且有些传统的选文虽然有经典性，可是不太适合中小学生学习，或者不太适合教学，也不一定要选。有些版本选的当代的文章较多，好读，学生也有兴趣，但经典性显然不够，或者不太适合教学，修订时应当考虑调整。我赞成所选必须是美文，是思想格调高，语言形式优美的。

要非常重视小学低年段课文，有的要自己编写，这一工作非常重要。要少说教，要讲究童心童趣。现在小学和初中教材普遍比较浅。如今是信息社会，学生接触社会的途径比以前宽，在学前班和小学,就知道很多东西,知识掌握得多,要考虑这个情况。在课标要求的框架内,小学初中语文教材都最好稍微提高一点难度。

九、语文知识和能力点

课标对语文知识的处理比较谨慎,努力避免体系,强调的是随文学习。这主要是针对题海战术,自然有其道理。教学中不必过度显示语文知识体系,不能照搬大学语言学、文学史,要去除烦琐,降低难度。但编教材一定要有自己的知识体系。这个体系的呈现方式是隐性的。我主张要有系统,但不是"系统化"。

前面讲到单元组合,如果用语文素养的若干因素来组构,那么我们的工作就一定是先罗列一下小学、初中到底要掌握哪些语文基本知识,要在哪些方面进行必要的训练,具备哪些基本的语文技能?都要有明确的安排。但呈现方式要自然,不至于陷入死记硬背,最好能结合情境提出问题,让学生有兴趣去思索体验。另外,注意梯度,螺旋式提升,都要先有安排。

十、文言文与现代文的比例

这在每个学段的比例应当是不太一样的。过去小学阶段古诗文很少,按照课标要求,修订时应当适当增加。低年级也可以有些古诗,但要求不能太高,也就是接触一点,读读背背,似懂非懂不要紧,感受一点汉语之美,有兴趣就好,并不把文言文阅读能力作为教学目标。小学部分课标建议一到六年级背诵古诗75篇，可以部分编到教材中，也可以要求课外背诵。古诗文平均每学期也就六七篇，分量并不重。到初中，开始学习文言文，并逐步增加比重。课标提出初中背诵古诗文60篇，每学期也就10篇左右。不一定全都要编到课文中，也可以作为课外背诵。就课文的篇数安排而言，初中的古诗文占到五分之一左右，比如一学期30课，古诗文就是6课左右，可以一年级5课，二年级6课，三年级7课，按年级逐级递增。如果每册5—6个单元，那么每单元大概也就安排一课。高中的比重可以更大一些，占到四分之一甚至更多。我认为这样大致就可以了，中小学语文教科书主体还是现代文，文言文不宜再层层增加。

这个问题我愿意多说几句。事实上，在一线教学中，古诗文始终都是重头，比较难，可是有"讲头"，而考试又比较好拿分（因为古诗文方面的试题一般以知识性为主，死记硬背的也多一些），所以老师会在教课中"加码"。如果教材编的古诗文分量再增加，有可能一半的教学精力都投放于此，这是不利于完成整个教学计划的。

语文学习，提升读写能力，基本更主要的是还是学习现代汉语，应当以现代文为范本。这是基础教育的任务性质所决定的。基础教育毕竟是面向未来大多数公民的教育。为何也要学点古诗文？因为古代汉语是现代汉语的源头，要学习现代汉语，最好对古汉语有些了解。目的还是为了更好地学习现代汉语。另外，为了了解我们的传统文化，也要让学生适当接触一下古诗文。这里有主次的分别，不能颠倒，文言文与现代文也不宜平分秋色。

近年来有些专家主张中小学不要学文言文，他们自有道理；但也不必走极端，还是要接触一点文言文，学点古诗文，我理解这就是"接触一点"，对传统文化及其载体有些感性印象，就可以了。这方面要求不能过高，古诗文所占比重不宜过大。课标对此是有要求的，初中毕业，能依靠工具书阅读浅近的文言文即可，并没有更高的要求，编教材或实际教学都要掌握这个度。课标虽然没有明确规定文言文在教材中的比重，但在各个学段目标中，还是有具体要求的，重头还在现代语文，而不是文言文，两者的主次位置很明确，不宜颠倒，也不能比例失衡。

十一、教科书编写语言

要力求贴近学生生活，减少教化，避免套话、空话，做到生动活泼，能引发兴趣。不要动不动就让学生体会"深刻内容"和"丰富感情"，也不要处处都是"人生启示"。我举一些例子来说。现在许多教材的课文或者单元导语写得很辛苦，可是效果还不好，文艺腔，矫情，甚至有点"酸"。我们教材编者自己要注意文风，自然一点，朴实一点。

十二、教师用书

现在的教师用书大同小异，提供一些案例、资料，对教学没有太多帮助。互联网时代，获取教案非常便利，结果适得其反，很多老师过多依赖别人现成的教案，所谓集体备课也就是把一些教案拼凑一下，并不怎么考虑学情，也不能发挥老师的创造性和个性。一些老师都变懒了。我期待各个版本教材都能编好教师用书，真正能打开老师备课的思路，而不只是提供教案。好的教师用书可以起到提升教师素质水平的作用。还有就是不要过分提倡做课件，不要过多依赖多媒体，让语文回归语文，朴实一点。教材出版后的教师培训，要重视这些问题。

以上所讲十二个问题，都是教材修订编写要碰到的具体问题，我力图结合一线教学的状况，以及对课标的理解，对教材修订编写提出一些看法与建议。这不是定论，也不一定能代表课标组，只是一种学术观点，目的是引起讨论，集思广益。我也很想听听大家的意见。

现在诸位老师所主编的各种版本教材都有自己的基础，有的还很不错，修订时要注意保持自己的特色。有些属于框架体例问题，要做大的改动也难，我看就不一定要大动，做些调整即可。我还是赞成"一纲多本"，希望有多种不同特色的语文教材出版，也希望各个版本能互相学习，取长补短，共同改进，那得到好处的就是我们千百万学生。

老师们，教材编写是一件功德大事，也是理想的事业，也许比我们自己写的很多论著、很多项目都重要十倍百倍。我相信大家都会非常看重这件事。让我们摆脱名缰利锁，超越平庸，努力修订编写好语文教材，不辜负国家和人民的重托。

编教材要实事求是，照规律办事

【题记】本文系笔者2016年6月4日在人教版高中语文教材修订启动会上的讲话。收入《温儒敏语文讲习录》一书。当时按照教育部的要求，由人教社组织修订的班子，对原人教版高中语文教材进行修订。因拟定的修订幅度很大，几乎是重编。2017年8月，教育部决定各个版本（包括人教版）修订工作停止，组织新的统编本高中语文的编写队伍，聘任笔者担任总主编。当时新的高中语文课程标准正在制订，有些问题仍然有争论，这也影响到教材编写。从这份发言也可以看到笔者最初对语文统编教材的设想。

现在使用的高中语文教材，是2003年《普通高中语文课程标准（实验）》公布之后，紧锣密鼓编写的。还记得当时人教社思想大开放，邀请北大中文系参与和主持这套教材的编写，并请袁行霈先生出任主编，我和顾之川担任执行主编。北大来了16位教授，参与了编写的全过程。14年过去了，今天又要启动新的课标高中教材。我本来不想再参与其事，因为部编本小学和初中语文教材拖拖拉拉至今仍未能脱手，现在又要增加新的任务，确实有点烦。但禁不住人教社的热情邀约，再想到原先高中语文也是参与了的，总不好甩手不管。编写团队有北大的几位教授鼎力加盟，还有许多来自全国的几十位语文教育专家和一线老师，加上人教社的专家，阵容还是相当可观的。有14年前人教版教材垫底，有这么多年全国课程改革实践提供的经验，有我们这个实力雄厚的团队，我们有信心编好这套教材。

14年前，编写高中语文教材时，袁行霈教授和我都不约而同提出"守正创新"这个宗旨（袁先生的说法是"守正出新"）。我想这套新教材的编写，仍然可以把"守正创新"作为指导思想。守正，就是保留与坚守原有人教版（也包括其他版本）教材好的传统、内容和风格，不搞颠覆性的改动，不要推倒重来。教育有滞后性，有时要等一等，改革也要考虑可行性与成本，不能朝令夕改，也不能为改革而改革。当然要创新，要符合新课标的基本要求，但这一切必须建立在"守正"的基础上，"守正"是创新的前提。

现在教育界有一种不好的风气，就是"多动症"，不断改变所谓顶层设计，却很少考虑基层和一线实施的可行性。对此，我们也没有办法。我们能做的就是实事求是，稳步改进，也就是"守正创新"。14年前，课标实验稿刚刚颁布，急着编教材，什么1.75与1.25呀，选修课的板块呀，当时我就感觉缺少可行性，但还是按照要求的框架去编了。好在那个新编的必修课编得还是比较实在，后来又做了几次修订，一线教学使用基本上还能满足需求。但这么些年过去了，高中课标实验稿的得失如何总结？这次修订如何吸收十年课改的经验和教训？修订教材如何适应一线教学需要，又体现新的教学理念？好像并不太明确。现在高中语文新的课程标准（指《普通高中语文课程标准（2017年版）》以下称"新课标"）尚未定稿，还在征求意见，我们也不必等待新课标完全给出答案，按照其关于"语文核心素养"的精神来编就是了。教材编写自有其基本的规律，一线教学的需求和可行性也会左右教材编写，我们既要充分理解新课标，贯彻其好的理念，同时也还是要实事求是，照规律办事。

下面我再说说自己对尚未定稿的高中语文新课标的理解。这可以引发我们讨论如何去落实，去"守正创新"。

一、如何理解现在提出的语文学科"核心素养"

新课标（未定稿）提出"核心素养"主要包括四方面：一是语言建构与运用，二是思维发展与提升，三是审美鉴赏与创造，四是文化传承与理解。应当说，比起以往一般讲语文素养，要具体一些。特别是把语文素养扩大到了"思维发展与提升""审美鉴赏与创造""文化传承与理解"这些方面，是有意义、也有针对性的。应当在编写中得以贯彻。但素养的四个方面，不是并列的，语言建构与运用应当是基本的、贯穿全部的。其他几个方面，都应当结合语言运用来实行。教材编写时，要把重点和基点放置好，不要割裂开来，不要分几部分去编写。

二、如何理解核心素养和以往对语文教学一些解释的区别

过去不是不谈素养，但比较侧重知识与能力，比如以前概括语文知识，包括"字、词、句、语、修、逻、文"七个方面，侧重知识维度，当然这也有能力；后来，又提出过语文能力包括"听说读写"，这都没有什么错，是很实际的可操作的说法。不宜说现在提出"语文核心素养"，就是否定和取代过去的说法。我看新提法可以包容以前的说法。我们编教材，进入具体操作层面，还是要考虑"字、词、句、语、修、逻、文"，考虑"听说读写"，不过可以在"核心素养"这一更高的层面去统领和处理那些相对具体的知识与能力要求，兼顾文学审美、文化价值、思想价值。部编本初中和小学语文就用特定的形式隐性恢复了语文知识系统，在高中是否也可以这样来做？可以多加考虑。特别是语用和逻辑知识，可以适当进入高中语文。

三、"语文核心素养"是以"学生"为中心的，是以"人的发展"为基本指向的

其实2003年的高中课标也强调过以"学生"为中心和"人的发展"，现在新课标有新提法，但不是从头来过，不是又一个转向，也不是颠覆过去。十多年课程改革，先进的观念要坚持，但要落实。我们编新教材，也要注意不搞颠覆，不搞花架子。现在有些专家总是批评过去的语文教学面向应试教育，是以知识为中

心。问题是,在应试教育仍然普遍存在的大环境下,我们能有多少解脱,多少改进?还是要面对现实,脚踏实地,稳步推进改革。

四、新课标好的设想要想办法贯彻

比如"整本书阅读",就是亮点。但如何落实,还需要讨论。读整本书其实也并不是这次课标修订的发明,传统的语文教学,就基本上是读整本书的。后来出现新式学堂,学生要学的东西多了,语文转为学习文选为主,概论为主。又后来出现面向考试的精读精讲,学生读书越来越少,问题也越来越严重。我最近几次演讲都说到语文教学的"牛鼻子",就是激发读书兴趣。"读整本书"也是我们人教社老总编叶圣陶先生的思想。早在1942年,他在《论中学国文课程的改订》中就指出:"现在国文教材似乎该用整本的书,而不该用单篇短章,……退一步说,也该把整本的书作主体,把单篇短章作辅佐。"1949年新中国成立之初,他为当时教科书编审委员会草拟了《中学语文科课程标准草稿》,又把上述观点修正和发展成为这样一条内容:"中学语文教材除单篇的文字而外,兼采书本的一章一节,高中阶段兼采现代语的整本的书。"

这次新课标重提"读整本的书",是针对当前语文教学的通病而提出的一项主张,是有学理根据的,要引导我们的语文教学回到"读书"这个正道上来。

"整本书阅读"对于培养学生"语文核心素养"具有十分重要的意义。这个问题我稍微展开说得多一点,希望教材编写能在这方面下功夫。还有,就是在"应试教育"盛行的现实背景之下，如何保证语文课的应有的地位和时间。有些不是我们教材可以做到的，但我们应当尽量创造条件去推动和落实。比如，要解决基本书目问题。要设置好精读与略读不同课型，实行三位一体的阅读教学框架，等等。

五、如何搭建新的语文教材框架

人教社同志和一些专家有过讨论，初步拟定了语文教材的框架。我看过初步的，后来修改的没有看。这次会大家讨论一下，基本上确定下来。我的意思是，既要按照新课标的任务群来设置，又不必完全照搬。是不是叫"任务群"，也不一定。新课标还没有最后定稿，还可能改。既有教材一些基本的格式不要大动，特别是必修课。可以把任务群的精神体现到教材中，比如用一些栏目、单元或者板块来体现。要充分考虑一线教学的可行性，否则你编得再"高大上"，还是落不了地。2003年版的教材已经有这种教训，选修课编得不错，但落实不了，这个教训必须吸取。现在提出的设想不是定案，只是一种设想，目的是激发大家讨论，大家不必被束缚。还可以充分发挥主动性去设计。教材编写的结构体例是大问题，变动要谨慎。我原来提出高一编得厚一点，大综合，把几个任务群综合进去，高二小综合，更加专题化。高三主要专题为主，也就是选修二[①]。至于选修一和选修二如

[①] 2017年版高中语文课程标准未定稿设计的课程包括必修，选修一和选修二，后来定稿改为必修、选择性必修和选修。这里说的"选修二"即"选修"。

何编,也还要讨论,总结以往的经验教训。

教材编写现在最缺少的不是理念,而是落实的办法。要考虑和新课标靠拢,但又不是图解新课标,而应当遵循语文教育的规律和科学性,坚持既有教材好的经验和内容。不要处处考虑是否能通过,要考虑人教版的特色与风格,最后审查也会有一个彼此讨论碰撞和修改的过程。一开始就按图索骥,肯定编不好,这也是我最担心的。

记得2012年春天,部编本语文教材启动时,我有过一个讲话,也是我对教材编写的思考,昨天我翻出来看,感觉还可以再提供这次编写作为参考。我一共讲了12个问题。请中语室把这篇文章复印给大家参考,不一定都对,有的在编写过程中也未能充分落实,但作为一种编写的意见,大家看一看,提出批评,或者也还可以促进问题的探讨。

编审杂录四则

【题记】教材编写过程要贯彻新课标的精神，但对于课标有一个学习理解的过程，甚至会有不同的看法，甚至是激烈的争论。笔者参与讨论或者审阅修改教材的稿子时，有过许多发言记录和审阅修改意见。这里选择其中几则，亦可一窥教材编写之艰难。本文收入《温儒敏论语文教育》（四集），原题《编审杂录六则》。有删节。

教材是公共知识产品，不等于私人著作，必然要受到各方面的关注和牵制。统编教材编写更是国家事权，上级部门会有许多指导与干预。小学和初中语文统编本就编了四年多，经过各方面30多轮评审，现在还要编高中语文，一开始就诸多掣肘。整个教材编写需要理解、妥协、平衡，尽可能寻求最大的共识，过程是多变的、艰难的。所幸编写组汇集了那么多优秀的专家和教师，大家协力同心，才终成正果。作为总主编，我对教材的编写理念和框架会有总体把握，对编写的每个环节也会提出相关的意见，其中也有许多观点的碰撞、融合或者妥协。教材编写数易其稿，每一稿我都会有修改，我在编写的各个环节的讨论中也发表过许多意见，这些修改或者意见，其中有一部分有记录，形成了文字。现从中摘录四则，不过是九牛一毛，亦可一窥教材编写的艰难也。

一、小学低年级认字，不是越多越好
（2013年11月初编写组会议上发言）

新教材低年级的识字量减少了。规定识字1600字，其中会写800字。这都是依照课标来设计的。另外，新教材还遵照课标的要求——八个字："识写分开，多认少写"。希望能按照这八个字的要求来编，识字和写字的教学有所区分，"多认少写"，不要再要求"四会"。

识字和写字的教学有所区分，不是突发奇想的改革，这是符合语文学习规律的。传统语文教学的识字和写字也分开。蒙学的《三字经》《百家姓》《千字文》主要供小孩阅读背诵，有意无意就认识一些字了。有意思的是，"三、百、千"合起来总字数是2700多，剔除重复字得字种1462，数量跟现在要求1600差不多。古代蒙学的学写字也并不一定依照"三百千"来写，而是先写笔画少容易上手的字，如"上大人，丘（孔）乙己，化三千，七十士，尔小生，八九子，佳作仁，可知礼"，等等。记得我小时候开始填红学写字，写的也是这些，而不是课文。可见把低年段的认字写字分开，是有必要的。

课标这样规定，除了减负，还为了让识字写字教学更科

学。有一个重要的规律叫"汉字效用递减率",是周有光先生提出的。他做过统计分析,使用频率最高的1000个字,使用覆盖率达到90%;再增加1400字,合计字数2400,覆盖率是99%,这增加的1400字只扩大了9%的覆盖率;再往后呢,继续增加到3800个字,覆盖率也就99.9%。就是说,字频与覆盖率的递进关系,在字频1000位的段落中,汉字效用的增长最为迅速,而当字频达到将近2000位时,汉字效用的增长就非常缓慢了。

所以,选择基础字要在字频1000位内的字中去选择,才更为有效。小学低年级认字,不是越多越好,应当是先学基本字,即使用频率最高的字。新教材一年级附录2个字表,一个是《识字表》,另一是《写字表》。这两个字表是有讲究的。它是根据"汉字效用递减率"的论断制定的。课标修订时还特别请北师大王宁先生的科研团队做了一个课题,对儿童认字写字的字频专门进行调查分析,从儿童语文生活角度提出先学先写的300个字。这300个字选择的原则是"构形简单,重现率高,其中的大多数能成为其他字的结构成分"。现在这些基本字都很自然地进入低年级的教材,是大家要格外重视的。

二、识字、写字教学要指向书面语

(2013年12月编写组会议上发言)

新教材要强化了阅读,从一、二年级开始,就要增加阅读材料,专门设置"和大人一起读",或者"我爱阅读"等栏目。这可能是生长点、创新点。以往低年段语文教学主要就是完成识字任务，比如有实验"集中识字"的，当然也有好处，识字、写字有效率，但问题是目标感不强，对于"语文课主要学习书面语"这一点缺乏自觉。新教材目光要超越一点，从读书和书面语学习这个角度来设计识字、写字教学。

课改之后，很重视情境教学，重视口语，重视课堂上的各种活动，但若把"语文课主要学习书面语"这一点忘记或者轻视了，可能就是很大的偏差。这不是我个人看法，其实《义务教育语文课程标准（2011年版）》也提出：第一学段的教学重点是识字、写字。但同时又这样说明："识字、写字是阅读和写作的基础，是第一学段的教学重点"。注意，这里把教学的目标指向明确了，学习识字、写字，本身不是目的，识字、写字只是"阅读和写作的基础"，是阅读和写作的基本条件，而目标是习得和发展书面语。

因此，编写低年段教材，虽然还是把识字写字教学放在重点位置，但也要有这样一种自觉——识字、写字一开始就尽量和阅读结合，而在习得书面语过程中，也要持续巩固识字、写字。大家看看课标，对低年段的阅读也是有要求的，如借图阅读，阅读儿歌、儿童诗和浅近的古诗，结合上下文和生活实际理解课文，在阅读中积累词语，等等，在新教材中都应当有所体现，甚至要大大加强。

有些专家质疑新教材设置"和大人一起读"等读书的栏目，认为有点早了，是超出课标的要求的，会增加学生和家长的负担。这种质疑是多余的。设计这个新栏目，不但不会增加负担，反而会调动学习语文、特别是读书的兴趣。我们应当说服那些不赞成的专家，把这个栏目坚持下来。

三、教材要多一些阳刚之气

（2015年8月8日给编写组的信）

七年级上册第二个古诗词诵读，整体是写秋思、离愁等情绪，调子偏于沉郁（虽然亦有张扬），对刚上初一的学生来说，难度也较大，最好能调整，把二、三年级某些较浅显的调到这个部分来。但这次恐怕来不及了，只能根据两次座谈会以及国务院教材会的精神，做些微调。先把李煜的《相见欢》换下来，现有的《秋词》《夜雨》《十一月四日》保留，增加一篇晚清谭嗣同的《潼关》。

这首诗以往很少选入课文，其实写得非常好，有气势，有词采，胸襟阔达，刚健遒劲，把北方的壮阔写活了，又融入了个人的生命体验，表现一种要冲决罗网，追求个性解放的精神，是感人的诗。古典诗词中阴柔之气太盛，阳刚之气不足，课文应当多选一些阳刚的作品。谭嗣同这首诗就是难得的阳刚之作。座谈会上有专家提议增加一些明清的诗歌，这也算是回应。

你们先看看。定下之后，我来写导读。

附：

潼关

终古高云簇此城，秋风吹散马蹄声。

河流大野犹嫌束，山入潼关解不平。

四、注意两个"延伸"

（2016年4月17日给编写组的信）

新教材在引导读书方面已经形成了特色。希望还是按照咱们原先的方案来编，无论小学还是初中，都努力加强两个"延伸"，即往"多读书"（特别是阅读兴趣与方法）延伸，往课外阅读及学生的语文生活延伸。

现在小学低年段已经增加了阅读材料，中年段开始有"课外读书导航"。这是创新，非常好。到高年级，可以考虑每学期再增加一次"课外读书导航"。不只是介绍名著，指导阅读，还要引发阅读兴趣，培养读书习惯，教给读书方法。小学就有这方面的设计，到初中还要加强，小学初中在读书的设计上有衔接。

名著导读（或者课外读书导航）可以每册增加1到2次（部），撰写的导读不只是介绍所选作品的作者、背景和内容提示，还应当加插和强化读书方法。比如如何克服读一本"难"书的畏惧心理，如何消除对经典的隔膜，如何挑选适合自己的书，如何更快地读完一部书，如何读不同类型的书（如童话、寓言、长篇小说、戏剧、历史书、杂志、实用的书等等），等等，其实都应当教给学生方法，而以往的教材以及课堂又都是不教或少教的。

将精读和略读的区分度加大，略读不只是比精读简单，而是承担精读未能担负的那些功能，比如尝试和练习浏览、检视、快读、猜读等。

关于精读和略读的区分度加大问题。不只是初中，小学也要注意。特别是到中年段之后，如何处理精读、略读是个问题。这是语文教学普遍存在的误区之一。我们要通过教科书编写来改变这一状况。小学低年段这个问题不突出，但也要防止把阅读材料当作精读课文的现象出现。在教学用书中要明确区分说明。

关于古诗文背诵篇目

【题记】这封信是写给高中语文课标修订组的，时间是2018年1月28日，当时2017年版高中语文课标初稿在征求意见。笔者认为，高中阶段要求背诵古诗词72篇任务太重，难以完成，建议改为"诵读"。这几年网上总有人炒作，说高中语文统编教材要求背诵的古诗文"猛增"。其实，高中语文统编（高一高二）课文共110篇，其中古诗文43篇（首），要求背诵的只有14篇（首）。另外附录有"古诗词诵读"20首，也并不要求全都背诵。

WN先生：

您好。

预祝春节阖家康乐！今有一事提议，新课标附录古诗文背诵推荐篇目72篇，不宜明确规定就是背诵，应当是"诵读"。如果72篇都要求背诵，对于二三年级就要进入高考准备的高中生来说，是难以完成的。初中和小学的课标是建议背诵136篇，新教材收入有240多篇，但并不全都要求背诵，要求背诵的不到170篇（我没有仔细统计）。这是九年的任务，平均每年不到20

篇，而且大都是诗词，容易背诵，小学生记忆力又最好。而高中二年，却每年要背诵36篇，其中近半数又是文章，这个量未免太大，实际上很难达到。我建议还是延续义务教育语文课标的做法，在背诵篇目前面加几句话，说明这些诗文主要供学生"读读背背"，增加积累，并不死规定全都要背诵。这是细节，却直接牵涉教学，弄不好，会产生负面反应。我只是凭经验提出这一意见，仅供参考，是否正确，请你们定夺。

温儒敏

2018年1月28日

关于单元导语、阅读提示与思考题的设计

【题记】这是笔者审阅小学、初中语文教材初稿时写下的修改札记。其中分别举例说明应当如何改进单元导语、阅读提示和思考题的设计。

一、关于单元导语

导语的确很难写。往往程式化，几乎都是先用一句或几句引言概括本单元主题，然后就说学习本单元的思想收获，用的语言都是比较美而又有些做作的，而且容易教化，到处都是"丰富我们的感情"，"深化对于什么的认识"之类。现在反复修改，好一点了。但还是不满意。小学干脆不要单元导语，改用其他表示形式。也很好。

对八上、八下单元导语我做了一些修改，都是字句方面的，还是走不出来，不满意。举例，八年级上册第三单元，关于古诗文山水题材那一单元的修改情况：

关于单元导语、阅读提示与思考题的设计

"山川之美，古来共谈。"自然山水，或 具清幽之氛围，或拥雄奇之景物，或呈秀丽之色彩，都均显出造化之灵妙。深入其中，总能让人流连忘返，引起无限的情思。从古到今古代诗文中，很多歌咏山水的优美篇章层出不穷。阅读这类诗文作品，可以获得美的享受，净化心灵，陶冶情操，丰富人生体验。

学习本单元课文，要能借助注释和工具书，整体感知内容大意。反复诵读，借助联想和想象，进入诗文情景交融的境界，感受风景之美山川风物之灵秀，体会作者寄寓其中的情思。同时，要注意积累常见的文言实词、虚词，提高阅读浅易文言文的能力。

修改的指向，是要更简洁，也更准确。

二、关于阅读提示

关于阅读提示，我也做了许多修改。还是不够满意。修改指向，主要是为了更加明确落实知识和能力点，帮助教学抓点，更有可操作性。例如，《藤野先生》是老课文，生涩的词多，加上鲁迅语言独有的特点，学生学习是有难度的。前面说过，从初中开始，很多学生就感到鲁迅文章很难，首先是文字上难。因此，需要针对这一情况，帮助学生学会接触鲁迅，接触难的文章，破除畏难心理。现在的阅读提示这样改的：

333

鲁迅作品的语言简洁、幽默,富于感情色彩,耐人寻味。阅读时宜放慢速度,细细体味。

这就改得很好。我的意见你们定稿时基本采纳了。我还要说说,为何这样修改?预习要求不必过高,有些目标等学完课文才能达到。但预习时可以指导阅读,鲁迅作品语言比较拗涩,学生不太喜欢,要引导细读品味。其他课文导语也要注意如何引导兴趣,不能把预习提示或者阅读提示混同于思考题,也不宜太难。老是要求画一画、讲一讲、说一说、和同学交流,太程式化,也是很烦的。

有时阅读或者预习提示,可以起到学习语文知识的作用。一举两得。比如《短文两篇》《答谢中书书》和《记承天寺夜游》,其提示就写得好:

◎画出文中写景的句子,读一读,感受景物之美。

◎两篇短文语言风格不同。《与谢中书书》以四字句为主,讲究对仗,韵律和谐,辞藻华丽;《记承天寺夜游》则以散句为主,语言平实自然。朗读课文,体会二者不同的声韵节奏。

前一篇是魏晋文,带有骈体的特点。而后一篇是宋代笔记,两者风格体式是完全不同的。特别是讲四字句不提骈体恐怕不行。但又不好介绍太多文学史常识。这要拿捏好。是否可以在适当地方简要介绍一下骈体?值得考虑。我想在一线教学中这个问题是回避不了的。

阅读提示应当加强语言文字运用的内容。语言文字运用不能理解为就是写作方法。例如《一个灾区中学校长的避险意识》，自读课：这一课属于新闻报道单元，但提示或者练习题设计扣住新闻，是必要的，但也还要注意语文能力训练。在这一课的提示中，我增加了这样一句：

> 这篇通讯语言朴实简洁，多用短句，段落切分也很小。阅读课文，感受这种语言风格的特殊韵味。

这也是提示，涉及短句切分这样的知识，以往教材是较少涉及的，而又是这篇课文最重要的语言特色。原来我就提到过，你们定稿时也没有采纳。

还有，这一课的提示，原来我还添加过这样一段，是试图给方法。但你们也没有采纳：

> 此文2630字，情节简单，容易读。试用快速浏览方法，尽可能抓住每段的关键词（或句子），知其大意，便迅速转向下一段。争取在5分钟之内看完。然后，放慢阅读速度再仔细读一遍，看头一遍阅读是否掌握了基本内容，有无重要的遗漏或误解，原因何在。平时多做这样的练习，能有效地提高阅读能力。

阅读提示或者思考题，每个单元都应当有整合的。比如人物传记单元，在最后一课《美丽的颜色》的阅读提示中，我添加一句：

> 结合阅读体验，回想并比较一下本单元几篇课文各自不同的语言。

加上这么一句，往语言运用上靠拢，而且有个比较阅读的意思。各个单元都有自己重点，但也要围绕语言文字运用以及思维训练。

三、关于思考题设计

思考题的设计往往体现教学的重点和导向，要非常精心，反复打磨。举个修改的例子，给大家参考，主要是提供一个思路。注意我改动的意图，是要体现教学的要点，明确知识点、能力点的分布镶嵌，要有情境的导引，让学生能进入情况，发挥思考力、想象力。举两个例子，看是否可以这样来设计。

原设计题：诵读《登幽州台歌》，体会诗歌的意境，说说诗人想到了什么，又为什么会"独怆然而涕下"。

拟改题：反复诵读《登幽州台歌》，静下心来，设身处地想象自己在古代，是那样寂寞地独自登台远望，瞬间感到天地无穷，人间有限。试试看，你能否进入和体会诗歌的意境，是否理解诗人为何"独怆然而涕下"。

原设计题：《望岳》与《登飞来峰》结尾两句，表现了诗人各自怎样的心志？

拟改题：你有过登山的经历吗？当纵目四望，能与云朵、飞鸟、山峦融为一体时，心气清朗，就会有类似《望岳》与《登飞来峰》所写的那种感觉。反复诵读这两首诗，想象自己也在登临，并体会两首诗结尾那两句的含义。

现在有些思考题设计比较活。如《唐诗五首》之《使至塞上》的习题就很出彩：

> 《红楼梦》第四十八回，对于"大漠孤烟直，长河落日圆"，香菱说："想来烟如何直？日自然是圆的：这'直'字似无理，'圆'字似太俗。合上书一想，倒像见了这景的。"你认为香菱对这两句诗的体味有没有道理。为什么？

这道题非常好，学生会很有兴趣，而且起到拓展阅读的效果。但类似比较灵活的题还是太少。多数思考题基本上还是老一套，特别是每一课的习题设置模式，大致都差不多。当然，不是说以往思考题的设计基本思路没有道理，只是说呈现形式过于趋同，很板结，往往会败坏学生兴趣。另外，就是细致有余，开放不足。现在强调整体感知，强调适当的个性化阅读，但我们的思考题这方面明显跟不上。所以这要改一改。一是往灵活、变化的方向改。特别是拓展题，尽量放开。二是激发读书和思考的兴趣。

思考题要明确语文要素的知识点、能力点的分布镶嵌。要特别注意这一点。比如，《消息两则》是关于新闻的，其习题之一就不太合适：

> 听课文录音，或模仿播音员读课文，体会本文恢宏、磅礴

的气势。用一两句话分别概括这两则消息传达的新闻事实。

我第一次修改时曾说，这样的题目太简单。其实这篇课文很短，标题中已经很明确标示内容。你这样出题，学生可能就用标题概括。太过容易。如果修改，这道题不往语言气势上引导，不如加上一句："注意报道中的时间、地点以及事件过程、结果的表述。"这才扣住这一课的训练要点。

另外，新闻报道一般不强调感情，起码在这里不往这方面引导。模仿播音员没有必要。这道题可以不要。

又如《藤野先生》是老课文，习题各式各样，但很少有考虑学生实际的。学生读鲁迅最大的实际困难是什么？是语言隔膜，进不去，不习惯，也不喜欢。讲鲁迅难就难在语言。现在这一课的语言方面设题比较少，6道题只有第4题关于鲁迅文章修改，是和语言有关的，其他题目全都是关于思想内容的。可见我们对于学生学习鲁迅的大障碍还是注意不够。所以我专门设计了这样一道题：

> 鲁迅好用反语，往往庄词谐用，产生某种讽刺效果，同时也传达了自己的感情和态度。如"也有解散辫子，盘得平的，除下帽来，油光可鉴，宛如小姑娘的发髻一般，还要将脖子扭几扭。实在标致极了"。前一句描写可笑的神态，后一句却称之为"标致极了"，形成某种反差，这就是庄词谐用。请从文中再找出三五个例子，体会鲁迅语言的魅力。

关于单元导语、阅读提示与思考题的设计

为何设计这样一道题？我在批注中这样说：原5道题有4道都是内容理解方面的，这里增加一道语言方面的题。中学生阅读鲁迅的障碍首先是语言，很多学生不喜欢也进入不了鲁迅语言层面。虽然这较难，但也应当尝试引导去体味。鲁迅语言特色在于丰盈的张力，这里只涉及讽刺，让学生有初步体悟即可。教师用书可以重点解释何谓庄词谐用，以及讽刺幽默等。鲁迅语言极富张力，味道在此，难也在此。我设题时没有用"张力"这个词，是考虑学生接受。有些设题可以深一点，学生还觉得有意思。

另外，设题一定要考虑训练的有效性。现在有些题很浅，起不到训练效果。比如郦道元《三峡》，有4道题。如下：

一 朗读课文，说说作者是按什么顺序写三峡景物的，想想作者为什么这样写。

二 写景要抓住景物特征。说说作者笔下的三峡夏天、春冬、秋天各有怎样的特征。

三 翻译下列语句。

1.两岸连山，略无阙处。

2.自非亭午夜分，不见曦月。

3.至于夏水襄陵，沿溯阻绝。

4.清荣峻茂，良多趣味。

四 解释下列句中加点字的不同含义。（略）

第一、二两道题都是分析写法，指向写作，但也比较简单。在这篇极为短小的篇扎中分析这样一些写作方法，不是不可以，但太

简单了。

　　第三题翻译，所给出句子很多都已经有详尽注释，翻译就等于把注释抄一遍。这样的题目就失去效果。不如改为要求翻译全文或者中间两段。要求把原文和自己的译文都朗读一遍，边读边体会一下不同的语感。

　　我举这个例子是说明思考题设计还要多下功夫，有点创新。一是注意落实语文素养的知识点和能力点，起码每一课都有一两道题是关于语言文字训练的。所谓能力点的分布，很大程度上靠习题。二是针对课文教学中常见的问题，来设计一些纠偏、引导的题。比如《藤野先生》那道新设计的题，就是引导性的，对于教学会有很大帮助。《三峡》修改后的第三题，也是文言文教学的一种导向，往古今比较、语感等方面引导。文言文教学不能满足于翻译和读懂。

教学目标落实要有可操作性

【题记】这封信写于2013年5月10日，是写给小学语文分册主编和编写组的。其时课文还没有完全确定，各单元的导语和每一课的习题也还在草拟中。信中提出如何把基本知识和关键能力训练的"点"落实，而且在教学中有可操作性。

陈先云转李吉林、曹文轩、崔峦[①]诸位老师及编写组：

三、四年级语文教材的课文及导语、习题等设计初稿看过了。你们下了功夫，现在已有好的基础，下一步就可以进入更细致的研究和编写了。有些意见提供你们参考。

关于选文。现在所选课文绝大多数都是此前几个版本选过的，真正新的课文所占比重还是小了，应当尽量开发新的经典的课文。

关于阅读能力训练"要点"。如何把课标的课程学段内容目标，转化为教材的内容目标，这是决定教材编写水平高下的关键。我们已经做了初步的工作，把课标的要求细化为数十个训练

---

① 陈先云、李吉林、曹文轩和崔峦是小学语文统编教材的分册主编。

"要点"。问题是我们设定的这些"要点"仍然比较粗,有的缺少教学中的可操作性。有些习题的题干比较空泛,比如"运用多种方法理解词句",应当教给学生哪些基本的方法?可以具体列举一些。"在观察中发现",如何去"发现"?观察不等于就能发现,也还是要有方法提示。"体会关键词的表情达意",问题是如何找到关键词?最好都能细化、具体化,让老师学生都可以找到方法去练习。

有些"要点"不是一次课就可以解决的,那就要安排多次,散布到不同年级、不同单元,重复出现,当然,应当考虑有深浅的差别,是螺旋式上升。比如要求学生"默读",就要交给"默读"的方法;要求"朗读",也要提示怎样去"朗读",不能总是停留于类似"有感情地朗读"这样笼统的要求。这个问题在初稿设计时就要认真考虑,越细致具体越好。建议找几位有研究的教研员和老师来,用一两天专门研究这个问题,拿出一个更细的要点表来。写作和其他方面也要一起考虑。小学和初中还要有通盘的设计。

还有就是课文如何与这些要点配合。如四下第四单元经典改编的课文很好,但这几篇课文因为考虑缩写,其语言不见得是最有语文味的。而这个单元阅读要点又是"语言的魅力",这就不搭配了。类似的问题在其他单元也有。初稿设计时请多加注意,然后整个框架出来了,还要调整。

另外,就是在思考题方面去呈现和引导。现在一线教学最头痛的就是如何把课标的内容目标落实到每一课,做到一课一得。我们编写教材首先就要做第一轮"转化",让课标所规定的目标具体化、细化,有可操作性。

往课外阅读及学生的语文生活延伸

【题记】教材编写过程中有过许多发言，只有小部分留有讲稿或者提纲。这是笔者2013年11月9日在景明园小学语文高年级教材编写会议上的发言提纲。其中谈到新教材除了力戒目前教材语文因素被掏空的弊病，还要在引导大量读书方面形成特色。努力加强两个"延伸"，即往"多读书"（特别是阅读兴趣与方法）延伸，往课外阅读及学生的语文生活延伸。

前四个年级初稿看了大半，总的很满意。吸收了原人教版优点，又有明显超越。几个特色显现出来了。

一是比起以前各个版本（包括人教版），拼音学习拖后一个多月。难度略有降低。符合课标要求，也适合一年级学生接受。对拼音功能定位准确。

二是大量增加亲子阅读（我爱阅读）材料。和幼儿园学习承接，满足听故事的心理，转向文字阅读，让学生喜欢。

三是更注重习惯和方法的提示。从第一册开始就有，比如如何看图识字，如何猜字。口语交际比较充分。

四是增加了许多有趣又有语文味的课文。整个比较活泼，有趣。注重学生心理特点，激发学习兴趣。

五是单元导语简化为一句话，但是单元学习的重点更加明晰，这种设计非常好。初中也可以考虑这样来设计。

问题不少。包括文字的问题，有一部分我做了修改批注。还得有时间打磨。

五六年级编写应当保持现在这种创新的态势，一鼓作气，先把整个小学教材初稿都拿出来，然后再打磨。还要征求意见，试教。应注意和初中衔接，是一体的。看过稿子后，有些编写思路更明确了。我曾给先云和本华写信，对下一步的编写和整个稿子的修改，提出一些看法。这些意见其实也是在编写过程中逐步明晰的。编写工作对我，对大家都是很难得的学习提高过程。我在信中提到：

我最近越来越感到，现在语文教学的痼疾在于精读有余，困于教材，而引导读书很少。光做题，不读书，语文素养就无从谈起。所以咱们这套教材除了力戒目前教材语文因素被掏空的弊病，还要在引导大量读书方面形成特色。除了坚持咱们原先决定的编写方案，我希望无论小学还是初中，都努力加强两个"延伸"，即往"多读书"（特别是阅读兴趣与方法）延伸，往课外阅读及学生的语文生活延伸。

一是名著导读或课外读书导航可以每册增加1到2次（部），导读不只介绍所选作品的作者、背景和内容提示，还应当增加读书方法。

二是将精读和略读的区分度加大，略读不只是比精读简单，而是承担精读未能担负的那些功能，比如尝试和练习浏览、检视、快读、猜读等等。总之是精读的延展和补充，也注意练习方法。略读课文可以长一些，字号略小些（这些可以试图突破原有死板规定），主要就是引发兴趣，放手让学生读，要和精读课文设计明显区别（并非减少几道题而已），这样，可以防止一线老师不区分精读略读的通病（原因也是以前教材的两种课文功能没有大的区别）。

三是原来知识点仍然保持，但往语言运用能力训练方面靠拢，不是由概念出发，而是偏于语用，倒过来处理。这也免得人家批评说是过分强调知识系统。系统还是要有，只是由表面改为潜在。

四是咱们开始时梳理的知识点、能力点现在有所体现，但还不够，应当更细致、更有梯度，也更能往方法靠（学会学习）。每课一得主要是方法的"得"。应当在"教什么"方面更加具体。

五是综合性学习也尽量配合课外阅读和学生的语文生活。

六是选文还需要拓展与更新。

七是李吉林老师提的一些意见，可以适当考虑吸收。未能吸纳的要给她说明。比如从一年级开始，适当减少识字（特别是"四会"）的数量，逐步要求写字姿势、习惯、规范，（但注意不能拘束）一些亲子阅读材料说明用法，加注拼音，关于汉字源流的设计如何考虑更适合孩子，形象一点，不一定出现甲骨文等概念。

下面，我再结合小学高年级编写说说意见。

小学的低年段已经在增加阅读材料方面形成特色。而且中年段开始有"课外读书导航"。我觉得这是创新,非常好。到高年级,可以考虑每学期再增加一次"课外读书导航"。不只是介绍名著,指导阅读,还要引发阅读兴趣,指导课外阅读。比如对书籍的认识(现在有关于书本的"身体",很好),还有如何挑选好书和适合阅读的书,为什么不能只读绘本和漫画(文字书应当唱主角),什么叫经典?对读书感到很难怎么办,如何读得快一点,等等,小学中高年级就要开始教,作为教学内容进入教材。现在三、四年级的导航有些还没有写出来,建议统一设计。我的意见就是要引发兴趣,培养习惯,教给方法。要和中学衔接。现在中学的名著选读编得太拘谨,学生兴趣难以调动。要放开思路,大胆突破。

关于精读和略读的区分度加大问题。不只是初中,小学也要注意。特别是到中年段之后,如何处理精读略读是个问题。这是语文教学普遍存在的误区之一。我们要通过教科书编写来改变这一状况。小学低年段这个问题不突出,但也要防止把略读材料当作精读材料的现象出现。可以在教学用书中明确区分说明。

现在小学高年段应当增加"自读"的内容,当作"讲读"课的延伸和实践。这是教材的两种课型,整体结构的两部分,还有第三部分,就是课外阅读,虽然没有全部体现在课本中,但有延伸。咱们教材如果能整合三个部分,就是一种突破。不只是教材本身特色,也是教学的改进和突破。所以大家做高年级,应当认真讨论和落实这个设想。

前面提到的第四点,关于知识点、能力点如何体现,如何做到更细致、更有梯度,也更能往方法靠(学会学习)。也请大家在高年级编写时多加考虑。有些可以在练习题中体现，把学习方法很自然地融进去。

举个例子。三年级上册第3课《剃头大师》的习题之一，原来是这样的："默读课文，把不理解的词语画出来，联系上下文猜猜它们的意思，再查字典验证。"这道题设计是不错的，但还可以具体一些，让学生有可操作性。我把原题改成："默读课文，试一试先把全篇课文读一遍，能大致读懂就别停下来，有不理解的词语也先画出来，然后联系上下文猜猜它们的意思，再查字典验证。"这样一改，对学生来说，就有方法了。

现在三、四年级习题的题型太过单调，要想办法改一改，一是想办法融入方法，二是变化一些角度。到五、六年级，就要更加注意题型与方法的问题。

最后讲一下编写工作方法。现在的方法总的可行，但还可以提高效率。那就是加强条条的包干，把条条变成专题，分给大家去研究、落实。比如题型、梯度、读书等等，都可以分别研究梳理。有些研究本身就是成果，最终形成研究论文。

要注意积累，记录。编写过程，就是非常重要的科研过程。

对小学、初中语文教材初稿的修改意见

【题记】本文系笔者2015年5月7日在部编本小学初中语文教材编写会议上的发言记录稿。收入《温儒敏语文讲习录》。教材编写过程很复杂，稿子变化很大，我在编写过程记录下来的讲话或者批改的意见也非常多，这里列举一篇，也可见编写之艰难。其中提到的一些课文或者编写内容后来定稿可能调整了。部分举例与本书中的《关于单元导语、阅读提示与思考题的设计》一文有重复，本文将例子略去，标出参见页码。

这几天抓紧看了八上和八下[①]的部分初稿，是第二遍看，又做了许多修改。

对初稿总的印象是不错的，和既有各种版本教材比，有自己的亮点，有特色。比如语文素养知识点、能力点的体系构成及其在各个单元的落实，更加明确了；精读和略读两类课型的功能有了明晰的区分；重视读书兴趣的培养和读书方法的传授；写作课

---

① 指初中语文统编教材初二上下册。

更有可操作性，等等，都是有所创新的。有这些创新，教材就有突破，对此我们是有信心的。这套教材编写因为反复评审，已经拖了很长时间，明年秋季学期肯定是要投入使用的。不管多少困难，我们要往前赶，保证质量，保证明年能用。

初稿大致成型了，仍然存在许多问题。应当修改或者值得再认真讨论的地方，我都一一做了标注或旁批。为什么要修改讨论，我也尽量说明了理由，供大家参考。

八上的第一稿出来后，我就做过很多修改。部分修改的意见在二稿中吸收了，也有一些未能吸收。这很正常。虽然我是总主编，意见也不见得都对，完全可以继续切磋探究。你们发挥教学一线的经验，或者专业编辑的经验，对我的意见进行打磨，使教材更加稳妥、规范，这都是好的。但我不希望把棱角全都磨平了，你们多想想我为何那样修改。我总感觉现在教材虽有新意，但还是比较"平"。而我提的很多修改意见，正是想突破这个"平"的。我曾在小学语文编写组说过，你们要有点"匪夷所思"，有点想象力，大胆提出革新的设想，进两步，然后退一步，还是有进步。如果一开始就很拘谨，求稳怕乱，那就很难出彩了。我希望初中语文编写也来点"匪夷所思"，也就是解放思想，勇于突破。我的修改如果是有些"匪夷所思"的，建议你们先考虑我为什么这样改，然后再适当调整，剪除那些过分"出格"的，但不要完全磨平其锋芒。

下面我就这次八上八下的修改，提炼出一些带有共性的问题，给大家参考。

第一，选文。

现在选的很多新课文都是名篇美文,很不错的。但如何安排?还要斟酌。单元结构有个毛病,就是可能会打乱文体和教学的梯度,这也没有办法。我们还是选择单元结构,只是不完全以人文主题来构设单元,还要适当考虑语文要素,是"双线组元"。但是课文的深浅程度往往就难以兼顾。怎么办?在现有基础上适当微调,照顾教学梯度。比如《列夫·托尔斯泰》这篇比较难读,是否可以放到九年级?蒙田的《论惬意的生活》,是论说生活形态的,哲理性很强,对初中生来说可能难了,其句子也有些夹缠,可能是翻译的问题。如果能换,就换一篇。蒙田散文有很多都是比较美的。课外古诗词诵读,《梁甫行》是很难的,也可以考虑是否换一篇。古诗词选文要照顾到选择的面,最好宽一点,八上有陶渊明的《饮酒》,课外阅读又有《移居》,同一册就收同一作者2篇。李白也有2首。是否也可以分散一点?

第二,习题的设计。

现在的习题分两个层面:思考探究与积累拓展,这是比较适当的。有些题比较活,特别是积累拓展的题,设计思路很不错。如《唐诗五首》之《使至塞上》的习题,我就很欣赏,见本书337页。这道题非常好,学生会很有兴趣,而且真正能达到拓展阅读的效果。

八下有林语堂《庆祝旧历元旦》,其习题一的设计也不错。虽然难一些,但思路是导向开放的:

作者大力提倡"以闲适为格调"的小品文,他主张作文如聊天,应有聊天的闲适和随意。你读出本文这一特点了吗？从课文中找出一些具体的语段进行品析。

但类似比较灵活的习题还是少了。多数习题基本上老一套，而且每一课的习题设置模式都彼此雷同，这能否再有所突破？

当然，不是说现有的习题设计思路没有道理，只是说呈现形式过于趋同，很板结，会败坏学生的学习兴趣。另外，就是习题设计细致有余，开放不足。现在强调整体感知，强调适当的个性化阅读，但我们的习题这方面明显跟不上。所以这要改一改。一是往灵活、变化的方向改。特别是拓展题，尽量放开。二是激发读书和思考的兴趣。

另外，习题设计一定要注意将语文要素的知识点、能力点分布镶嵌，大多数习题都要考虑这一点。现在有的设计可能存在这方面的不足。比如，《消息两则》是关于新闻的，其习题之一就不见得合适：

听课文录音，或模仿播音员读课文，体会本文恢宏、磅礴的气势。用一两句话分别概括这两则消息传达的新闻事实。

我第一次修改时曾指出，这样的题目太简单。其实《消息两则》课文很短，每一则的标题又已经明确标示了内容。如果像现在这样设题，学生几乎可以毫不费力地就用标题概括新闻事实，这道题起不到思考的作用。建议修改，不要往语言气势上引导，不如加上一句："注意报导中的时间、地点以及事件过程、结果的表述。"这才扣住这一课的训练要点。

另外，新闻报道要客观，一般不强调感情，起码在这里不往这方面引导。模仿播音员没有必要。

又如《藤野先生》是老课文，习题各式各样，网上就可以找到许多，但很少有考虑学生实际的。学生读鲁迅最大的实际问题是什么？是语言隔膜，不习惯，也不喜欢，也就读不进去，体会不到好处。现在这一课的语言方面设题还是比较少，6道题只有第4题关于文章修改，是和语言有关的，其他题目全都是有关思想内容的。可见我们对于学生学习鲁迅的障碍还是关注不够。我希望习题能够帮助学生学习鲁迅，喜欢上鲁迅。为此，我专门就语言个性设计了一道题（略，见本书334页）。为何设计这样一道题？我在批注中这样说：原5道题有4道都是内容理解方面的，这里增加一道语言方面的题。中学生阅读鲁迅的障碍首先是语言，很多学生不喜欢也进入不了鲁迅语言层面。虽然这较难，但也应当尝试引导去体味。鲁迅的语言特色在于丰盈的张力，这里只涉及讽刺，让学生有初步体悟即可。教师用书可以重点解释何谓庄词谐用，以及讽刺幽默等。鲁迅语言极富张力，味道在此，难也在此。我设题时没有用"张力"这个词，是考虑学生接受。设计习题要有层次，有些设题可以深一点，学生反而会觉得有意思。

另外，设题一定要考虑训练的有效性。现在有些题很浅，起不到训练效果。比如郦道元《三峡》，有4道题（见本书339页）。第一、二两道题都是分析写法，指向写作，但也比较简单。在这篇极为短小的篇扎中分析这样一些写作方法，不是不可以，是太简单了。

第三题翻译，所给出的句子很多都已经有详尽注释，翻译就等于把注释抄一遍。这样的题目就失去效果。不如改为要求翻译全文或者中间两段。要求把原文和自己的译文都朗读一遍,边读边体会一下不同的语感。

我举这个例子是说明咱们的习题设计还要多下功夫,力求创新。有以下几点请注意。

一是注意落实语文素养的知识点和能力点,起码每一课都有一两道题是关于语言文字训练的。所谓能力点的分布,很大程度上靠习题。

二是针对课文教学中常见的问题,来设计一些纠偏、引导的题。比如《藤野先生》那道新设计的题,就是引导性的,对于教学会有很大帮助。《三峡》修改后的第三题,也是文言文教学的一种导向,往古今比较、语感等方面引导。文言文教学不能满足于翻译和读懂。

如何改进习题设计?这次讨论作为一个重点。能否考虑,每一课起码有一道题是原创的。五分之一或者六分之一原创,这个要求不高。可以参照一线教学或者考试的试题来加工设计。我们每个人发挥主动性,每次汇合讨论,每个人都能提出一道原创题,那就相当可观。

第三,关于单元导语和阅读提示。

导语的确很难写,字数很少,要照顾方方面面,一写就往往程式化。几乎都是先用一句或几句引言,概括本单元主题,然后就说学习本单元的思想收获意义,用的语言都是比较美而又有些做作的,而且容易教化,到处都是"丰富我们的感情""深化对于什么的认识"之类。现在反复修改,好一点了。但还是不满意。小学干脆不要单元导语，改用其他表示形式，也很好。

对八上、八下单元导语我作了一些修改，都是字句方面的，还是走不出来，不满意。举例，关于八年级上册第三单元古诗文山水题材的修改情况（略，见本书333页）。修改的指向，是要更简洁，也更准确。

关于课文的"阅读提示"，我也做了许多修改，但改来改去，还是不太满意。大家看看我的修改指向，主要是为了更加明确落实知识和能力点，帮助教学抓点，更有可操作性。例如，《藤野先生》是老课文，生涩的词多，加上鲁迅语言独有的特点，学生学习是有较大难度的。前面说过，从初中开始，很多学生就感到鲁迅文章很难，首先是文字上难。因此，需要针对这一情况，帮助学生学会接触鲁迅，接触难的文章，破除畏难心理。现在的阅读提示这样改的：

> 鲁迅作品的语言简洁、幽默，富于感情色彩。阅读时宜放慢速度，细细体味。

这就改得很好。我的意见你们也采纳了。我还要说说，为何这样修改？"阅读提示"是提供给预习参考的，但预习的要求不能过高，有些目标要等学完课文才能达到。但预习时可以指导阅读，像鲁迅作品语言比较拗涩，学生不太喜欢，就要帮助扫除阅读心理障碍，引导细读品味。其他课文导语也要注意如何激发阅读兴趣。不能把预习的提示或者"阅读提示"混同于思考题，也不宜太难。老是要求"画一画""讲一讲""说一说""和同学交流"，等等，这就太程式化了，是很烦人的。

阅读或者预习提示，有时还可以巧妙地起到学习语文知识的作用，一举两得。比如《短文两篇》（《与谢中书书》和《记承天寺夜游》），其提示就写得好，见本书334页。

前一篇是魏晋文，带有骈体的特点，而后一篇是宋代笔记，两者风格体式是完全不同的。讲四字句不提骈体恐怕不行，但又不好介绍太多文学史常识，这就要拿捏好。是否可以在适当地方简要介绍一下骈体？值得考虑。我想在一线教学中这个问题是回避不了的。

总之，"阅读提示"的修改，应当加强语言文字运用的内容。但语言文字运用包含诸多方面，不能理解为就是写作方法。

例如《一个灾区中学校长的避险意识》，是自读课，属于新闻报道单元，提示或者练习题设计扣住新闻，是必要的，但也还是要注意语文能力训练。在这一课的"阅读提示"中，我就增加了这样一句："这篇通讯语言朴实简洁，多用短句，段落切分也很小。阅读课文，感受这种语言风格的特殊韵味。"这也是提示，涉及短句切分这样的知识，以往教材是较少涉及的，而又是这篇课文最重要的语言特色。上次修改我就提出这个建议，不知为何你们没有采纳。

还有，是这一课的提示，原来我还添加过这样一段，是试图给方法。但你们也没有采纳，见本书335页。

阅读提示或者思考题，每个单元都应当有整合的。比如人物传记单元，在最后一课《美丽的颜色》的阅读提示中，我添加了一句："结合阅读体验，回想并比较一下本单元几篇课文各自不同的语言。"加上这么一句,往语言运用上靠拢,而且有个比较阅读的意思。各个单元都有自己重点,但也都要围绕语言文字运用以及思维的训练。

第四,关于自读课文的旁批。

自读课文的旁批,是这套新教材的创新,但很难写。首先要确定旁批的功能,突出要旨,不能求全。要着重刺激阅读兴趣,然后才是提示阅读重点。评点的方式可以灵活一点,一个词,一句话,都可以。所起到的作用是提醒,点明,不是说明。现在的旁批有些陈旧而且死板,大多数都类似写作方法分析引导,这要改一改,往阅读兴味的焕发这方面改。比如《列夫·托尔斯泰》写外貌那一节的旁批,我做了这样改动(加黑的字是新添加的):

为何用"低矮的陋屋"比喻 什么 外貌? 写出了托尔斯泰外貌的什么特点? 文中还有一些新奇的比喻,**注意** 找出来, 细细体会 **其特别的** 效果。

这样改,不只是简短一点,还有意改变问答式。"找出来"之类,会阻碍阅读。现在我对整个自读课的旁批都还不满意,建议请专家再打磨一下。

有些自读课文很短,也不难读,不一定旁批。如《安塞腰鼓》。

第五,关于语文知识。

现在采用的是类似词条的方式,补白的方式。大家改过很多遍,还不很满意。不能只顾通俗,还要注意表述的严密和科学性。还是要有些术语概念,完全回避,就没有办法说话了。

第六，关于古诗词的导读。

以往教材写这些导读，几乎全是"赏析体"（由过去一些赏析词典而形成），过于单调。修改时注意有些变化，通脱生动一点，和学生的生活贴近一点。我做了很多修改，供你们参考。

第七，关于教科书编写语言。

我在教材编写启动会上曾经建议，教科书编写语言要力求贴近学生生活，减少教化，避免套话空话，做到生动活泼，能引发兴趣。不要动不动就让学生体会"深刻内容"和"丰富感情"，也不要处处都是"人生启示"。我举一些例子来说。现在许多教材的课文或者单元导语写得很辛苦，可是效果还不好，"文艺腔"，矫情，甚至有点"酸"。我们教材编者自己要注意文风，自然一点，朴实一点。看来还需要努力。现在新教材的编写语言比较注意规范，但整个行文风格还是比较死板累赘，缺少生气。

最后，讲讲小学语文编写的意见。

有些意见我在2013年11月景明园会议上已经讲过，后来精力几乎都用在应对评审以及一年级修改上面了，我的意见没有得到你们积极的反馈。这里再说说。

小学教材已经在引导大量读书方面形成特色。除了坚持咱们原先决定的编写方案，我希望无论小学还是初中，都努力加强两个延伸，即往多读书（特别是阅读兴趣与方法）延伸，往课外阅读及学生的语文生活延伸。

小学的低年段已经在增加阅读材料方面形成特色。而且中年段开始有"课外读书导航"。我觉得这是创新，非常好。到高年级，可以考虑每学期再增加一次"课外读书导航"。不只是介绍名著，还要引发阅读兴趣，指导课外阅读。要引发兴趣，培养习惯，教给方法。要和中学衔接。

名著导读或者课外读书导航，可以每册增加1到2次（部），导读应不只是介绍所选作品的作者、背景和内容提示，还应当强化读书方法指导。比如如何消除对经典的隔膜？如何挑选适合自己的书？如何读不同类型的书？都应当教方法。

关于精读和略读课的区分度加大的问题，不只是初中，小学也要注意。特别是到中年段之后，如何处理精读和略读，就要认真考虑。略读不能理解为只是少讲一点，而是让学生自己读，承担精读课未能担负的那些功能。精读略读课型混淆，是语文教学普遍存在的偏误，我们要通过教科书编写来扭转这一状况。小学低年段这个问题不突出，但也要防止处处都精读精讲。有些问题教材不方便说的，可以在教师用书中去明确交代。

关于语文教材中的诗歌

【题记】本文系2017年9月笔者给教材编写组编者的信,摘取其中部分内容。信中谈到古今诗歌语言形式的差别,授课不能用同一套路。提出诗歌教学重在培养直觉思维能力和想象力。

语文教材中的诗歌包括古诗和现代诗,目前各种版本教材都比较重视选古诗,古诗占有比较高的比重,但现代诗选得很少。拿小学语文教材来说,中高年级每一册选收现代诗,大致也就二三首,这个数量远低于古诗和现代文。

其实现代诗对于中小学语文教材来说,是不可或缺的重要部分,现在重视不够。

到底为何要学现代诗?这个问题似乎都能回答,无非是审美教育、诗教等,都对,但未免笼统。若要认真探究,可能不甚了了。

首先应当搞清楚现代诗在语文教学中的功能目标,和古诗是有相同亦有不同的。对它们之间的不同,应当格外留意。

著名诗人废名说过这样的话,即旧体诗的形式是诗的,内容是散文的,而现代诗的内容是诗的,而形式是散文的。其意思是,旧体诗词形式是相对固定的,有格律音韵等方面的要求,但写法往往是情生文,文生情,类似散文的写法。而新诗的形式自由,不拘格律,可以用类似散文的语言写,但其内容必须是诗的。[①]这说法也只是概而言之,但的确抓住了要害。和旧体诗相比,现代诗写作更需要情感的凝练和表达的自由。现代诗语言往往可以陌生化,以达到个性化的表达。这样说来,古今诗歌的区别不只在语言,更在内容的自由表达。在审美的"契约"方面,古今诗歌欣赏显然是不同的。但是语文课往往忽视这种区别,一讲到诗歌,无论古今,都用差不多的方法与套路来教,这就不对了。

现代的孩子需要学习古诗,感受古代文化韵味,以及汉语之美;也要学现代诗,这可能是更加接近当代人的文学形式,对于孩子来说,也更加适合模仿。现代诗和古代诗都是诗,有共通的东西,比如现在语文课常常讲到的思想、情感的表达呀,对比、象征、意境呀,等等,古今诗歌都会有的;亦有不同,语文课就往往注意不到,或者忽略了"不同"。另外,诗歌语言的特征也不是用什么"生动""形象"等词语就可以说明的,古诗词和现代诗也有各自的"语法",是超越常规语言的"语法"。用通常的语言难以表达的情思,就可能需要诗,需要语言的变异与创新。而这一点也属于基本知识,可是以往的语文教材很少关注。

[①] 参见废名《谈新诗》("语文教师小丛书"),商务印书馆2018年版。该书原是1930—1940年代在北京大学授课的讲义。

最近我看人教版及其他各种版本小学语文中所选的现代诗，感觉就是比较随意，或者只是考虑深浅程度是否适合，是否有"讲头"又有意思，以及词语是否优美，而不太考虑选这些现代诗，到底要达到什么教学目标，如何通过诗歌教学培养直觉思维能力和想象力，如何区别现代诗和古诗词，等等。

"语用"和"方法性知识"

【题记】本文系2017年9月笔者修改初中语文统编教材初稿时给编写组的信，摘取其中部分内容。其中强调要特别关注"语用"和"方法性知识"，不要蹈空。

2017年9月26日至28日，在景明园召开高中语文统编教材编写组全体会议，讨论编写体例。笔者在会前和会后有过两次讲话，涉及问题较多，这里只是节录其中一部分。

一、2017年9月26日上午讲话摘要

如果把"任务驱动"更加细化，往语文方面靠，在引导读书的基础上，解决一些有关语文素养的"关键能力"，那就很好。是把"任务"放在课前，还是课后？这不是最重要的。其实初中的课文前面有"导读"，有时也有任务布置，我看可以继承以前初中语文"导读"的方式。

单元导语和课前导语（后改为"学习提示"）的设计要做到

"语用"和"方法性知识"

三点：有趣（能吸引学生去做，不流于形式），有效（能扣准本课的教学点，有利于达成本课教学目标），实在（不是空泛地查查背景材料之类，而是有引发性的问题）。不能太深。要防止课文还没有怎么读，就天马行空做"活动"。

在讨论"思考题"[①]设计时，先要有一个"超越"的想法，"超越"现有各种版本的相关设计。可以把相关的习题都找来看看，把一些好的经验留下来，很多习题需要改造，重新设计。这方面不要驾轻就熟，轻车熟路，要有些新意。大家认真讨论这个体例问题，先取得共识，再来做。

要特别关注"语用"，不要蹈空。设计的难度和深度，要比初中有一个跃进。一般来说，初中主要是读懂，掌握一些阅读技巧和方法，高中则应当更多考虑风格、文体，考虑作品背后的思维形式等问题。还要摸准学生接触课文可能普遍产生的阅读障碍等。

比如鲁迅，中学生是有阅读障碍的，这障碍首先来自语言。鲁迅的语言高度文学化，个性化，又高度思辨，往往是曲折的，富于张力。读鲁迅会让人"难受"，那种张力造成的深刻的"难受"，是对流俗化语言的逆反，这是文学语言的一种很高的境界。让学生接触鲁迅，他们先碰到这个问题，以前初中已经接触过，那么到了高中，就要更加理性地去对待这个问题。是否可以在这些方面设题，让学生去思考鲁迅语言"难懂"背后的魅力。如果

---

① 后来高中语文教材每一课后面以"学习提示"取代"思考题"，每单元后面设"单元学习任务"。

有这样的问题切入，让学生注意鲁迅式语感，以及那种复杂思维所导致的语言表述的曲折和张力，那么这样的教学就可能比较成功。

又比如蔡元培《在北京大学开学典礼上的演讲》[①]，演讲当然是口头表达，但这篇演讲又带有浓厚的书卷气，基本上是书面语，其实不是典型的演讲，现在的学生别说模仿，阅读都会有些困难。难就难在学生与民国时期的表达方式有点"隔"。那么这一课的教学就必须解决整个问题——让学生多少接触这种文白夹杂的特殊文风。可以从这方面考虑设定一道思考题，接触不同的语言风格，这也是"语用"。要让学生知道，在一定场合下，适当的书卷气会达到特别的表达效果，对语言的粗鄙化也可能有针砭。

总之，在设计语言方面的习题时，要结合学生可能存在的普遍的阅读障碍、问题或者心理反应。设题不要太零碎，不要太技巧化，要照顾到高中和初中层次的不同，多往语用风格和效果等方面靠。不只是要求回答正确，而且要引导学生在阅读中去体味、感受、模仿。

过去一些教材的习题，编写语言太老套，我们要有意识地改一改。要力求贴近学生生活，适合他们的认知水平（要求也可以略高一点）；要减少"教化腔"，避免套话空话，做到生动活泼，能引发兴趣。不要动不动就让学生体会"深刻内容"和"丰富感情"，也不要处处都是"人生启示"。现在许多教材的课文或者单

[①] 初稿收进了这篇课文，后来删去了。

元导语写得很"辛苦",效果还不好,文艺腔,矫情,甚至有点"酸"。要注意文风,自然一点,朴实一点。

二、2017年9月28日上午讲话摘要

单元导语,一般300—500字左右。功能是问题引发,激起兴趣,交代本单元教学的要点,即"关键能力"与价值导向。导语是写给学生读的,也是老师备课教学的"抓手"。要考虑学生学习这单元要培养哪些"关键能力"。比如新闻,以往很多教学都往"如何写新闻"上引导,其实"关键能力"不应当是学会写新闻,而是学会如何选择和阅读新闻,利用新闻,培养信息处理能力。即使讨论新闻写作,也要扣住这个"关键能力"。

比如《别了,不列颠尼亚》这篇课文[①],导语和思考题(后改为"学习提示")就不能停留于分析课文的报道视觉、细节和现场感、历史感等等,还要教学生学会如何阅读这一类新闻"消息"。一般来说,新闻作品不是用来欣赏的,而是要从中得到自己需要的信息。这就有"方法性知识"。比如这篇关于香港回归的报道,也可以和其他不同的报道比较,让学生知道新闻报道要客观,但也会有报道的立场和重点,这就引导到如何读新闻,如何处理信息,而不只是如何写新闻。有些用于比较的材料,不一定出现在教材中,也可以放在教师用书里。

又比如演讲,主要是让学生通过演讲名篇的学习,领略说

---

① 此篇收入高中语文教材选择性必修上册第一单元。

话,特别是在公众场合说话的艺术。同样是讲课文的结构、手法、语言,但"位置"要挪移一点,多往学生需要的"关键能力"方面考虑。

诗歌、小说、戏剧等单元也是这样,注重"关键能力",注重阅读欣赏的"方法性知识"。古诗词怎么读?现代诗怎么读?小说怎么读?要往方法上引导,这都是教学的重点。

常看到许多老师的教学,分析一首诗词,很注重作者的思想感情,用了什么手法,什么比喻、借代、用典,等等,这些方面花了很多功夫,可是诗词的语言到底和日常普通语言有何不同?诗歌是否触发某种新鲜的感觉?等等,这些基本的知识性问题不讲,某一类诗一般应当怎么去读也很少讲,这叫"舍本逐末"。我们写导语和设计思考题时,应当注意纠正这个偏向,先弄清楚"关键能力"。学诗词主要不是为了会写诗词,而是为了会读诗词、会欣赏诗词,为了培养审美的能力、思维能力,包括直觉思维、形象思维能力。这一点一定要非常重视,对目前的教学中存在的偏误也有针砭意义。

导语要写得简洁、清晰。不要有过多概念,但也不要总是从比较"低幼"的"情境"出发,而要从问题出发,从兴趣出发,适当提高难度。

小学、初中语文教材的七点创新

【题记】2015年5月16日，编写组向教育部领导汇报小学、初中统编教材编写进展情况。本文系笔者执笔的汇报提纲。其中谈到新教材的七个创新，重视语文教学从课堂延伸到课外，形成"教读—自读—课外阅读"三位一体的阅读教学体制。

小学初中语文统编教材起始年级（一、七年级）的初稿已经出来，也通过了相关的审查，正等待最后审批。其他年级的编写也在推进。我汇报一下进展情况，重点说说教材在哪些方面可能会有所创新，以及存在的困难等。我觉得可以从七个方面来看新教材的创新。

第一，重新确定语文教学的"隐在体系"，落实语文素养构成的知识点、能力点。自从课改强化人文性和实施主题单元建构之后，教学上主张语文知识的"随文学习"，比以前活跃，但又出现另一趋向，就是教学梯度被打乱，必要的语文知识学习和能力训练得不到落实。因此这次编写一开始就注意到这个问题，按照课标的学段目标要求来细化知识与能力训练，落实到各单元。

有些必要的语法修辞知识，则配合课文教学，以补白形式出现。努力做到"一课一得"。这套教材在建构适合中小学的语文素养体系，但这是隐在的，因为在教材的呈现和教学中都不应强调体系，以防止过度操练。目前学界在这个问题上仍然有争论，我们采取的办法是实事求是，稍有平衡，目标是加强科学性。我觉得这套教材比起原人教版，在科学性上是得到提升的。

第二，课型的区分更加明晰。几乎所有教材都把课文分为精读和略读两类，但在教学中，普遍处理成精读精讲，且讲法差不多，都是一套程式，只不过略读所用课时略少。我们认为两类课型必须区分，各自功能不一样。精读是举例子，给方法。略读就是让学生使用精读课给出的方法，更加自主地阅读，教师不必精讲。因此新编教材干脆就把"精读"改名为"教读"，"略读"改为"自读"。"自读"课文设置导读或者旁批，引发学生自主阅读兴趣。这样的功能区分，也是有意改进目前语文教学过分精读精讲的僵化状况。也算是新意吧。

第三，特别强调课外阅读，把课外阅读纳入教学体制。一年级设置"和大人一起读"，以和学前教育衔接，从小引导读书兴趣。中、高年级几乎每一单元都有课外阅读的延伸。"名著选读"也改变固有的"赏析体"写法，注重"一书一法"，比如浏览、快读、读整本书、读不同文体，等等，都各有方法引导。多数课后思考题或拓展题，也都有课外阅读的提示引导。从课堂内延伸到课外，形成"教读—自读—课外阅读"三位一体的阅读教学。这种突出的强调，应当是个创新吧。

第四，识字写字教学更加讲究科学性和教学效果。比如"多认少写"原则的落实，课文和习题等的设计注意严格落实王宁教授主持的300字基本字表，以及拼音教学内容的简化和推后，等等，这些都比以往教材有很大改进。

第五，写作课的编写力图突破既有的模式，突出综合能力的前提下，又注重基本写作方法的引导，同时还非常注意与阅读教学紧密结合。写作教学内容编写的确很难，这方面几易其稿，也未能达到理想状态，但和以往教材比较，现在的编法更能激发学生写作的兴趣，也比较好教。

第六，综合性学习是课改后出现的新的课型，但在一线教学中很难落实，容易流于形式。针对这种情况，新编教材每年级减少一次综合性学习，而在设计上又加强了和阅读、写作课的联系，使之更有效。注意把口语教学渗透到平时的阅读教学之中，一些习题也都体现出口语教学的内容要求。

第七，课文更新，注重经典性和适合语文教学。和原来人教版比，新的课文约占40%。上级提出的社会主义核心价值观、传统文化等，都认真落实了。

其他，如教科书编写语言、习题的题型变化、插图和装帧设计，比较以往都有所创新。近两年新编的一、七年级教材已经在多个地区学校试教，反馈的情况是很好的，得到一线老师的充分肯定。

在国务院教材工作会议上的汇报提纲

【题记】2015年8月31日,在中南海,国务院召开教材编写工作会议,笔者以总主编身份汇报语文教材编写情况。本文为汇报提纲。收入《温儒敏论语文教育(三集)》。

我汇报一下新编小学和初中语文教材的编写思路和进展情况,主要讲四点。

一、如何在语文学科中体现社会主义核心价值观

从教材启动编写,我们就一直坚持把社会主义核心价值观作为指导思想,同时将其作为具体的编写内容加以落实。关键在于价值观如何结合语文学科的特点,化为语文的"血肉",而不是穿靴戴帽。新编语文教材努力做好价值观的"整体渗透"。这个"整体",是指全部,目的是让语文本身所具有的语言教育、情感教育、审美教育内容,和价值观教育融为一体,并自然地体现在课文选择、习题设计等方面。比如,毛主席《纪念

白求恩》一文，这次设计做了很大改进。课前先布置预习，学生自己去读课文，收集有关资料，了解白求恩其人其事，并向学生说明，这是一篇在中国产生过极大影响的文章，很长一段时间内曾家喻户晓。要求学生上课之前先问问自己的祖辈、父辈，了解这篇文章对他们的影响。这就调动了学生学这篇文章的兴趣，而且把这篇革命的经典重新融入现实生活之中，让学生在了解白求恩的同时，也初步感受到毛主席的伟大。这样，思路就拓宽了。

社会主义核心价值观的教育，不只体现在革命传统课文（这方面保留和增加很多，约占全部课文的11%）的设计中，也渗透到其他类型的课文中。比如诸葛亮的《诫子书》，让学生反复诵读，体味文言文韵律美，同时要求讨论诸如"静以修身，俭以养德""非淡泊无以明志，非宁静无以致远"等名句。这样，语文学习就和修身明志结合起来了。再举一例，《动物趣谈》一课，是科普作品，讲一位动物行为学家如何聚精会神地观察动物行为，是很有理趣、很幽默的文章。教材把领略这篇作品的语言风格，学习如何观察事物作为教学重点，同时又引导学生去感受科学家专注忘我的工作精神，以及追求科学真理本身所具有的特别的乐趣。这就把语文素养和精神熏陶融合起来了。我在济南一所中学听过老师讲这篇课文，学生兴致非常高，效果很好。教材让社会主义核心价值观"整体渗透"，在提升语文素养的同时，情感态度与价值观得到提升。这是第一点。

二、努力做到接地气，满足一线教学的需要，又能对语文教学普遍存在的弊病起纠偏作用

在确定编写方案之前，我们对十多年来课程改革以及课程标准实施的得失状况，进行了细致的调查总结，让课改好的经验，包括这些年提出的以人为本、自主性学习等新的教学理念，在语文教材中沉淀下来。比如综合性学习，以及某些习题的设计，都在做这种"沉淀"。同时，又实事求是，正视某些不符合教学规律的偏向。比如，两多一少的问题：精读精讲多，反复操练多，学生读书少。现在备课很容易，都在依赖网上获取课件，往往彼此"克隆"，教案大同小异，模式化。语文课上得很琐碎、技术化。课上老是这一套，学生感到很腻味，当然也就不喜欢语文。新编语文教材注意到这个问题，采取了一些改进办法，比如，在课型上做了更明确的区分，分为"教读"和"自读"两类课。教读课老师讲得多一点，精一点，主要就是举例子，给方法。自读课，就是让学生使用教读课给的方法，更加自主地阅读，教师不必精讲。自读课文还专门设置了导读和旁批，引发学生涵泳体味。教材有意区分课型的功能，也是为了纠正目前语文教学过分精读精讲的僵化状况。现在语文教学最大的问题，还是读书太少。课内读得少，课外读得也少，主要是应对考试，题海战术。没有完整地读过几本书，也没有养成读书的习惯，这样的语文课是失败的。

针对这一状况，新编语文教材特别强调培养读书兴趣，让

学生喜欢读书，养成一种良好的生活方式，为一生打下坚实的底子。教材特别注重让语文课往课外阅读延伸，往学生的语文生活延伸。比如小学一年级，六七岁孩子还不识字，就先安排了"和大人一起读"栏目，读故事、童话、童谣等，以激发读书兴趣来开蒙。到了高年级和初中，几乎每一课都有往课外阅读延伸的设计，还安排了包括"名著导读""古典诗文诵读"等栏目。新编语文力图让"教读""自读""课外导读"，构成三位一体的教学体系，这一切都是指向"少做题，多读书，好读书，读好书，读整本的书"。最近我到安徽阜阳、河南郑州等地，和一线老师交流，介绍了新编教材这些编法，得到一致的肯定，他们都希望能在应对考试和提倡读书、实施素质教育之间找到平衡，认为只有多读书才能"拯救"语文，也才谈得上语文素养、语文教育。

三、"守正创新"，继承和吸收中外语文教科书编写的成功经验，努力体现科学性和时代性

教材需要创新，但创新不是颠覆，要学习和继承以往教材编写好的经验。这次语文教材编写启动阶段，我们做了一项细致的工作，就是对现行各个版本语文教材的普查和专题研究。比如人教版现行的语文教材，哪些方面可以继承吸收，哪些方面应当视为教训，都做到心中有数。这是新教材编写的基础之一。此外，编写组部分成员还参与了一个国家社科基金重大项目，就是百年教科书编写的历史研究，对民国国文教科书的编写有认真的清理总结，有些好的经验吸收到新编的教材中。比如新编小学语文增

加了很多童谣、儿歌，能激发孩子对汉语音韵节奏的感觉，提升学语文的兴趣，有些素材就是从民国国文课本中借鉴来的。新编教材还特别注重"编研结合"，对学界有关语文认知规律的研究成果加以选择、吸收和转化。比如，识字、写字教学内容的安排，如何让孩子"多认少写"，尽快学会读书写字，新编一年级教材的识字课文就采纳了北师大关于儿童字频研究的成果，把儿童读书最需要先认识的300个字，安排在一年级教材中，努力体现教材编写的科学性。

教材在课文的选取、习题的设计、教学活动的安排等方面，努力切入当代中小学生的语文生活，适应社会转型和时代需求，体现时代性。比如，如何正确地认识和使用新媒体，如何过滤信息，都在教材中有所体现。

四、吸收专家意见，完善教材编写

下面再简要说明对两次座谈会意见及100位特级教师审读意见的处理情况。针对这些意见，编写组进行了细致的梳理分析，分门别类进行了认真处理。这些意见中有不少意见是中肯的、富有建设性的，我们一一做了吸收。比如胡适《终身做科学实验的爱迪生》一篇，有专家认为"内容和文字都比较平淡"，现在已经调整为萧红的《回忆鲁迅先生》。又如有专家认为，课文的预习、自读课中的"自读提示"和旁批有很多是结论性的解读，会限制学生的理解和教师的教学。虽然原来的内容很多都是提示性的，但考虑到专家们的意见，编写组再次考察所有内容，尽可能增加一些启发性的问题或者提示，避免结论式呈现，以促进学生的自主学习。有些意见或者因为对内容的理解有偏差，或者只是一家之言，带有较浓的个性色彩，编写组未予采纳。比如有专家认为"《台阶》一文是宣传'恶俗竞争心态'"，这个结论需要斟酌。有些意见可能是因为没有看到全部教材，对编写意图不够清楚而形成的，我们也一一做了回复。比如有关口语交际的问题，我们在八、九年级已经做了专题安排。

语文是社会性很强的学科，社会关注度高，也常常饱受批评。接受新编语文教材这个任务，我们如履薄冰，最怕出现硬伤，也最怕违背课标精神，这方面我们下功夫也很多。欣慰的是，最近请100位一线的特级教师提意见，他们都还比较肯定，没有发现"硬伤"。但我们不敢懈怠，要小心细致，确保质量。

经过三年半的努力，反复修改打磨，我认为小学和初中语文起始年级教材已经比较成熟，希望中央能批准投入使用，或者先在部分地区试用。让一线教学的实践来检验和充实这套教材，不断修订，逐步完善。

网络戾气有碍于学术讨论

【题记】本文系笔者2016年6月24日所写关于教材编写工作汇报提纲的一部分，有节录。认为教材编写理当接受社会监督，合理的批评有利于提高编写质量。但网上隔三岔五拿教材"说事"，上纲上线，乱扣帽子，就很不正常。网络戾气已经严重冲击了学术研究的气氛。

长期以来，语文教材总是不断引起议论和争论，这也正常，因为教材是公共文化产品，关系到下一代的培养，大家很关心。特别是语文，有很强的社会性，谁都"插得上嘴"，所以对语文的议论也格外多。本来，公众对于教材有批评、监督，是非常必要的。现在的各种版本的语文教材编得也不是那么好，有改进提高的必要，必须接受社会的质询。但最近网上接连发生几拨对语文教材的集中抨击，上纲上线，乱扣帽子，我看就有点不正常。

2016年4月20日，一篇文章《和平演变要从你的孩子搞起？》在网络上迅速传播，此文指人教版（2003—2006年版）小学语文存在严重"西化"问题。6月1日，有人在网上发长文，抨击人教版小学语文"西化",结论也是指教材暗藏"和平演变"祸心。我对这些抨击非常惊讶,就找教材来看,认为的确存在某些问题,比如有些翻译作品的内容和文字有瑕疵,个别篇章可能不太适合,但通观全部,并没有发现网上抨击文章所说的政治导向的错误。外国作品选文约占全书五分之一,作为小学课本,也是合适的,并不多,也没有发现观点的误导或硬伤。整个教材基本上还是坚持了正确的政治导向,体现了社会主义核心价值观。网上抨击的文章貌似掌握很多材料,可是我一条一条查证,发现他们所采取的是断章取义、歪曲事实和上纲上线的办法,和"文革"时期的"大批判"极相似,其结论是站不住的,做法则已远超出学术讨论或给教材提意见的范围了。

又看到另一篇网文,是抨击北京版语文采用《圣经》故事的,也在网上广为流传。事实是,该教材是在一个关于神话传说的单元里收了《创世记》的部分内容,同时收在这个单元的还有中国的传统神话女娲造人、盘古开天地等故事。其教学目的是引导孩子多少了解一点关于人类神话传说的常识。如果像抨击者所言这就等于宗教宣传,那也是夸大了,是又一种典型的上纲上线。现在教材中选收的外国文学作品,有的会涉及宗教的生活描写,包括进教堂、祷告,以及口语中常祈求"上帝"等等。这是所属文化的组成部分,不见得是在宣扬宗教。怎么处理?我不认为都要删去。把"上帝"改为"老天",把《巴黎圣母院》改为《巴黎娘娘庙》?笑话!我们还是应当有文化自信,有开放的心态,这样也才能让青少年理解文化的多样性。

对于外国文学进教材到底应当多大比重,某些作品是否适合作为课文，圣经故事可不可以进教材，这些问题社会上可能有不同看法，教材编者的确应当慎重考虑，要有认真的调查和研究再做决定。但这样一些本来属于学术的问题和不同看法，一到了网上，就被夸大，改变了性质，转变成一种意识形态之争甚至政治的打压。这种网络戾气很不利于教材编写，也不利于社会科学研究的良性发展。

通常平均每隔一两个月，就总有一轮对教材的议论，而最近则是集中发作，值得注意。我隐约感觉这现象背后不排除有所谓"水军"，有经济或政治的企求。问题是，现在这种"痉挛性"的网络炒作对于教材编写极少建设性帮助，反而有很强的破坏力。本来有些是教材编写的学术性、技术性的问题，偏包装上"政治正确"或者"道德评判"的外衣，"唯我独革"，非此即彼，制造对立；有些意见本来见仁见智，可以通过正常的学术讨论去解决，现在却都一家伙就捅到网上，马上引来一片杀伐征讨之声，哪里还容得切磋探究？我觉得这种空气很不正常，很不好，已经在伤害教材编写。主流媒体对于那些极端的炒作应当有所回应，对于被网上无端抹黑的教材应当给以必要的澄清。当前网上出现对于教材的集中抨击，不光会伤害到目前普遍使用的教材，影响教学，任其下去，还可能否定这些年来教育领域和思想工作领域的成绩，波及整个教育界和思想界。

但愿我这只是"过虑"吧。我们曾经吃够什么事都动辄"上纲上线"的苦头，不希望历史重演。

我本人的专业是做文学史研究，不是专门从事基础教育的，为了回馈国家社会的培养，这些年用一些时间参与基础教育特别是语文教育的研究，受聘为教育部组织的那套新教材的总主编。几年来，可以说是兢兢业业，如履薄冰。我深感到教材编写太难了，责任重大，应当有比较和谐的学术研究的气氛。语文教材的编写必须坚持正确的政治导向，特别是在民族、宗教、疆土边界等方面绝不能出问题，但这种政治正确应当成为教材编写的灵魂，社会主义核心价值观应当是整体性的体现，是渗透全般的，而不是做给人看的摆拍。教材应当重视优秀传统文化的传承，但也要有开阔的心胸，接纳人类一切优秀的文化，这和警惕西方政治思潮应区分开来，而轻易指斥"西化"还可能羁绊改革开放的步伐。

新课标与高中语文教材编写的框架体例

【题记】高中语文统编教材从2016年7月启动编写，进展艰难，框架体例迟迟定不下来。因为当时高中语文课程标准正在修订，如何在教材编写中落实新课标的要求，也还在探讨中，有些争论是不可避免的。此文系笔者2017年9月8日在教材编写组会上的发言，其中讲到对于当时尚未颁布的新课标的理解，以及如何在教材编写中稳妥地落实课标的要求。从中可以看到教材如何与课标互动，以及框架体例形成的某些历史痕迹。

我能够和大家一起组成这个编写团队，是个缘分，也是难得的机遇。在我们的生活经历中，有这么一段，大家汇聚在一起，为国家做事，做一件有社会影响的功德的事。我曾经在我的一本书的底页上写过这样一句话："我深感在中国喊喊口号或者写些痛快文章容易，要改革就比想象难得多，在教育领域哪怕是一寸的改革，都要付出巨大的代价。我们这些读书人光是批评抱怨不行，还要了解社会，多做建设性工作。"在会议开头我特意念这句话，也是和大家共勉，一起来做这难度很大的"改革"，做这

"建设性工作"。

教材是社会的公共知识产品，和自己的研究写书很不一样，那就是要有相对的稳定，能符合社会认知和接受的最大公约数。我们可能会抱怨编教材上面"婆婆"太多，下面"批评家"太多，是"风口浪尖"上干活，很难做，吃力不讨好。但静下来想想，这是大事，还是值得去做。虽然有诸多干预与限制，也总还有发挥的空间。如刚出版并在部分省市使用的小学、初中语文统编教材，其在某些空间上的发挥，恐怕就不只是"一寸的改革"，这些改革，比起我们平时的呼吁或者写文章要管用得多。编了5年，非常艰难，太难熬了，但最终还是得到一线老师普遍的欢迎和赞誉，这是很有成就感的。现在要编高中语文了，形势发展和几年前不太一样，要求更严格，会碰到很多困扰与限制。我们不抱怨，为国家做事，有时要放弃自己的观点，哪怕自己认为是正确的，那是为了把事情做成。这就和自己做学问不一样。既然接受了这项重大的任务，就要用建设性心态去尽力完成。

咱们这个编写团队由不同专业、不同单位的专家组成，还有一些来自一线的老师、教研员，还有出版社的编辑。每个人的专业背景不一样，看问题角度有差异，在编写过程中可能会发生不同观点的碰撞，会有争议，这是再正常不过的，因为是团队操作。在小学、初中语文编写过程中，即使是我提出的观点，有时也会和编写组发生矛盾，我就不得不放弃。这和学术研究中的独立思考坚持己见又是有些不同的。希望我们这个编写组是团结的，学术上是平等的，可以"没大没小"，充分发挥每个人的积极性，把不同的观点展示出来，彼此切磋争论。当然，最后还得有所选择，有所放弃，最后的定夺不见得就是最优，但一定是比较能达成共识的。有时任务到人，写出来的稿子被反复修改，甚至完全推翻了，好像做了"无用功"，其实这也是编教材的常态。有时讨论来讨论去，几种方案反复折腾，最终又回到初稿，在初稿的基础上调整，这也正常。希望参加编写的每个人都能发挥主动性、创造性，又能互相理解、包容、支持，众智云集，共襄盛举。

这套高中语文和义教语文一样，是"统编本"，由教育部组织编写，直接受教材局领导。很多事情都得教材局来决定。还有一个"指导组"，有新课标的成员在其中，他们也会参与编写的工作，教材的框架、选文和样章，要得到"指导组"的认可。教材编出初稿后，起码要通过四五方面的审查，包括"指导组"、教材局，以及政治的、专业的分组把关，还要征求部分特级教师的意见，这几关都过了，定稿了，才呈送国家教材委员会审议批准。教材编写是国家事权，肯定会有各方面的要求和严格的把关，难免翻来覆去修改，和自己做研究写文章不一样，要有耐心，有定力，还要有一些宽容和理解。

以上这些道理其实大家都懂，我特别说说，是互相提醒与勉励，为自己加油。

我再说说高中语文新课标，虽然至今尚未颁布，但估计基本内容不会大动了。高中语文教材编写必须按照新课标的精神和要求来进行。好在有几位"课标组"的老师也参与教材编写某些环节的讨论。我看过新课标，感觉新概念很多，过于学术化，有些不接地气。有些提法，特别是关于教学方式的建议，恐怕难以大面积落实。但新课标是按照素养教育的顶层设计来设计的，基本精神是改变语文教学存在的弊病，改革教学内容方式，立德树人，培养有理性有责任有担当的人。从基本的改革目标来看，新课标取法乎上，应当支持。教材编写要落实新课标精神，我有几点理解，提出来和大家讨论。

一是"立德树人"，这是教材编写的宗旨，不是套话，有现实针对性，有必要。"有什么样的教材，就有什么样的国民。"语文教材的确承担着培养国民素质，以及实现文化传承的重要使命。语文教材如何体现"立德树人"？不是贴标签，也不满足于说教，而应当很自然地渗透到各个教学环节，做到四个字："润物无声"。

二是"语文核心素养"。这个概念在新课标中提出，使得语文教育的内涵清晰了。核心素养的四个方面，语言运用、思维能力、审美能力和文化自信，应当理解成是一个整体。而语言建构与运用是其他三方面的载体。特别是"思维能力"的提法，包括逻辑思维、直观思维，是语言表达能力的组成部分。新课标把听说读写等诸多方面能力背后的思维能力凸显了。"语文核心素养"的提法打开了我们教材编写的思路。比如设计写作训练，就不只是为了写作水平提升，还有更重要的，是通过写作来提高思维能力。脑筋清楚了，文章才写得好。

三是"学习任务群"的概念提出，还有学分与选课，可能会改变高中语文课程的形态。有些问题我还跟不上，还要学习。行不行，要看看教学实践中实验的结果。但我初步的想法，所谓"学习任务群"，就是课程教学内容，更集中，更清晰了，明确哪个年级、单元承担哪几个"学习任务群",教学目标更加确定,这就克服语文教学普遍存在的随意性。同时,任务群的提出,也是要求教学转为以学生为主体,让学生学习更主动。以上三点,我们教材编写都要认真去落实。

如果咱们这套新教材会形成某些特色,很可能就在于通过落实课标的精神,体现"语文核心素养",形成一套比较明确的高中语文知识体系,让学生学得更"活",更有创造性。小学初中语文比较注重语文知识体系的重建,让教学的重点、梯度更清晰,而高中只有三年,除去高考复习,可能也就两年左右,梯度不会很明显的。这和小学初中不同。但高中语文也应当明确必须掌握哪些基本知识和关键能力,也有一个知识体系,尽管这个体系不是显在,而是隐在的。可以借鉴小学初中的做法,进入教材编写之前,梳理出一个大致的知识点能力点序列(不是考点,是教学的要点与环节),落实到每一册的单元结构中。所谓知识体系,大部分并非是陈述性知识,而是程序性、方法性知识,通过阅读思考、表达交流、项目活动等去落实,也可以考虑以补白形式出现。

发给大家的高中语文教材编写框架与体例,已经在不同范围讨论过,也征求过课标组和各位专家的意见,但仍然很粗略。希望这次会能认真细致讨论,基本上定下来。

有几点想法这里说说,大家可以研究讨论。

一是必修与选修的贯通。新高考正在试行,出现一些矛盾和困扰,在边试行边改进。比如学业考试六选三,可以考两次,学生一上高中就准备考试了,等于是提前"抢跑"。更紧张了。这种情况是原来没有充分预测到的，弄不好，高中课程会遭受颠覆性破坏。我们编教材一方面要遵照新课标，同时也要注意新高考可能带来的问题和机遇，宁可守成一点，既有创新，又有连续性，不搞颠覆。我们必须面对的事实是，高二之后"分流"出去、不考大学的学生极少，那么高一高二都应当是必修，所谓"选择性必修"，似乎有些不通？无论怎么命名，高一高二都是必修，要贯通，作通盘考虑。高二的"选修"与高一的"必修"相比，主要是提高了难度，侧重专题研习。

二是必修教材的体例。课标要求按照学分来设计单元，有些同志建议高一编为4册，高二5册，太多了。不如高一2册，高二3册。单元则大体依照语篇（课文）类型划分，同时兼顾几个任务群的落实。

"文学类"阅读是大头，可以按古今文类（文体）分单元，也可以古今融合。以经典阅读为主，基本上采用文选（课文）为主轴的开放式设计。

"实用类"和"思辨类"阅读单元，考虑主要以文选（课文）为主轴的开放式设计，围绕课文设计思考探究活动。另一部分则设计成任务驱动或者项目活动，如实用类的新闻单元。需要注意的是，任务也好，项目也罢，总体目标同样指向语言运用，指向读书、思考与表达。

三是"语言积累、梳理与探究"任务群的落实。通过两种方式达成。一是渗透在各个单元不同任务群的教学中，力求所有单元的设计都有语言积累、梳理方面的要求和相关内容。这些渗透的内容既与阅读教学相配合，同时又有一个大致的序列，体现出语言学习的层级性、渐进性。另外，单独设计2个语言知识探究的单元，其一为梳理最基本的语言规则和语用知识，引导学生在学过的相对较为零散的语言积累基础上，从理论上提升语言学习的自觉；另一单元设计为学语言逻辑、形式逻辑，侧重从思维角度反观语言运用。总之，整个教材处处都要突出"语用"，这是语文课程的本质规定。

四是"当代文化参与"和"跨媒介阅读与交流"。拟各单独设立1个单元。以任务为中心设计成项目活动，提供一些支架材料或研读的文本。活动设计要体现语文性，扣住语言文字运用，要实现语言、思维、文化或审美等核心素养的达成。

五是"整本书阅读与研讨"。将延续初中语文"名著导读"的做法，每个单元大致上都安排有延伸阅读，有的也可以插入整本书阅读内容。另外，高一高二每学期设计一个整本书阅读单元。[①]尤其要重视多种读书方法的传授和实践。

六是写作教学。要重视读写结合，在阅读单元中把写作内容、方法的训练与阅读整合在一起，达成在真实情境中完成写作任务的目标。同时，每一单元独立设置一个写作专题。高中的写作训练除了"语用"，要注重思维训练（包括逻辑思辨力），这是区分于初中的主要方面。

七是凸显读书为本，读书为要。部编本初中语文加强了多种读书方法的训练，高中应当持续，并有所提高。要特别重视让学

---

① 后来高中语文统编教材只在必修上下册各设置一个"整本书阅读"单元，"选择性必修"没有设置"整本书阅读"单元。

生接触经典。在语文学习中，不能把经典当成"活动材料""探究资料"或者教学"支架"。有些经典课文采取传统的方式，围绕课文教学设计一些习题和探究活动，包括读书活动，形式是开放的，教师教学也有发挥空间。如果设定以某个项目活动来"带"课文，可能会限制教师的发挥。读书方法要想想新的点子。比如古诗词教学，除了常用的朗诵，可以建议多一些吟诵。有些语言文学知识可以适当嵌入，比如古诗文的平仄问题，最基本的文体，等等，梳理一些出来，都可以进入教材。

八是力争教材"好用"，接地气，适应高考改革。高考是不可回避的巨大现实，如何帮助学生做到既要考得好，又不把脑子弄得死板？还有，现在高考命题也在改革，考阅读速度，考知识面，考非连续文本，考检索阅读，等等，教材如何适应？要多加考虑。

九是教材内容的比例。古诗文适度增加为宜，这方面课文维持在45%—48%，不宜超过半数。可以在课文之外增加一些古诗文的内容。为何不要过半？教学上考虑。很多老师认为文言文"有讲头"，在这方面花费的精力课时一般都比较多，而现代文往往就"放羊"。这样做不合适，语文课还是学习现代语言表达为主。古诗文的课文比例占45%—48%，不超过48%，是适当的。外国作品课文比例可以维持12%左右。

要放开一点，让教材对教学起到导向作用，有些亮点。编写内容形式要切近当代中学生的思维特点，不要太低幼化。现在的高中生和以前的高中生很不一样，他们生活在网络时代，视野比较宽，语言能力也比较强，有更多的叛逆性，但思维又往往比较片面，碎片化，缺少思辨能力，还有不少同学沉迷于时尚流俗的文化，喜欢小清新、小浪漫，不够大气。"小鲜肉"现象就是例子。我们要正视这些青年社会心理现象，尽可能往大气、阳光、务实、思辨这些方面引导。选文、内容安排，甚至编写语言都要注意到当代高中生的接受。不要太"低幼"，也不要太说教。

关于落实课标要求的一些困扰与分歧

【题记】本文系2017年11月21日下午笔者在高中语文教材编写框架讨论会（远望楼会议）上的发言。未曾发表过。教材编写必然会受各种观念的制约，其中有矛盾、困扰、碰撞和妥协，很正常。笔者的发言谈到对高中语文课标的理解，认为在高中那么有限的课时中不宜搞那么多所谓情境化学习和项目化学习，也不赞同教材编写"以语文实践活动为主线"。把这份发言提纲留存下来，可能有助于教材的研究，了解编写过程的复杂与艰难。

我汇报三个问题。有一些是涉及编写过程碰到的矛盾与困扰的，还有一些是存在的分歧，不掩盖，说出来，可能更加有利于下一步工作的推进。

一、关于单元设计的体例

语文教科书的编排体例，有各种各样，各有优长，也会各有局限，从学理上看，很难说哪一种就是最好，就是可以解决所有问题的。我们只能选择某一种,取其所长,避其所短。考虑目前形势的需要,要求凸显价值观的主题,让立德树人更加鲜明,我能够理解,也在考虑如何处理得更加贴切。但我认为不宜采取单纯的以人文主题来组织单元,还是要兼顾一点,兼顾语文素养,采用"双线组元"为好。

为什么我不主张采用以单纯的人文主题来设置单元呢?起码有3条理由。

1.因为主题的设定在先,先入为主,入口限定了,选文必须都围绕主题,比较难于顾及语文教学环节的需要,语文教学的要点和梯度容易被打乱。

2.十多年前,旧的高中课程标准[①]颁布那时,我曾参与主持人教版高中语文的编写,任执行主编,那时是强调人文性和工具性的统一,其实重点是考虑突出人文性,工具性只是"偏旁",结果几乎所有版本的高中语文都采用主题单元。好处也是有的,教学内容更集中,人文教育加强了,但语文教学的规律性被弱化了。课改十多年,"应试教育"仍然严重存在,形式主义的教学活动也很普遍,语文素养得不到落实,语文课被边缘化,情况是很严重的。不能说跟教材采用单纯的主题单元结构没有关系。我们要吸取过去的经验教训。

3.如何操作问题。新的高中语文课程标准设定高一必修课只有一年,高二是选择性必修,两个年级的课型不一样。高一必修

---

① 指2003年颁布的《普通高中语文课程标准(实验)》。相对2017年版2020年修订的课标,2003年版课标是"旧的"。

有16个单元，若单纯采用主题单元，怎么分配主题？是一一对应社会主义核心价值观24个字12个方面，还是其他方案？一个单元5篇课文，可能从5个或者更多方面去实施价值观的教育，你设定一个主题，会不会反而束缚了价值观教育的多向性？弄不好就是贴标签，把语文课变成政治课，反而不能真正体现语文教育熏陶的作用。这些都是很具体的，所以我认为不能硬性规定就必须采用主题内容单元。

我认为还是采用"双线组元"为好。一条线是人文主题，宽泛一点，不搞一一对应，但要指向立德树人，多往三观和人格培养靠，更好地结合学生的成长来体现社会主义核心价值观。第二条线，就是学习任务群，教学的要点和知识点，多考虑如何去落实，让教师学生明白单元教学目标除了价值观，还要解决哪些问题。两条线不是分开实施，而是同时进行，彼此交错融汇。

初中语文统编教材采用的就是"双线组元"，即宽泛的人文主题加上语文素养两条线来组元。虽然每个单元没有非常明确的主题标示，但整个设计让每个教学环节都关注到价值观教育，这是一种弥漫性的润物无声的教育，是真正发挥语文课熏陶特点的教育。在向中央汇报时，"整体渗透，润物无声"这个提法是得到肯定的。

再从课标的要求看，语文核心素养的四个方面，语用、思维、审美、文化，是彼此融合统一的，我的理解是"一带三"，在学习语言文字运用的同时，把三个方面带进来。我很欣赏新课标关于"语文核心素养"的阐释，认为这可能终结多年来有关语文课程定义的争论。那么采取"双线组元"，显然比单纯的主题单元更能体现课标的精神。

因为现在强调立德树人,有些标示性的东西必须突出,可以理解,我也赞成。那就是采用"双线组元",让各个单元的主题标示更加鲜明,价值观指向更加明确,但要"整体渗透,润物无声",而不是贴标签,不是为了显示自己跟上潮流,更不是回到"政治挂帅"。我们还是要实事求是,对人民的教育事业负责。

二、关于第三稿的说明

再汇报一些编写组三个多月的工作,特别是所谓顶层设计三个稿子的情况。因为其中的变动都和前面说的理念有关,另外也想澄清一些误会。

这次编写高中语文,编写组经过三个月的反复研究讨论,拟定了大纲(5次修改),写出了必修四册的初稿,采用的就是"双线组元"。我们并不是有些同志所批评的那样,"先选一些文章,按照诗歌、小说等文体顺序确定单元,再去考虑每个单元教什么,而且关注的不是能力和素养,而是文体知识"。事实并不是这样的。我们的做法是,首先考虑任务群的落实,把高一必修四册16个单元如何落实学习任务群设计好,然后按照任务群的教学需要,去选择课文。选择过程中肯定要考虑价值观的问题,但也考虑文体,认为几种文体选文要均衡,而且一个单元的文体尽可能集中一些,这比较好教。我们这并不是"文体为中心",也不是只顾工具性,忽略人文性。

我们几次拟定的编写框架,都给完全否定了,我觉得否定的理由不见得充分，也希望能多面对面沟通。我和某些同志在语文教学的观念上可能存在分歧，一时难以解决，那就求同存异吧。还是要大局为重，对批评意见有则改之，无则加勉。

11月7日编写组的会上，我就听了领导的指示，决定接受"指导组"和"课标组"意见，对原来设计方案做调整，突出每单元的主题内容，让立德树人的目标更加清晰，重新做顶层设计的第二稿。

那天会后便请了郑桂华、杨久俊和柯汉琳三位老师来做。我给他们建议是3条：1.可以接受突出主题的建议，可以每单元鲜明标示出主题，单元导语和教学设计，包括思考题也要往主题靠一靠，突出价值观教育；2.采用双线组元，突出价值观教育的导向，同时明确这个单元要解决语文素养哪些教学要点；3.选文也可以适当调整，但不要大动。还有一条，不能贴标签，那是不可行的。

我认真看过第二稿，改动还是比较大的。起初觉得也就这样算了，先想办法通过。于是就动手修改，主要是改动每个单元的语文素养如何落实这一方面。但是越改，越觉得在实际操作中可能会出现很多问题，一线教学会无所适从。比如教学的知识点、能力训练点比较散乱，缺少系统性。另外，如何让价值观教育不那么"生硬"，而是润物无声，还要下很大的功夫。所以我越改越不放心。就把修改过的稿子发给八个分册主编，大家也提出很多意见。比如有些文体打乱之后教学上如何处理，等等。这种情况下，我才决定继续对二稿做修改，是所谓第三稿。

其实第三稿是第一、二稿融会而成的，吸收了一、二稿的优点，又尽可能解决一、二稿的问题。第三稿仍然采取"双线组元"，即宽泛的"人文主题"和"学习任务群"结合起来考虑。第三稿更注重往"三观"与人格的养成靠拢，而不是生硬地和社会主义核心价值观一一对应。第三稿在体现主题内容和价值观教育方面，比一、二稿都要具体，有落实的措施。

另外，在语文素养的落实方面，第三稿比二稿更细致稳妥。主要依照高中语文课标的"课程目标""必修课程学习要求"和"学业质量水平"来设计，努力实施自主学习、合作学习和探究性学习。每一单元都力图结合教学需要设计思考题，交错安排阅读与鉴赏、表达与交流、梳理与探究等三种学习活动。语文素养的落实，充分考虑综合性，考虑关键能力的培养，避免琐碎的机械的训练。限于篇幅，框架表中未能详细表述。

对上面的说明做个小结：

1.第三稿采用"双线组元"，不是没有主题内容，单元主题是有标示的，而且为发挥语文课特点，用更加多元、切实的办法去实现主题，落实价值观教育，采用多种办法。

2.第三稿吸收了第二稿的许多优点，甚至主题设置很多都是相同的。不同的只是课文的调整，第二稿有一半的单元把文体打散了，第三稿又往回收了一点，让一些文体相对集中，比较好教。我们认为阅读教学离不开文体，特别是高中，必须有文体的教学。

3.第三稿出来后，也征求过编写组几位分册主编的意见，又再次修改过。

大家可以比较两个稿子，也可以批评第三稿，对它补充、修改、调整，但请先理解我和编写组坚持"双线组元"的用心，也希望不会再次颠覆。我可以接受各种修改意见，应当是在第三稿基础上的修改。

领导和"课标组"指导专家，高屋建瓴，按照课标要求来指导编写，在原则上、框架上会多一点考虑。而我们干具体工作的，要考虑如何让课标的精神落地，比较自然地体现在教材编写中，让教材好用实用，还多考虑一线教学会碰到哪些问题。彼此考虑问题的角度是有些不同的，那么多从对方角度想一想就更好。只要教材是符合课标基本精神的，是在推进改革的，政治上是没有问题的，是遵循了教学规律的，那就不要轻易否定，不要在一些观念和教学行为的争论上纠缠。

编写组现在特别需要支持，需要良好的学术氛围。原来5个不同版本的主编、副主编汇聚到编写组，彼此和谐合作，这不容易呀。都是以国家任务为重。我非常感谢他们。

三、关于落实课标精神的一些分歧

我还要回过头来谈谈我对课标的学习和认识。因为在如何落实课标精神方面，我的观点显然和某些同志有较大分歧。把分歧梳理清楚，才有可能让教材编写往下走。

我对课标是支持的，因为素质教育的大方向，我很赞同。尤其是关于语文核心素养的阐述，前面提到了，我认为比以前所有的阐述都要清楚，把以往多年来的相关争论"终结"了。这是很高的评价。

课标的学业质量标准也做得很好，是个突破。对于学习任务群，我也是支持的。

课标对于一线教学观念的改进，肯定会有一个冲击，一个推进。我是支持课标的。所以教材编写中我们也是努力在落实课标的精神。

但是我也有担心，课标可能难以落实。为什么？关于课标的功能不太清楚，有些越俎代庖，超出课标功能的那一部分，很难大面积落实。课标功能是什么，就是标准，可以是中等偏上的标准。对于好的学校来说，课标可能低了，可以往高一点去教；而对于差的学校，他们跳一跳也够得着。课标就是标准，至于如何去实现这个标准，办法是多种多样的，不同学情、不同个性的老师完全可以选用他的办法，课标没有必要规定某一种办法，让全国都来实施。

比如项目化学习，情境化学习，编教材还要"以语文实践活动为主线"，等等，这些我认为都只是一种实施的方法，可以建议提倡，但不宜规定死了，非得如此。情境化教学并不是新的方法，江苏的李吉林老师早在三十多年前就开始实验推广情境化教学，我还给她的书写过评论，支持她的方法。我认为在小学、初中有些情境化教学是必要的，但高中就不一定要用，更不宜当作高中教材编写的主要结构方式。为什么？想一想高中生的思维特点，想一想高中生学习语文的时间与压力，就知道了。我不必展开来讲。不是某一种方法好还是不好的问题，而是适合不适合的问题。

语文学习是综合性学习，最主要的是读书。目前一线教学存在普遍的弊病，就是花样太多，读书太少。很多中学高一就开始瞄准高考，高二应对各种考试，高三就是复习刷题应考，读书更少，甚至根本不读书了。大多数学校高二之后基本上不再学语文，要给其他学科让路。因为语文"不拿分"。语文已经被边缘化了，这是事实。在这种状态下，你的所谓情境化学习、项目化学习如何能落实？编到教材中去就会这样来教吗？所以根本问题在于提升教师的专业素质，能够在应试教育大环境中做些平衡，尽可能让学生多读书。教材主要在多读书方面形成特色。

再说，要实施素质教育，价值观教育，同时也提高语文素养，特别是关键能力，大目标是一致的，但教学行为方式应当是多样的。条条大路通罗马。为什么要规定就是情境化学习、项目活动或者"以语文实践活动为主线"呢？我知道课标提出这些方式都是很好的，但有必要规定那么死吗？我不否认这些学习方式是好的，先进的，但我认为课标就是课标，主要是标准，对教学方式方法也可以提点建议，但不可独酌一味，更不可唯我独尊，不宜下个文件，让全国都按照你们提的那一套来实施。

十多年前，旧的高中课标也做过很多美好的设计，包括选修与必修，规定必修1.75学年，选修1.25学年。那时我还担任人教版高中语文的执行主编，编了15种选修课。实际落实的情况怎样？95%的学校都是在必修之外再选二三种选修，当作附加的必修。哪里有什么学生自由选择的选修课？原来课标理想的设计并没有落实。为什么？脱离实际嘛。对这种情况，我们有没有认真反思总结？我们编教材要考虑这种实际，考虑大面积使用可能的困难。如果我们搞了一套很理想的设计，多数学校一线老师根本实行不了，他们甚至会阳奉阴违，和你们玩捉猫猫，过几年就不了了之。

但愿我的担心是多余的。但是现在课标组对教材编写提出的要求很高，也很严格。我一开始虽然有些不同意见，但也还是尽量落实课标精神。所谓大纲的一到五稿，顶层设计的二稿、三稿，我都是一遍遍修改的。我们三个月的工作，有些同志几句话就否定了，是一种很粗糙的否定。但我们也还是要尽可能落实课标的精神。无论如何，都不可能在高中那么有限的课时中搞那么多所谓情境化学习和项目化学习，我也不会同意教材编写"以语文实践活动为主线"。这才是我们之间分歧的本质。至于是否主题单元，是否凸显价值观教育，其实我们都尽量去实现了，这些不会成为分歧的焦点。

课标比较学术化、理想化，但编教材需要务实，十多年来编过多种教材，实践让我知道一点水的深浅。因为是统编教材，程序上必须有指导组的指导把关，还有教材委的审查，这都是必要的。我完全理解配合。只要是不合适的，特别是涉及政治方面的，涉及是否符合课改方向的，我们一定服从，改正。但是在如何去实现好的教学效果、采用哪一种体例结构等等学术性问题上，我建议不要过多干涉。我尊重你们，但也请容许我发表自己的观点。又要人干活，又把他的手脚捆上，对他还不怎么放心。这活怎么能干好？

三个多月来，我们起草了编写大纲5个稿子，顶层设计3个稿子，还有必修4册的初稿，都在努力落实课标的精神。我几乎每一稿都参与修改，马不停蹄，连节假日都不得休息。我已经尽力，但有些无可奈何。小学和初中语文已经编了五年，30多轮评审，很熬人的，但也没有这三个月这么艰难。我说的是实话。本来也可以闷在心里不说，少管一点，凑凑合合也就把教材编好了。但本着对党的事业负责，对人民教育事业的负责，我还是不掩盖矛盾，说了这些不太中听的话。

在高中语文封闭统稿会上的发言

【题记】本文系2019年1月3日笔者在高中语文教材封闭统稿会上的发言提纲。提出必须高度重视一线教师试教的反应，这会直接牵涉教材是否好用，能否大面积使用。对新教材为何不设计思考题，以及减少单元学习任务，增加"方法性知识"的引导等，也提出修改建议。

教材已经经过多轮评审，并在几个省市部分学校征求过一线老师的意见，现在到了攻坚阶段。这次封闭通稿，要遵照课标精神，具体参照教育部领导和专委会的意见，还有一线试教中提出的建议。到了这个时候了，任务紧迫，框架、体例和课文不要作大的改动了，主要是修补、补充、完善。我说几点具体的要求和建议。

一、关于整体架构

试教中许多老师认为教材现有框架设计不完善，内容较散漫无序，整体性、逻辑性、前后梯度不清晰。"语言积累、梳理与探究""当代文化参与""跨媒介阅读与交流""整本书阅读与研讨"等学习任务群相对应的单元，教师们普遍感觉陌生，把握起来有难度，在有限时间内难以展开有效教学。

编写组分析，老师们感到"陌生"，把握有难度，是源于教材变动较大，和以前的教材大不一样。这是必然的反应。新教材按照新课标编写，体例框架是全新的，对教师的要求很高，老师们感到难，不好掌握，也是必然的。从"陌生"到熟悉，会有一个过程。

之所以感到框架和内容"散漫无序"，也可能跟任务群的设计有关。因为各个学习任务群相对独立，各单元也就独立平列，显得"逻辑性"和"梯度"不清晰。

编写组认为，现在教材框架是按照课标要求设计的，是创新的，现在不宜再做大的调整，只能从局部微调，努力做好3点：

1.逻辑性问题。以后在教师用书中说明新教材的内隐逻辑，讲清楚新课标的要求，让老师明白各个单元要求落实的语文核心素养彼此是有关联的。修改时，要对教材的结构体系，以及各部分的功能做进一步的梳理，理清单元间的逻辑，并编制好架构图表，供老师参考。

2."梯度"问题。现在这种体例，在一学年内体现前后的明显"梯度"非常难。但修改时会尽可能考虑在"学习提示"和"单元学习任务"的设计上尽量"由浅入深"。如果把高一的必修和高二的选择性必修放在一起看，那是有明显的"梯度"的。

3.所谓"混乱"问题。单元组合以人文主题来聚焦，又要同时考虑任务群、文体、选文标准几个维度，考虑难易度、教学的适应度，以及各类文章的配比，等等，多方兼顾，难免彼此掣肘，的确有些"混乱"。但这是基本结构所决定的，现在很难再作大的调整，只能在修改时尽量考虑"融合"，在"单元导语"和"学习提示"等方面对教学的提示要更明确具体，有可操作性。

二、关于课文

试教中普遍反映教材容量过大，一个单元9课时，五六篇课文，有些课文难度还很大，肯定完成不了。

编写组分析这种意见，认为新教材增设了几个"综合活动"的单元，"挤压"了课文为主的单元，虽然课文总量没有增加，但每个课文为主的单元的课文数量就多了。所以老师们感觉教材容量太大，完成不了，这也是必然的。我们必须重视一线老师这种普遍的意见。准备采取如下修改措施：

1.有些单元"重头"的课文很集中，量大，可以删减其中一篇（比如上册第6单元的《寂寞》）。有些太难的课文也可以移到选择性必修，如《答太宗十思疏》。

2.增加指定"自读"的课文。如把《就任北京大学校长之演说》改为自读。其他单元也要分出自读课。

3.虽然新教材强调以"任务"驱动教学，但学生在教师指导下读懂读通课文，是基础和前提。还是需要精读课。为保证做好这一点，可以在教师用书中强化对于"教读"课与"自读"课教学的区分。

三、关于单元学习目标

试教意见普遍认为，单元学习目标设置不够明确，特别是大部分单元以人文主题统领，多种文体混编，让许多教师对于单元的核心学习要求产生困惑，对于单元和相关任务群之间的关系也不好把握。

根据一线老师这些意见，应当做好3点：

1.现有的单元导语写法，由于需要考虑学习任务群的整体要求，可能存在目标指向不清晰、要求过多等问题，应重新考察各单元在必修教材中各自不同的功能和地位，把学习任务群的要求具体化，更加集中明确单元的教学目标，用简洁语言表述。

2.单元导语的第三段，要更加具体，结合单元课文的特点，对教学要点、重点做清晰、明确的说明。

3.在单元导语、学习提示和单元学习任务的设计中，强化学习目标的有效落实，尽可能让彼此间有看得见的逻辑线索，让教师在教学中有"抓手"。教师用书尤其要做好这一点。

大家在统稿时可以对单元导语做些修改补充，我最后来加工，保底。

四、关于"学习提示"

试教的大部分老师对此表示欢迎，但值得注意的是，几乎所有的老师又都在质疑，课文习题取消之后，根据什么来确定课文教学的重点、要点？有的老师说，没有习题"很不习惯"，教学上可能模糊。有老师说，"学习提示"可以弥补原来习题的部分功能，但要具体一些，目前的写法仍然太过简要。还有老师说，教材不安排习题是不行的，习题的检测功能也是"学习任务"代替不了的，现在教材有些功能不全。有老师说，他们肯定要自己来补充设计习题，但中等以下的学校可能没有这方面能力。

我认为，必须高度重视老师们这个普遍的反应，这会直接牵涉教材是否好用，能否大面积使用。以往教材大致是采取"预习""阅读提示"加上"习题"这三部分，来解决读懂、读通，以及交代教学要点、难点的问题。现在取消了习题，但这些功能还是不可或缺的。"学习提示"起到一定的弥补功能的作用，除了帮助学生读懂读通课文，但也应当对学习要点、难点和学习方法有所提示。这次封闭通稿，建议把"学习提示"的修改充实作为重点。具体措施有4点：

1.在原有基础上，增加学习的要点和难点提示，注重"方法性知识"，并给出学习方法的建议；

2.吸收以往习题的优点，注意增加学习检测的功能；

3.适当增加学习情境，激发兴趣；

4.现有"学习提示"由两个段落、五六句话构成，表述方式连贯而统一，但比较拘谨。可以打破现有方式，采用问题式、启发式的设计，也可以排列若干提示，不求连贯的表达。

五、关于"单元学习任务"

试教反馈意见认为，"单元学习任务"的设计有新意，能激发学生的自主探究，有利于提升学生的综合素养。但存在三个问题，一是现有的"单元学习任务"与课文学习联系不紧密，和课标要求的相应水平缺少对应，有的"任务"整合度不高；二是目前的"单元学习任务"设计偏于"活动"，对课后的检测不足，不利于学生基础知识和基本能力的巩固。三是"单元学习任务"的"活动"量太大，安排过密，操作难度大，按照规定的课时量不可能完成。尤其是西部地区和乡村学校，实施起来缺乏必需的条件，更是束手无策。

有的老师说现在这种"学习任务"设计，无论老师学生都必须在课下做大量基础工作，对师生的要求一下子提得很高，压力很大。几乎所有试教老师都希望"学习任务"能减量，降低难度。

我认为，"单元学习任务"的设计体现新课标的精神，但要做些调整，主要是减量。准备从4方面做修改充实：

1.梳理全部"单元学习任务"，增加"任务"与课文学习的联系，多考虑与课标所要求的相应水平挂钩（可参考课标的学业质量水平描述表），多考虑如何落实关键能力和基础的知识，尤其是"方法性知识"；

2.尽可能增加一些学习情境，以激发学习兴趣；充分考虑可操作性，避免设计架空式的任务；充分顾及中学语文教学的实际，以一般高中学生的接受能力为基本参照，谨慎选取理论性较强的术语，避免学习任务"把高中课本往大学文学系引导的趋势"；

3.降低活动的难度（如在题干中增加操作或者案例提示），

减少活动或活动环节,将活动任务区分为必做和选做,以适应多层次、不同水平的教学要求;

4.在教参中,对活动的形式、相关的概念等做出充分说明,并提供可资借鉴的案例。

六、关于"参考资料"

目前提供的资料较多、较重,许多是整本的学术著作,难度太大。我担心这只是"好看",不实用,还不如不设。如果还是要维持,修改的措施是:

1.加强"参考资料"的针对性和实用性,每一本书、每一篇文章的列出,要真正有利于课文的学习和学习任务的完成。

2.减少现有"参考资料"的量,一般一个单元提供二三种即可。不宜开列整本学术著作,实在需要,可以提供其中一些章节,也可以摘取某些观点。

七、写作教学的安排

写作综合训练,很难编。现在教材设计是有一个写作系列,目的在于让教师有个作文课的计划,更加重视写作,这是有现实需要考虑的。

但现在的教材框架是以"学习任务群"来统领单元教学,这就有怎么把写作系列安排进去,而又有相对独立的问题。实际上各个"单元学习任务"的"活动"中,也已经安排有一些写作。

专委会不赞同写作系列的相对独立，要求完全融会到"单元学习任务"之中。我们讨论过这种安排，但感到有些为难。因为既要有相对的系列，就很难完全融到"学习任务"中去，写作系列中有些专题是和单元任务群对不上的。经过认真研究，权衡再三，编写组认为还是应当保留相对独立的写作系列，但改进现有的编排方式。办法是：

1.把写作系列的相关专题"浓缩"为"任务"，作为"单元学习任务"的最后一项，尽可能与单元学习任务配合。实在配合不上也不要紧，列作一项"任务"就是了。

2.把原写作专题的相关说明，用"补白"的形式加框配合呈现。

八、编写语言的打磨

这是我最不满意的，也多次谈到，希望改变过于严整，缺少灵动的状况。现在有个词叫"教科书式"，带点讽刺意味，是说虽然正确，却死板无味。我们在做到准确、清晰、平实的基础上，努力写得活泼一点，更加切近学生的认知心理特点。

附　录

回顾旧版高中语文教材

让语文为孩子们一生的发展打好底子

【题记】2002年前后,北京大学中文系和人民教育出版社合作,按照2003年颁布的《普通高中语文课程标准(实验)》编写了一套"普通高中课程标准实验教科书语文"教材,包括必修5册,选修10种。本附录中所说的"新课标高中语文"即指这套教材,是沿用当时习惯说法。这套教材由北京大学袁行霈教授领衔主编,顾之川先生与我担任执行主编。本文即是笔者当时为教材推广培训所做的视频讲话文稿。其中提出的保证语文学习"基本口粮"、留出"个性发展空间"以及内容和板块设计体现"学生本位"的意旨,等等,在后来的统编语文教材编写中,也是有所传承的。

中学语文教学改革的主力是一线的中学教师,他们对语文教学的状况最了解,一切改革措施最后都要靠他们来落实。这套新教材到底怎么样?能否真正受到广大师生的欢迎?我们等待着来自一线教师的"裁判"。

就我们编写这套教材的意图来说,除了贯彻"新课标"的精神，还格外注意吸收多年来广大中学教师的经验，注意我国不同地区大多数学校目前的状况，注意改革的可行性。我们总是力图设身处地，充分考虑广大中学师生使用这样一套新教材时可能碰到的问题与困难，考虑如何与长期形成的好的教学传统衔接，考虑如何有利于唤起广大教员的主动性与创新思维，努力寻求达到最好教学效果的途径。所谓"守正出新"，也包含有这些意思。

中学语文改革的压力很大，难度也很大，更需要求真务实。在"高考"还不可能有大的改革的情况下，我们的语文教学也不可能完全绕开这个"指挥棒"，这是非常实际的情况。这套教材的编写是考虑到这种"国情"的，但又希望在保证所谓"基本口粮"，让学生得到基本的知识训练的前提下，能激发同学们对祖国语言文学和文化更大的学习兴趣。所以本教材一方面注意夯实基础，另一方面，留给老师教学发挥和学生个性学习的空间也还是比较大的。

中学的学习是为成年的生活做准备的，但中学时代本身就是人生的一部分，是不可代替的最美好的生活段落。本教材的编写设计力求贴近青春年华，为学生健康、快乐而充实地度过高中三年着想，内容和板块设计注意体现"学生本位"的意旨。不过这也许只是提供某种可能，真正让学生喜欢语文，享受语文激励心智发育的喜悦，同时又能够为他们日后的发展打好底子，那还有待广大老师教学实践中的发挥。

这套教材是人教社和北大中文系以及北大语文教育研究所合作编写的。北大方面有十多位著名学者加盟，另外，还有清华等其他几个大学的教授,以及数十位资深的中学教师和教研员参加。这套教材的编写已经成为一个契机,使北大中文系更深地介入了中学语文教学改革,我们希望有更多的机会向广大中学教师学习,和大家一起努力推进教育大业。

"新课标高中语文"的特点与使用问题

【题记】本文为2007年1月笔者在珠海召开的一次中学语文教师培训会上的讲话速记稿。文中谈到当时课改的情况，包括某些争论，也对"新课标高中语文"这套教材的编写宗旨、结构、体例、选文等做了全面的介绍，并与当时另外几套高中语文教材比较，阐述设计的思路和碰到的困难。当时编写这套教材，利用了北大等校学术资源，比较放得开，又注重大面积使用的可行性。以下三篇旧文，都是围绕旧版高中语文教材讨论的，有些经验对于后来的统编教材编写也有参考价值。

很高兴参加这次会议，能结识那么多来自中学教育一线的专家和老师。对我来说，是学习和了解情况的好机会。我这几年用部分精力涉足中学语文教育，在北大成立了语文教育研究所，也指导一些博士生、硕士生从事与语文教育有关的研究，确实是想让北大中文系更多地联系社会，在语文教育方面做一些实际的事情。但我的主业毕竟不在这里，所以研究的视野可能不一定很切合实际。多和一线的老师和专家请教，和大家一起，来推进中学语文教改，是我们的愿望。下面我结合当前高中语文课改，谈谈一些看法，肯定不是很成熟的意见，希望得到老师们的指教。

我在许多场合发表意见，包括在一些有影响的主流报刊接受采访，对当前课改表示一些担忧，甚至有许多批评的意见。可能有些朋友认为我对课改是持保守甚至反对的立场。我想在这里说明，我还是支持课改的。包括新课标，虽然仍然不够完善，但大方向和基本意图，我认为都是必须支持和实施的。一般来说，提出批判性的意见比较容易，但建设性、可行性的建议就更加难得。我基本上是课改的补台派、建设派，而不是拆台派。新课标的出台不容易，课改能走到现在，不容易。新课标是多年来改革推进的产物，包括全国许多教师的心血，要尊重新课标，以积极的态度对待。当然，新课标和现下的课改措施，并非是完美的东西，也不是把什么措施办法都给大家预备好了。它只是把改革的方向提出来，有了大致统一的教学目标和标准，并且设计了新的教学框架。所以，我们一方面要遵照新课标改革的方向指导，另一方面，又不必把自己捆绑起来，因为新课标只是从标准上要求，其中空间还是很大的。

现在北京、天津也进入课改实验。我觉得很振奋。我注意到前天北京报纸对这次高中课改启动的报道，放在非常显眼的地位。这是社会关注度很高的大事。多数教师和家长对课改的态度可能非常复杂，觉得现在教育的确存在太多问题，孩子们的童年不快乐，被考试束缚太紧了，因此，没有人不赞同课改的。但回到每个人实际生活中，又会对课改犹疑，不见得都主动支持，因为大家还是很担心改革的代价太大，担心改革会造成教育不公平。这是非常实际的考虑,特别是当高考和课改的关系还不那么明晰的时候,人们对课改有些犹疑,甚至有些反对,那都是可以理解的。但作为教研员和研究中学课程改革的专家,作为各个省、自治区、直辖市负责教育的领导,我们的目光还是要超越一些,从长计议,看到改革是必要的,长远来看,这是关系中国创新人才成长、关系中国未来发展的大势所趋,即使改革可能会付出一定的代价,那也是必然要推进的。所以,课改实际上是几种力量或者利益考虑在博弈。家长和学生,教师与学校,还有领导,考虑课改问题的侧重点可能不同,这也是可以理解的。我们还是希望既要推进改革,又要正视改革中可能出现和已经出现的问题,还要协调各方面的利益。改革当然要有刚性,但也要有一些柔性,有一些策略和必要的妥协,改革不能完全不考虑代价,代价要适中,能够为社会接受。我的基本认识也在这里。下面我谈谈目前语文课改可能出现或者已经出现的问题,也是为了探讨如何使这次课改比较健全,付出的代价能少一些,得到社会的支持能多一些。

这次课改步子较大,带有实验性,从第一批实验区的情况看,碰到问题不少,出现许多原来意想不到的困难。对某些条件不那么好的地区和学校来说,这次课改的确很难跟上。还是要实事求是,正视改革中出现的问题。新加入的地区学校有条件做到更清醒,步子也更稳一些,那就要研究吸取先行者的经验教训。因为还是实验阶段,出现各种新的问题,应当实事求是,摸索解决办法,步子宁可稳一些。现在报道正面经验比较多,但问题和困扰较少正视。有些部门和地方的浮夸风很厉害,课改应当尽可能和这些不良风气保持距离。

我想先谈谈对这次高中语文课改的理解。首先是所谓人文性的提升问题。新课标的特点之一是突出了人文素质教育的功能和地位，但语文首先必须是语文，就是培养语言表达特别是书面语言表达的能力，包括阅读写作能力。不能舍本逐末。"本"是语文，是语文素养能力的培育，如果离开这一点，别的"花样"搞得很多，仿佛很人文了，其实语文被"异化"了，稀释了。

课改的目标不能定得太高，有些事情欲速则不达。比如高考是个无奈的但又不能马上放弃的办法。在高考未能取消的前提下，课改能走多远？恐怕有个度的问题。即使高考有较大改革，但现今是市场经济竞争社会，有可能竞争压力越来越大，那么在这种激烈竞争的社会氛围中，课改又能走多远？这是非常现实的问题。还有，农村地区和西部地区的课改还会有更大的付出，因为现在教育资源分配的两极分化非常严重，在城市能够做到的改革，农村可能很难做到。课改当然不应当被落后地区"拖后腿"，让一部分地区实验，先进行改革，是必要的。但考虑中国国情，不再让教育资源占有的两极分化越来越严重，我们也不能不考虑农村课改和西部课改问题。

对大多数学生来说，提高读写能力是他们学习语文的起码要求，先要学会掌握语言表达的工具，然后才是审美、素养等方面的要求。这两者很难分开，但实际上在不同的教学环节，工具性和人文性的追求又往往是有分工、有偏重的。语文课要解决读写能力，实践性很强，必须有反复的训练和积累，训练的过程不可能都是快乐的，甚至也不可能都是个性化的。希望语文学习全都变得很快乐，或者所有学生都很喜欢，那只是一种理想。语文和其他科目一样是一门学科，有它的学习和教育的规律，有最基本的要求和规范。现在据说连"训练"都不敢提了，那语文怎么学？毕竟是实践性很强的学科。

这就又回到对语文功能内涵的理解。现在舆论纷纷，批评很多，但给语文教学的负担越来越重。不要把什么东西都交给语文来承担。要求语文解决人生观的问题、审美的问题、道德的问题、爱国主义……这就难办了，负担太重了。更不能把现在社会道德低下、人文精神失落的原因简单归咎于教育，不能夸大语文教育的功能。我们讲语文有人文性，这是毫无疑问的，但那也是在语文教育基础上体现的人文性。把语文功能无限制地扩大，好像很重视语文了，到头来可能"掏空"了语文。过去我们在这方面的教训很多，不能忘记。

社会上关于语文课改的讨论太多了，对改革有很多干扰。如何面对？要有主心骨。也就是说，要懂得一些博弈，一些调和。我建议进入实验区的中学教师，当然要积极支持课改，想办法落实新课标，让学生学习更加主动，更加个性化，特别是能让部分有才华的学生能脱颖而出。这是基本点，或者说，是一种方向。但学生和家长关心高考，希望能考上好的大学，这是正常愿望，我们也不能放弃，不能简单以为面对高考就是站到新课标的对立面，我们必须帮助学生考出好成绩。这两者可能不太协调，但我们课改就是要想办法协调，当然，方向还是朝着主动学习、个性化学习。还有，我们有必要排除干扰，静下心来，清醒地抓住一些很实在的东西，让老师和同学心中有数的东西，也就是所谓工具性的要求吧。背诵多少文章，掌握多少文言词汇，阅读写作大致达到什么水平，都要有一些基本的实在的要求，大家可以把握，知道哪些是"基本口粮"。做到"手中有粮，心中不慌"。不慌了，在此基础上，我们才能更好地谈如何发展和健全的改革。

总之，我认为课改应当积极推进，进入实验区是好事，应当主动接受挑战。但局面展开之后，就应当谨慎一点，步子稳一点，有时进两步退一步也是可以的。具体到如何把新课标精神落实到学校教学，会有培训。一线教师包括教研员，还是要在推进改革的前提下，解决好那些实际问题，包括如何保证大多数学生的语文素养问题，谋生的语文能力问题，以及如何适应高考又改进高考的问题。更具体一点就是，改革的框架应当实施，比如必修与选修搭配，比如加强教学中学生学习主动性和创造性，等等，这些方面都是改革亮点，必须推进，但同时应当稳步实行，要考虑解决许多实际问题，不是推倒重来，不是天翻地覆。

接下来，再谈谈新课标高中语文教材的特点与使用问题。

这几年我有幸担任人民教育出版社新版高中语文的执行主编，在编书的实践过程中学到许多东西，也有不少困扰。我感觉要实现语文课的基本功能，语文教材的改革也是一个关键。教育部前年颁布的"新课标"要求语文课包括必修和选修两大部分，必修是更加基础性的，此外还有选修课，例如文学鉴赏、文化论著选读、新闻和传记，等等。这是一个新的改革思路，既保证语文基本知识和基本技能的训练，又考虑学生不同的学习兴趣和发展的要求，利于个性化的学习。

必修课共5册，每一册都设计了"阅读鉴赏""表达交流""梳理探究"和"名著导读"几大板块,注意引导学生去鉴赏、思考与领悟,反复梳理学过的语文知识,在训练阅读、写作和口语交际能力方面下很大功夫。必修课的重点比较明确,就是解决绝大多数学生共同的语文素养问题。而选修课则比较开放,计划有十多种,包括中外小说、诗歌、散文和戏剧等各种文体的名作欣赏、中外文化名著选读、新闻与传媒素养、影视文化,传记选读,汉语知识,以及写作,等等。各个学校可以根据本校具体情况选择开其中若干门课,学生可以自由选课。这套新的语文教材,在保证大多数学生达到基本的语文能力的前提下,为教师教学和学生学习拓展了更大的空间,有利于提高学生的兴趣与学习主动性,而且所谓工具性与人文性的结合也尽可能得以实现。目前全国已经出版有5套按照"新课标"编写的新的高中语文教材,人教社只是其中一套,正在10个省区实验。试用已经有一年,受到许多学校师生欢迎,也碰到一些问题,例如课程与教材改革后如何面对高考、选修课的师资培训等等。已经迈开这关键的一步,不断探索取得经验,我想改革前景总是好的。

这里我想多介绍一些人教版的新的高中语文教材。其中会把现在进入实验区的几套教材作一些比较。我不是专门来鼓吹人教版,但参加编写,情况熟悉一些,会谈得多一些。我觉得几套教材各有千秋,但也各有得失长短。比较而言,人教版可能有这么几个特点。

第一,和以前的教材有更多的衔接,不是完全推倒重来,不是完全颠覆,而是改进和更新。当初我们给这套新的教材定位,就提出过"守正出新"。什么意思呢?本来是北大中文系的一个口号，一种办学理念，叫"守正创新"。主编袁行霈先生把它挪用到新的教材编写中，作为指导思想。就是要改革，但并非完全否定以往语文教学的成绩，不是彻底颠覆。应当在坚持过去好的经验基础上进行改革。这也有利于衔接，教师拿到新的教材当然有冲击，需要做许多新的调整和改进，但过去的经验也用得上。就说课文吧，也不是完全更新，而是保留了相当一部分老的经典课文。是这套教材指导思想上的"守正出新"，考虑和以往教学的衔接，并没有做颠覆性的大变动。以前教材的选文保留下来的也比较多。在几种新的教材中，人教版的教学体例是比较稳定的。

第二，关于课文，人教版在强调时代性的同时，比较注重经典性，比较适合教学。有些当代的文章好读，学生也可能有兴趣，但经典性显然不够，或者不太适合教学，人教版就比较谨慎，不一定选。人教版选用当代的不多，只有14篇，大都是名家之作。我觉得课文的经典性非常重要。那些沉淀下来、得到广泛认可的作品，才有资格进入课文，因为语文教学必须培养对文化的尊严感。有些传统的选文，虽然经典，可是不太适合中学生学习，这次也落选了。

人教版必修课5册，共选有80篇课文，其中和以前版本重复选用的大约占60％。而80篇课文中，古代占30多篇，经典名作有70多篇，占85％以上。这两个比例比其他4种教材都高得多。如广东版共选文95篇，其中古代诗文35篇，约占38%。其中新课文包括非经典性的时文约31篇，几乎占30%，新鲜倒是新鲜，但经典性比较差。苏教版和山东版也有类似的情况。而人教版相对比较重视经典性，和以前常见选文衔接较好。强调有"语文味"，还要教师比较好讲。

第三，教材体例，也就是编写框架。现有几种教材很不一样，会涉及如何组织单元教学的问题。所以这也是评议语文教科书的重要方面。单元教学是一种系统化、科学化的教学体系。它不是将几篇课文简单地组合在一起。组成单元的文章应在某一点上具有内在的联系性，能使学生获得系统的知识或者提高该方面的技能。单元教学有利于克服教学中的盲目性、随意性，体现教学过程的阶段性、连续性和循环性。以什么元素来组织单元是科学组元的关键。苏教版、山东版都按人文主题这一元素组织单元。不同的编者有不同的内容要求和价值取向，如果按人文性来组织单元，其内容千变万化，很难找到一种合理的单元组合，比较随意。苏教版主要是按照主题类型来划分单元，如"向青春举杯""获得教养的途径""月是故乡明""像山那样思考""珍爱生命""历史的回声"等等。优点是比较有趣，偏于文学性，缺点是难以涵盖课文内容，而且不利于从语文因素角度组织教学，可能会打乱语文教学循序渐进的规律。而且这样单元与单元之间缺乏明显的内在逻辑，前一单元所学很难为后一单元所用。纵的衔接工作做得不好，自然影响教学的成效，单元内容之间的随意衔接，使得单元的能力训练序列也有一些问题，能力训练序列却不太清晰。苏教版在这个学段过于偏向人文性，忽略了基本的认读及理解能力，使学生对文本的感悟与学习失去了根基。

人教版和广东版还是按照文体来划分组织单元。而且和其他几种教材比较，人教版比较重视课文单元组合便于教学，也注意单元间纵的衔接，就是前一单元所学为后一单元所用，以此增强学习的连续性及单元间的有机融合；再者，是比较注意处理好单元间纵的衔接与单元内横的联系。单元内横的联系，是指善用精读、导读及自读三种课型，做到精读让学生学能力，导读让学生在教师指导下用能力，自读让学生运用所学做好自学、自评。我们编写人教版时，意识到应当努力做好合理编排每个单元内部的学习元素，强调突出语文学习的"过程与方法"，同时兼顾知识与能力以及感情态度与价值观。符合新课标精神，但把"过程与方法"放在首位。处理好语文多元化的问题，要在一个单元教学中处理好阅读、写作、听话、说话、文学、文化、思维、品德情意与自学能力等元素之间的关系。我经过对比发现，5种教材在这些方面都存在较多问题，而人教版是比较稳妥的。

人教版必修课教材的结构也充分考虑到教学，各个单元重点突出，单元与单元之间衔接也注意由浅入深，不断积累提升，反复落实基本训练。每册内容分为阅读鉴赏、表达交流、梳理探究、名著导读这四部分，前三部分纳入课内教学计划，第四部分课外安排。阅读鉴赏是教学的主体。每个单元每一课都有所谓基本训练的要求。比如讲到小说，不是满天星斗，而是有重点，比如这一课主要是领会情节描写，下一课重点是人物刻画；这些还都处处和写作、表达结合起来。人教版注意到"基本口粮"问题。我们教学中应当理直气壮、坚定不移地抓住"基本口粮"，抓住基本的语文能力训练，做到"心中不慌"。可以说所有新出的教材，现在都往人文素质教育靠拢，有的并没有脱离语文教学规律，有的可能就走得过远，多少就把语文的含量稀释了，甚至

附录　回顾旧版高中语文教材

打乱了语文教学秩序。当然这也是一种实验。而人教版的教材相对是比较"保守"的，和以往的教材衔接较多，也比较注重教学规律。此外，人教版非常重视写作教学，每一册都设计了几个写作的练习板块，包括话题作文、命题作文，等等。和以往教材比较，这方面改革力度也是比较大的。

　　课型的设计也很重要，可以发挥刺激、巩固、强化的作用，同时也可提高学生的内在学习动机，落实到螺旋上升的课程结构。人教版注意到不同课型的搭配设计，每一单元都有精读和略读两种课型，但这还是不够的，缺乏明晰的系统性和功能性。苏教版没有不同课型的设计，如必修第二册四个单元，11篇课文，不分精读和略读，第一单元总题为"珍爱生命"，然后是史铁生和海伦的2篇课文，提示"文本研习"；第二单元总题为"和平的祈祷"，包括《安妮日记》和《一个人的遭遇》等3篇课文，提示"研习，探讨，活动"，第三、四单元雷同。怎么分别不同单元的语文功能？不太清楚。

　　山东版各个单元内部倒是分精读略读，但功能区别也不清晰，其中第一册学习《师说》之后，设计学生的活动是向不同人群问卷调查社会各阶层对教师作用的分析，写出调查报告。这样的题目对于高一学生来说比较难，也不太符合他们的身份，何况这和《师说》本意扣得不那么紧。

　　在单元组织、编选体系和体例上，四套教科书仍可以做出更科学的规划。如果在语文教科书的编选过程中有意识地注意单元与单元之间的纵向衔接，注意课型间的横向联系，注意课程设计的螺旋上升的结构，注意语文基本能力元素的有序性，建构一套科学有序的语文教科书的编写框架还是可能的。

第四，学习重点或者知识点设计。这反映每个单元的重点教学内容，是教学的核心。学习重点包括能力训练、知识学习和情意培养，也就是课标说的"情感态度与价值观"。现有几种教材都比较重视所谓情感态度与价值观的培养，但相对弱化了知识学习和能力训练。从课后练习题的设计可以看到这一倾向。无论苏教版、山东版、广东版，还是人教版，课后练习或者思考探究题，一般都是非常突出人文性，突出情感态度与价值观，但对知识点设计不那么精心。从数量看，如果四道题，一般就是三道人文性的，一道知识性的。而且往往两者划分很清楚，人文的排列在前。就是说，能力与知识的学习，在重点和知识点设计上没有得到充分重视。相对而言，人教版的知识点和重点设计比较清楚，分量也还比较重。

第五，写作非常突出。不是孤立讲理论知识，而是充分考虑结合话题，结合思维规律讲方法，多举例子分析。

第六，教师培训。几种教材都设计有教师用书，我看了几种，站在基层教师的角度，设身处地，觉得还是不太满足。相对也还是人教版的教师用书编得比较实用。而且人教社有专门的支持网站，给教师提供大量课样，这是应当肯定的。注意城乡差别，考虑农村地区。

第七，选修课。五家出版社都出版了大约十多种选修。我没有认真调查，大致的印象，是人教社的选修设计每一门课范围比较大，包括：中国古代诗歌散文欣赏、外国诗歌散文欣赏、中国小说欣赏、外国小说欣赏、中外戏剧名作欣赏、中外传记作品选读、语言文字运用、先秦诸子选读、中国文化论著选读、民俗文化、演讲与辩论、文章写作与评改、影视作品、新闻传媒素养等等，一共出版15种。和别的出版社选修教材比较，比较深入浅出，而且多是名家执笔。但选修课怎样上，目前没有很好解决。

最后，探讨一下课改如何面对高考的问题。成败也在此。我愿意多谈一点意见。

牵涉选修课要不要考以及怎么教学的问题。人教版有教师用书，但恐怕不一定解渴。大家都在摸索。我们也希望从大家的教学实践中不断总结经验，使教材成熟。但有一点是肯定的，选修课应当充分发挥学生的主动性。我不主张老师多讲，应当把更多空间让给学生；也不能把选修当作必修的延长，不宜套用必修课的教法去应对选修。那样，学生肯定没有兴趣。而是否引起学生的兴趣，是选修课能否成功的主要标志。要让学生自己多阅读，多讨论，形式丰富一些。当然，也可以先在考试问题上让学生解放束缚。指定一些范围有必要，但负担尽量考虑小一些，那样才能放得开。

选修课要不要考、如何考的问题。看来一定要考，从几个省区出台2007年高考改革的措施来看，选修部分都是可能纳入高考范围，或者说，只有学好一定数量学分的选修，才能考出更好成绩。高考中不一定明确显示出选修部分，但如果完全没有上过选修，肯定会吃亏。高考改革焦点之一在此。如果不考，那就等于要放弃选修。选修课设置是这次课改的亮点，也是难点。对大家都是新的事物，要主动探索，积累经验。现在有些省区打算以适当方式把平时成绩计入高考，当然很多争论，但恐怕是方向，那么，选修也必然考核。谈到语文高考，我主张出题不应当拘泥于具体教材。具体而言，可以考虑一种办法，即是必修和选修分开，分别占不同比例的分值。必修的赋分可以占大头，比如70%，包含作文。选修占30%，但可以超量给题。5个选修系列都有题，学生选答。这样，那些开选修课比较少的学校就不会为难，也比较公平。选修的题型"分量"可以比必修的题型小一些，以小的论述题、简答题为主。必修卷主要考基础等级能力，选修卷可以偏重考较高等级能力。当然，会有交叉，都注重综合能力考查。这样处理，有一个好处，如果一个省有多种教材，板块都是相同的，出题尽量求得所谓"共同性"，可以照顾到不同的教材。

语文高考短时期内不宜变动太大，因为牵涉面大，政策性强，变动太大，会让人无所适从。但考题总体难度会降低，这是必然的趋势。过去高考难度很高，跟当时高考负担的功能有关。以前高校招生规模小，能上大学的是极少数人。所以高考难度就必然大一些。现在扩招，大学教育已经平民化，录取率非常高。和发达国家差不多。照理，高考选拔功能应当弱化。但这几年的考题还是太难，很多省考题难度系数还是偏高，这是不正常的。相信以后会降下来。同时，命题难易比例也有讲究。较容易的应当占大头，中等难度的占少数，比较难的占极少数。基本上不应当出偏题。

语文高考也确实有些问题需要改革。比如现在考题的题型花样太多，变化太多，会让考生紧张，甚至无所适从。如果考题朴素一点，每个人都能有所准备，就看发挥得好不好，也许更能考出水平，而且也可以抑制高考复习中的"题海大战"。

近日有的专家主张大幅度提高高考作文的分值比重，比如从满分60分提高到90分，其意图是强化对学生综合能力的测试，反对考试的标准化。但这不一定合适。作文虽然最能考出综合能力，但考虑到作文评阅的确难免会有一些"非标准"因素，为了保证大面积的公正性，恐怕作文所占分值比重也不宜过大。作文阅卷给分不容易掌握，只好"趋中"给分，60分满分，就大都是给个40分上下，叫"保险分"，也比较好"交差"。这就有不公平。如果把分值比重再提高，那就可能更不公平了。所以有些事情是"可爱而不可行"的，并不像某些理想主义的人所设定的那样乐观。语文高考命题和阅卷是一门学问，应该上升到理论的科学的层面，要调查分析社会接受程度等各个方面的情况。我们那么大一个国家，要有人专门研究这个问题。现在对语文高考缺乏真正科学的研究，这也是个问题。

去年高考命题，北京和全国卷，我都向某些参加命题的专家建议降低难度，朴素一点，多考虑公正性。随着新课程推广，可以预料这是改革趋向。这种趋势对于整个语文改革会大有好处。难度降低，压力减少，指挥棒作用也减少。关键是相关部门要正视现实，主管基础教育的部门应当和主管考试的部门沟通，合作。否则这事情也难办。

有人说当中学语文老师是最"吃力不讨好的"。为什么？这门课不好把握，不见得下了功夫就有更多收获。学生也不愿意投入。这种状况值得"同情"。但相信新课程的实施会逐步改变这种情况。现在的问题是空论不要太多，要有细致的调查研究。我们不要等待，应当主动迎接挑战。有关部门也应当多为一线老师着想，设身处地，多研究一些实际问题，多为水平中等或者中等偏下的学校着想。我们不是为了改革而改革，是为了解决问题、提高质量才改革，而课程改革是非常细腻的工作，必须依靠广大一线教师。专家也可以出一点力。北大成立语文教育研究所，准备就目前课改中最重要、最实际的那些问题开展调查研究，有些课题正在募集基金，打算全国招标，组织一线老师参加。中学语文教学对我来说是新事物，我很愿意向大家学习，参与到大家关心的工作中去，做一些实际的事情。

关于选修课开设的调查与思考

【题记】本文是为王土荣先生《普通高中语文选修课自助餐式教学实验60法》一书所写序言,写于2010年3月。其中谈到2002年前后推开的高中课改,特别是选修课开设所碰到的实际困难,认为当时选修课的"失败",是脱离高考这一巨大的现实,是"基础性"的失落。其中也有至今仍然需要探索的难点。

这次高中课改,广大师生反映最多的是"观念先进,难以操作",特别是选修课,本来是课改的亮点,但难度最大,实施起来举步维艰。王土荣老师花了7年时间,在这方面投入大量精力去调查,形成了"普通高中语文新课程选修课的调查与研究"研究课题,并列入北京大学语文教育研究所的研究项目。这本书就是在项目结项报告基础上修改而成的。该书主要靠调查数据与案例说话,真实记录和反映了目前一些地区高中语文选修课实验的状况,不回避问题,实事求是地总结经验得失,并尝试提出语文选修课的一些方式与方法。我想一线老师对此会有兴趣,也值得相关部门制定政策时参考。

全书由两部分组成,其一是基础调研,主要包括不同类型学校选修课实施的实际状况;其二是问题与对策,包括六方面,一是选修课理论观念与现实的关系;二是教材使用;三是常见的问题;四是选修课的评价及其与高考的关系;五是相关的基础性研究;六是教师的业务水平提升。虽然调查的主要是广东地区,但对于其他省市的语文课改也有参考意义。

王老师的调查表明,课改很困难,但很有必要,也很有希望。这些年我接触基层学校,也深有同感:课改能走到现在,不容易,应当补台,支持。"新课标"和现下的课改措施,都并非完美,但起码把改革的方向提出来了,更新了教学观念,有了大致统一的教学目标和标准,并且设计和实验了新的教学框架。课改碰到一些大的困难,可能是整个大环境所致,并不是改革本身的毛病,或者说,问题本来就有,改革一来,活化了这些矛盾,显得严重而且突出了。所以,课改应当总结,可以调整,但没有必要停下来。而作为一线老师,我们面临的都是实际问题,一方面要遵照"新课标"改革的方向指导,另一方面,还应当结合所在学校的实际,结合高考的现实,能改多少就尽量改多少。不必把课改看作只是遥不可及的理想,也没有理由认为实施课改就等于把自己捆绑起来,因为新课标只是从标准上要求,又还处在实验阶段,其中空间是很大的。我常常对一些基层的老师说,什么是课改?既让你的学生学习好,高考成绩上去,又尽量让他们学得活一些,不扼杀兴趣,不用题海战术把脑子搞死。这就是有所改革了。

这次语文课改把选修课的设置作为突破点,从这里突出新的教学理念，就是要尊重学生学习个性，尊重差异，因材施教，提升学生学习兴趣与主动性，改变以往那种大一统的把学生作为"标准件"培养的课程、教法与学法。但做起来确实很难。难在如何面对高考这一巨大的现实，也难在如何区分必修与选修，以及选修是否或如何考核等一系列问题。

从王老师的调查中可以看到，目前选修课上得好的学校不多，但很可贵，他们在实验，在坚持。方法可能有多种，但基本的一条可能是相通的，这就是：不管是必修课还是选修课，都把语文课的听说读写这些"基础性"要求作为原则加以遵循。那种认为选修课只是扩大知识面，放弃基础性要求的，是误解。

现在多数学校选修课存在的最大问题，是"基础性"有所失落。这可能与"新课标"设计本身存在的问题有些关系。表现在：必修课只有1.25学年，其余1.75学年理论上为选修。必修所占比重太少，又要面对高考，怎么办？有些学校就把选修的一部分作为必修来上，或者必修的1.25学年完了，就转向高考复习了。其二，是目前设计的5个选修板块，两个系列（包括校本选修），要求学生从选修1中选4个板块的课，但文学赏析占了大半部分，语言运用方面的课程比较少，如果放手让学生来选，可能大都选文学鉴赏类的，这样，表面上有许多选择空间，实际上还是偏向文学，"语言文字应用"的训练不够。王土荣调查也表明，因为学校条件限制，选修课完全放开让学生选的其实很少，也不切实际。大多数学校都是从15种选修课中由学校统一指定其中若干种，而且也有为高考复习准备的强烈的意图在里边。比如，有许多学校都选古代诗文、现代诗文，还有语言运用与写作，等等。文化类的如新闻传记、文化论著，选得较少。有些编得很专门化的如《红楼梦》《人间词话》研读等等，更是不可能安排。我觉得一线学校这样做是有苦衷，也有道理。因为如果完全按照新课标来放开选修，其实很少学校能够做到的。

事实上，现在还很难完全由学生自己选课。调查表明，目前大都还是学校来安排选修课，也有些是地区、县市统一指定选修范围的，那么选修的自由度就大大减少，甚至变为必修了。这个问题不好解决。从王老师的调查看，也有一些条件好的学校自由度会大一些，尽量给学生一点选择权。学校决定选修不是不可以，特别是条件差一些的学校，不可能开那么多课。但是既然有心开点选修，有两个原则还是必须考虑的。一是选修课不能等同于必修，还是要尽量给学生一些空间，让他们有所选择。如果硬性规定所有学生都来上一样的课，那就不叫选修了，又回到从前去了。现在不是有5个板块15种选修教材吗，可以从中划定一个范围，5个系列都选出主要的一种，而且必须照顾到有些非文学类的，让学生从五六种课中自由选择。这可能比较符合一般学校的条件。

从调查中发现，还有一种办法，是分类打包，也就是以其中一门课为主，同时让学生阅读自学两三种同类教材。比如每一板块选择其中一种，作为核心部分，同时结合两三种，打包成为一门课。比如诗歌散文，可能分为古代、现代和外国三种，干脆就打包成为一门课，或者以其中某一种为主，其余让学生自己阅读。这样，就不至于出现因为太专，几乎是大学课程微缩,结果反而顾此失彼的现象。选修课五个系列,高考命题时都会有所照顾,但的确存在是否对每个系列都公平的问题。比如,诗歌与散文系列,有的学校选学古典诗,有的学校选学现代诗,有的学校选学外国诗。高考时试题若为古典诗歌,则学现代诗、外国诗的会嫌不公平。同样,高考时试题若为现代诗,则对学古典诗、外国诗的学生嫌不公平。所以打包的办法可能拓宽学生视野,同时对于高考准备也不无好处,学生老师都会比较接受。

选修课的讲法、学法应当和必修课有区别。区别就是让学生更主动进入,发现和鼓励学生的兴趣、潜力。和必修比,选修可以少讲一点,即使讲授,也是导入式、问题式,多让学生自己自学、阅读、思考。我提出过一种看法,就是把语文选修课教学当成阅读型教学。当然也可活泼一些,插入必要的课堂讨论、课外调查实践,以及写作,等等。

那种打包式的办法,可以弥补单一选课反而造成知识面偏狭的毛病。现在高中是分文理科的,选修课是否也可以考虑分为文科理科两大部分,分别安排不同系列的选修课呢?北京市就有这方面的实验,他们的做法值得参考。也就是分为侧文和侧理,课程安排三分之一共同必修,三分之一按文理不同必修,其余三分之一学生任选。按照这种分配,高一是共同必修,高二是按照侧文侧理必修加上部分选修,高三复习和任选。这样做好处是既能执行新课程要求,又照顾到实际情况,不会出现全校性"走班制",避免混乱,可以按照文理分班以及新课程要求,小范围"走班",不脱离高考现实,又利于贯彻新课程,利于管理。

现在设计的选修两大系列，让已经选读过选修1，4门8学分，而对语文又兴趣较大的同学再来选读选修2系列，3门6学分，比较烦琐，不太好操作。其实高中文理分科是现实问题，选修课不能完全避开这一事实。叶圣陶、胡适先生在1923年也曾编制过一个语文课程标准，即把国文分成三个板块：国语（必修），国文一（文科必修），国文二（理科必修），同时实行学分制。国语是公共必修课；国文一、国文二虽是文、理科学生的必修课，却是实质上的选修课。这是从学生未来发展的需要而考虑的课程设置。现在的高中文理分科也是无法回避的现实，分科的时间大约与选修课开设的时间同步，而我们提供给学生的选修科目，却是不分文理、不考虑学生未来发展的"一统大餐"。

还有就是选修课如何考核问题，连带到高考问题。王老师对这方面也有调查及设想。从实质上说，开设选修内容同提高学生素养适应高考并不矛盾。但实际操作时不能太随意，不能太宽泛。在高考仍然是社会选择人才的主要方式这一前提下，我们的选修课如果完全不考虑高考，是不现实的。有的学校上完1.25学年必修，就马上转入高考复习。为什么？因为对选修如何上、目标是什么，如何面对高考，都没有把握。我觉得选修课是让学生有自己选择发展的空间，这着眼于学生长远发展的目标，这是比较虚的，与此同时，把高考作为其中一个现实目标，我看也无可非议。但在教学方法上，应当告别题海战术，告别那种完全为了考试而学习的束缚，比起必修课来，都应当更加开放、自由、活泼一些。从这几年高考命题情况看，越来越注重能力，很少扣住哪一种教材，自主招生更是放得开，主要考知识面、心理状态与能力。选修课上好了，学生眼界开阔了，能力增加了，整体素质上去了，应对高考的能力也会增强。

我注意到现在有些进入实验区的高考，对选修部分是有要求的。有的省区的考纲明确提出依据课程标准命题。对于必修内容，着重考查基础知识和基本能力；对于选修内容，着重考查学生对知识的深层次理解能力、应用相关知识解决问题的能力、研究性学习和创造性解决问题的能力。在试题结构上，必做题与选做题相结合，涉及选修内容的试卷采取长试卷命题，考生从中选做规定分值的题目。这些规定虽然操作上可能有些问题，但总是一种改革，而且是面对新课标的。所以，我们必须跟上这一改革趋势，对于选修课不能马虎。

选修课的开设，对教师提出了更高的要求，甚至让那些条件较差的学校有些束手无策了，只好对付。这都是现实。课改当然要照顾大多数人大多数学校的利益。以目前高中语文教师的实际状况而言，能上好选修课的只是少数人。特别是农村和西部边远地区，能够按照新课标要求上好选修课的教师更是少数。相当多的教师离开教学参考书和具体教案就无法上课，怎么指望他们承担起更加需要灵活多样方法的选修课？所以，进入实验之后，必须认真帮助这一部分教师逐步提高水平，培训对这些老师尤其必要。目前关于选修课的教学方式方法正在探索中，这方面的教案比较少，有必要认真收集整理，提供给条件比较差的学校。此外，我们注意到选修课的开设，教学管理必须跟得上，如何排课表、安排教室，都有许多问题和经验。必须实事求是，不搞"一刀切"，即使一个县，情况也很不同。课改的要点之一是选择性，也应当容许基层学校老师有一定的选择性。当然，大方向必须坚持，就是改革，按照新课标拟定的基本方向迈进。较高水平的学校先动，把较低水平的学校带起来。

王土荣老师曾在山区和沿海地区的小学、初中和高中担任语文教师，也做过校长、教研员，现在是广东省教育厅教研室语文教研员兼语文科主任，特级教师。他对基层中学语文教学有丰富的经验，又参加过新课标语文教材的编写，对课改的情况是掌握的，也有比较开阔的理论视野。从2003开始，王土荣老师在广东省教育厅教研室的支持下，花了七年时间进行选修课实施状况的调查研究。他带领12所中学的20多位教师，每个月都轮流集中到实验学校听课，并结合课堂教学，就某一重要问题进行专门研讨；取得了成果，就拿到其他学校进行验证和推广。七年来，他们进行了专题课型课例的设计、实施、研讨，特别探索了"自助餐式教学"，提出许多值得关注的经验，他们的研究成果对高中语文新课程选修课的调整和完善，是有切实的建设性意义的。

几年前，我曾经著文说过，从理论到实践有一个反复验证、调整或弥合的过程，无论制定课标，还是改革课程，编写教材，都是复杂的系统工程，必然牵涉方方面面，要靠某些"合力"来最终完成。有些东西很理想，但碰到现实，可能是"可爱而不可行"的；有些经验在某一地区或某一类学校实行得很好，到了其他地区或学校，就走不通。所以说不能以"认知的方式"来对待"筹划问题"，否则很容易导致对现实问题的视而不见，使我们的研究工作沦为"坐而论道"的无效。当然也不能以经验主义遮蔽科学的态度。重要的是既实事求是,脚踏实地,又有高远开阔的胸怀,以及必要的理论观照。联系当前语文课改状况来读王土荣老师这本务实、切实、有建设性思考的书,是很有意思的事情,我乐意把它推荐给中学语文老师和所有关心基础教育的朋友。

民国时期的中学国文教科书

【题记】本文系笔者为李斌《中学国文教科书研究》（台湾花木兰文化出版社2012年版）所写序言。该书另有北京大学出版社2014年版，书名为《民国时期中学国文教科书研究》。

李斌先生的博士论文《民国时期中学国文教科书研究》即将出版，邀我写篇序言，我当即就答应了。这是一个重要的课题，以往还很少见到这方面的研究成果。我知道人民教育出版社正承担关于"百年语文"的课题，也苦于这方面缺少殷实的成果可做借鉴。这个题目做好了，对于当下的中小学语文教科书的编写，也有参考意义。

由于政治和战争等原因，民国时期的国文教科书出版情况非常散乱，要进入这方面研究，必须先做资料清理工作。该书作者查阅了清末直至1949年的半个多世纪的中学国文教材，还从晚清及民国时期的报刊、名家的书信日记和后人的回忆中，钩稽出了大量有关中学国文教科书的相关信息，在此基础上逐一清理出民国各时期国文教材的编写情况和教学实践的不同反应。现在喜欢说什么都是"工程",我觉得李斌这种研究才是工作量极大的"工程"。本书第一次全面而清晰地把民国时期中学国文教科书的面貌呈现出来。仅此一点,该书就在学界站住了。

我比较感兴趣的是该书所发掘的早期一些重要的国文教科书,如林纾、吴曾祺、刘宗向等在清末民初编辑的中学国文教材。这些教材当时就有很大影响,甚至为此后百年的教科书选文(主要是古文部分)奠定了基础。作者对这些教材的定位,是比较公允的。该书下功夫的还有教科书编写背后的思想资源。如五四时期的教科书,就受到《新青年》相关讨论的影响,胡适、刘半农等对教科书编写是有过很大支持的。在讨论《国文百八课》时,作者关注到这套教材对语文作为一门"科学"的界定,以及这一界定在教育史上的意义。前一阵《国文百八课》成为传媒的"热点",似乎还很少有人注意到这一点。此外,对1940年代国民政府编定的"国定"本初中国文与开明书店的4套新编国文教科书的研究,也是这本书的一个亮点。

应该指出,中学国文(语文)教材的设置和编写,与整个国民教育的总方针是分不开的,并且是教育方针实施的一个重要部分。由于教育方针具有一定的时代性和政治性,中学国文(语文)教材教学也必然具有一定的时代和政治色彩。对此,论文作者在缕述民国时期中学国文教材演化递变时,始终注意到了这一点(如说到清末的教育改制,新文化运动的影响,以及后来的国民党的"党化教育"等)。另一方面,又注意到当时中学国文教育毕竟和后来国民党加强控制有所不同,国文教材的编写还具有相当的独立性,编写单位和个人以及社会舆论有着相对的自由度。从这样的实际情况出发，作者在按史的发展框架下，有条不紊、层层深入地分析考察民国时期的中学国文教材，基本勾勒出那一段历史时期中学国文教材演进、演化、演发的情况。

李斌先生对民国时期中学国文教材历史的整理，始终有一条线索，就是"语文教学内容"四个方面（思想教育、技能训练、知识灌输和文学教学）的"纠缠""冲突"，他试图从这些纠缠和冲突中（实际指它们之间轻重主次的"排序"和"关系"），总结出一些规律性的东西，以回应近年来关于语文教学的某些讨论。

由于民国时期中学国文教材包容的时间跨度长，教材总量多，内容驳杂，想建构一个很好的论文框架，选择话题、进行明晰的论述，并非易事。但从已成论文看，由于作者做了大量的资料搜寻、研读工作，弄清了教材编写的总体面貌，洞烛幽隐，多有辩证，新见迭出。这些富于启示的见解比较集中体现在结语部分，我们列举一下看看：

> 语文天生就有思想教育的功能，所以语文教育要讨论的不是有无"人文性"的问题，而是什么样的"人文性"的问题。
> 无论哪个时期，都不可能把中学语文仅仅作为一门工具学科，无不融入和体现出教科书编者的价值观念及政治立场；
> 语文教学中的"人文性"并不等于思想政治教育，将工具性混淆为知识教学是不适宜的。
> 语文教育应当突出培养和训练学生的读写能力；
> 语文教育中的知识教学必须为提高学生的读写能力服务。

我很惊讶，这些观念，都和现在课改的理念不谋而合。该书不仅具有重要的学术价值，而且对当下的语文教学具有鲜明的现实意义。

关于语文，我们已经有太多的争议和讨论，有太多的文章和所谓"成果"，但始终还是经验性的纠结为多，学理性的总结较少，通常就是观点加例子，难得见到严密细致的量化分析与科学的论证，往往就是公说公有理，婆说婆有理。如果要让语文教育走向比较理性的科学的路，我们需要更多扎实的研究，首先就要弄清"家底"。百年来尤其是最近二十多年来我国语文教学的历史经验，就是"家底"。尽管人们对语文教学状况有这样那样的不满，甚至有些愤激，但无可否认，以往的语文教学还是成绩巨大，经验丰富。当我们进入研究，就必须对此保持一种温情与敬意，当然还要加上分析的态度，守正创新，把以往语文教学好的东西继承下来，绝不能搞虚无主义，一切推倒重来。

这也是李斌这本书给予的另一个启示。

是为序。